THEATRUM
COGITATIOCUM
思想剧场

Le
Désordre
des
familles

家庭的失序

十八世纪巴士底狱
档案中的密札

Lettres de cachet
des Archives
de la Bastille au XVIIIᵉ siècle

[法] 阿莱特·法尔热　[法] 米歇尔·福柯
————著
张引弘————译

Arlette Farge
Michel Foucault

上海人民出版社

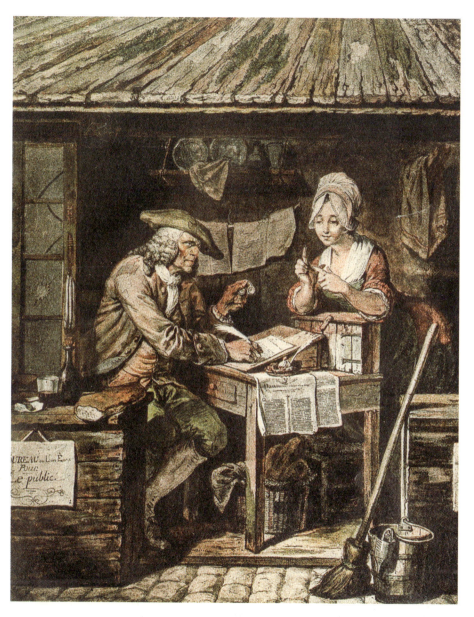

1. 在代书人家检举揭发：细数不满。《代书人》（*L'Écrivain public*），根据皮埃尔·亚历山大·维耶（Pierre Alexandre Wille）作品绘（约 1780 年）。

夫妻的幸福：
舒适生活和柔情蜜意

2.《十八世纪小资产阶级女性》(*Petite bourgeoise du XIIIᵉ siècle*)，归于艾蒂安·热拉（Etienne Jeaurat）名下的画作。

3.《厨具、小锅、平底锅和鸡蛋》(*Ustensiles de cuisine, chaudron, poêlon et oeufs*)，让·巴蒂斯特·西梅翁·夏尔丹（Jean Baptiste Siméon Chardin）绘。
收藏于巴黎卢浮宫。

4—5.《婚姻美满》(*La Félicité conjugale*, 图 4) 和《婚姻之乐》(*La Gaieté conjugale*, 图 5)，尼古拉斯·德·劳奈（Nicolas de Launay）所绘版画。

2

3

4

5

家庭的不幸：不称职的丈夫

6. "他连床都卖了。"《女人和两个孩子》(*Femme avec deux enfants*)，卡尔·韦尔内（Carle Vernet）绘。
   收藏于奥尔良美术馆。

7. 男性的暴力。路易·比内 (Louis Binet) 为雷蒂夫 (Restif de la Bretonne) 的小说《堕落的村女》(*La Paysanne pervertie*, 1784年) 所绘插画。
收藏于巴黎法国国家图书馆。

8. 《酒鬼回家》(*La Retour de l'ivrogne*)，让-巴蒂斯·格勒兹 (Jean-Baptiste Greuze) 绘。
收藏于波特兰艺术博物馆。

家庭的不幸：女性的放荡

9. 过错。《羞愧的女孩》(La fille confuse)，让-巴蒂斯·格勒兹绘。
收藏于巴黎雅克马尔-安德烈美术馆 (Musée Jacquemart-André)。

10. 美人和雄心。《1736 年年鉴》(Almanach pour l'année 1736)。
收藏于巴黎法国国家图书馆。

11. 他人的目光。《窗边的小夫妻》(Jeune couple à la fenêtre)，让-奥诺雷·弗拉戈纳尔 (Jean Honoré Fragonard) 绘。
收藏于贝藏松美术馆。

12. 《女性通过争夺衬裤获得掌控权的野心》[①] (Ambition de la Femme pour parvenir à la Maîtrise par la Culotte)，绘于十八世纪。
收藏于国家民俗艺术博物馆 (Musée des Arts et Traditions populaires)。

---

① 18 世纪时，culotte 这种衬裤一般只有男性可以穿，是一种过膝的短裤，搭配长筒袜一起穿。——译注

父母与孩子

13. 不称职的父亲。《一位被孩子抛弃的丧失人性的父亲的死亡》(*La Mort d'un père dénaturé abandonné par ses enfants*)，格勒兹绘。
收藏于图尔尼格勒兹美术馆（Musée Greuze）。

14.《继母》(*La Belle-mère*)，格勒兹绘。
收藏于巴约讷博纳博物馆（Musée Bonnat）。

家庭道德

15. 甜蜜的负担。《并不是负担，我的孩子于我太过珍贵，我的双臂甘愿承受他的重量》(*Ce n'est point un fardeau, mon Enfant m'est trop cher pour peser dans les bras*)，让·B. 丹布朗（Jean B. Dambrun）所绘版画。
    收藏于巴黎法国国家图书馆。

16. 家庭场景（约 1770 年）。《父母的爱》(*L'Amour parentel*)，让·查尔斯·勒瓦塞尔（Jean Charles Levasseur）根据艾蒂安·奥布里（Étienne Aubry）的作品所绘版画。
    收藏于阿布维尔布谢德佩尔特博物馆（Musée Boucher de Perthes）。

17. 教育优先。《良好教育》(*La Bonne éducation*)，格勒兹绘。
    收藏于巴黎法国国家图书馆。

18. 《没有教养的儿子》(*Le Fils mal élevé*)，巴尔塔萨·安东·邓克尔（Balthasar Anton Dunker）为路易·塞巴斯蒂安·梅西埃（Louis Sébastien Mercier）的书《巴黎图景》(*Tableau de Paris*) 所绘版画。
    收藏于巴黎法国国家图书馆。

向国王求救

19. 警察到场：巴黎辖区。《1749年国王治下的法国警察制度改革纪要》(*Mémoire sur la réformation de la police de France soumis au roi en 1749*)，加布里埃尔·德·圣欧班 (Gabriel de Saint-Aubin) 绘，收录于纪约特 (Guillaute)。收藏于白金汉郡艾尔斯伯里国民信托沃德斯登庄园 (National Trust, Waddesdon Manor)。

20. 密札。"我爱我的君主，我尊重他的签名，但我不想让他介入我的住所和饮食。"邓克尔为梅西埃的《巴黎图景》所绘版画。收藏于巴黎法国国家图书馆。

21. 后悔。《受罚儿子的教育，跪倒的年轻人》(*Étude pour Le Fils puni; jeune homme agenouillé*)，格勒兹绘。收藏于巴黎卢浮宫。

22. 关押。《萨尔佩特里埃医院》(*Hôpital de la Salpêtrière*, 1680)，佩雷尔（Perelle）绘。

23. 监室。《圣佩拉吉内部》(*Intérieur de Sainte-Pélagie*)，于贝尔·罗贝尔（Hubert Robert）绘。
收藏于奥尔良美术馆。

24. 动身去岛上。雅克·让·帕斯奎尔（Jacques Jean Pasquier）为小说《玛侬·雷斯考特》
（*Manon Lescaut*）所绘版画。
收藏于巴黎法国国家图书馆。

目 录

引　言

在我们看来，认为**历史**必须专注于"档案的准确性"、哲学必须专注于"观念的结构化"，这样的观念毫无意义。我们不是这样工作的。

我们中的一位曾经研究了十八世纪巴黎的街道生活，另一位则研究过从十七世纪到法国大革命的政府行政部门的监禁流程。我们两个都曾处理过存放在军备图书馆（Bibliothèque de l'Arsenal）的所谓"巴士底狱档案"。其实收在巴士底狱的治安事务文件在大革命时就散失了，之后才被重新收集起来。

阅读"档案"的时候，很多事实让我们两个感到震惊。首先，这些文件中有大量"密札"[①]，以及更准确地说，为了从君主那里获得限制个人自由的"命令"（可能是强制软禁在家，也可能是驱逐，但更常见的是监禁），而寄给警察总监（lieutenant

---

[①]　密札制度的定义非常宽泛："一封国王下令书写、国务秘书签署、印有国王封印的信件。"（Joseph-Nicolas Guyot, *Répertoire universel et raisonné de jurisprudence civile, criminelle, canonique et bénéficiale*, Paris, Visse, t. X, 1785.）

de police）或直接寄到国王府邸的请愿书。另一个让我们震惊的事实是，在许多案例中，请求都围绕着完全私人的家庭事务展开：父母与孩子之间的小冲突、家庭不睦、夫妻一方行为不端、某个男孩或女孩不服从管教。我们还发现绝大多数请求来自较低的阶层 ①，有的甚至极为贫穷——从小商贩或手工业者到菜农、旧货贩子、仆人和没有固定雇主的苦力。最后，尽管这些档案有许多遗漏，我们还是可以就某个将人关起来的请求，找到一整套其他相关文件：邻居、家人或周围人的证明书，警长（commissaires de police）的调查，国王的决定，释放被监禁的受害者的请求，甚至发起监禁请求的人提出的释放请求。

出于所有这些原因，我们认为此类文献记载能够让我们一窥绝对君主制时期——或者至少是法国旧君主专制的某个时期——巴黎市民阶层的整个日常生活。我们意图在那些密札档案中寻找关于国王专制体制，关于君主如何打击他的敌人、如何帮助某个大家族摆脱某位亲戚的文献记载。

不过，与其说阅读这些文件让我们看到君主的愤怒，不如说它让我们目睹了小市民的激情，而这些激情围绕的核心是家庭关系——丈夫和妻子、父母和孩子。

---

① 这与弗朗索瓦-格扎维尔·伊曼纽里（François-Xavier Emmanuelli）的论点相悖，见其《"Ordres du Roi" et lettres de cachet en Provence à la fin de l'Ancien Régime. Contribution à l'histoire du climat social et politique》, *Revue historique*, t. 252, n° 512, oct.-déc. 1974, p. 357-392。确实，监禁请求并不是只有富裕阶层才能使用的程序。基于原始资料做出的有关社会职业的初步分析说明，其中有一半到三分之二的人来自较低阶层。

在简要阐述那些密札的故事、功能以及我们将其从大量文献中筛选出来的原因后，我们还会将研究过的文件完整地呈现出来，即 1728 年和 1758 年，要么是丈夫或妻子要求将其配偶关起来，要么是父母要求将孩子关起来的文件。在最后一章中，我们会从这些文件组成的整体中提炼出几个可能的观点。

国王的命令

必须在既定观念的迷雾下探究密札制度的历史，被这些既定观念保留下来的信件都体现了监禁不忠诚的贵族或言行有所冒犯的大附庸的皇家意旨。作为政府行为的密札制度，目的在于无需任何其他形式的程序就能消灭权力的敌人。因为成为巴士底狱被攻占的象征，这一部分被永久地载入历史……而无数用作国家事务以外的所有其他用途的国王信件则消失在记忆中。在巴黎，同时负责城市警务和递送密札的警察总监职位的创建强化了这一现象。警察总监们忙于利用这种灵活、简单、便捷又没有诸多手续的方式逮捕和监禁他人。这样一来，他们能够更迅速地控制住那些被控犯罪的人。司法裁判执行起来如此繁复，以至于常常在程序开始前，罪犯就逃跑了：只能通过限制人身自由的法令，法官才能进行扣押，除非是现行犯；接着还要开始了解情况，并且只有法庭传讯后才能听取目击者的证词。因此，总检察官利用密札制度直接下令逮捕的情况并不罕见。

于是，用于警方事务（affaire de police）的密札制度在巴黎被频繁使用。"警方事务"一词的意思相当模糊，没有清楚的界定，这一命名能够囊括大量案件。

师匠与学徒之间的矛盾会迅速转变为警方事务[1]；人群聚集成了皇家案件，工人联合会总是被大量禁止令，法令和在十六、十七、十八世纪效力加强的国王皇家命令所禁止。国王时常使用密札来让人们遵守禁止结社的命令；当师匠—学徒间发生特殊的冲突时，常任法官们会控制事态。他们倾向于迅速做出反应，因为对工厂出现混乱的恐惧要胜过对遵循繁复的一般程序的期望。显然，想要不引人注目地秘密监禁那些每天要求师匠支付额外薪水且可以毫不犹豫地发动叛乱的顽固分子，密札制度也是最简单的工具。皇家信件这一意图明显的用法部分解释了司法档案中透露出的极少的工人争端，并因此让人觉察到被那些秘密而沉重的密札迅速压下的大量冲突。"警方事务"，真是太好用了。

"扰乱良好秩序"也是一个签发信件的充分理由：比如卖淫扰乱公共道路秩序，"密札"就纠正了这一骇人听闻的淫荡行为。多亏了"密札"，可以定期对那些女人实施大逮捕，在围观者的喧笑中，将一车车女人运往萨尔佩特里埃医院（Salpêtrière）[2]。喜剧演员也要面对这种并非严格意义上的裁判

---

[1]　Germain-Louis Martin, *Lois, édits, arrêts et règlements sur les associations ouvrières au XVIII*^e *siècle, 1700-1792*, thèse pour le doctorat, Paris, A. Rousseau, 1900.

[2]　路易十三时期的军备库，路易十四下令将其中一部分改成专门接待穷人的医院，后来又增设了监狱的部分，当时主要用于关押女性。——译注

权：仅仅因为是街头艺人，就被当作捣乱分子，根据"关于剧场事务的国王命令"① 将被监禁在主教领地（For-l'Évêque）②。

"巴士底狱档案"里保存的一份文件让我们得以更好地理解国王的命令和警署的决定如何配合着起到净化首都的作用：布索警探于 1738 年至 1754 年 ③ 定期记录的登记簿。作为大堂区的负责人，布索按字母顺序记录了在他本人授权下实施的逮捕，其中还有与之相关的大量记载（姓、名、年龄、职业、居住地、逮捕日期、下令逮捕的职能部门名称、逮捕的动机、监狱名）。

在这 2692 名被逮捕并记录在案的人员中，有 1468 人根据国王命令被逮捕，相当于总人数的一半。其余则由警署下令监禁。因此，布索警探作为国王的直接委派人行事，与警长有着本质的区别。他不处理民事起诉，而是根据皇家指示搜查和逮捕可疑人员。警探的名单让我们看到这个君主制国家在意的问题和高效的行事方式。

翻阅这些记录，读到那么多女人和男人的名字，在这些内容说多也多说少也少的纸上看到他们的别称如此频繁出现，我们可以描绘出一幅完整的风貌：有将近 3000 人搁浅在这本书里，大多是年轻人，基本出生在距离首都较远的地方；几乎囊

---

① 参见 Frantz Funck-Brentano, *La Bastille des comédiens, le For l'Évêque*, Paris, A. Fontemoing, 1903。

② 以前为主教的领地，后作监狱用。——译注

③ 军备图书馆"巴士底狱档案"，10141 号手稿。

括了所有行业，当然除了那些贵族专属的；四处为家，不稳定的季节性工作，小酒馆和路上的苦闷气氛，与还未完全被生活摧毁的人迅速结成联盟，被诡计迷惑，在经历了所有这些之后，他们终于定格在了这些档案里。有人因为心急或疏忽被卷入骗局和诈骗性质的生意，有人加入乡下欺诈团伙，有人将自己的悲惨命运和成为坏男孩的野心与这世间的女性结合在一起。骗子、大兵、乞丐、投机取巧的女人、老练的扒手、团伙首领、穷人：他们因为遭到逮捕和关押，突然停滞在这些文件中，用自己急迫的人生路线填充一个个栏目。但他们的冒险经历并未就此结束：他们越狱，他们被释放或转移，有一天又一次或永远地离家游荡——当时被称为"在乡下打转"（roulant les campagnes）。而这份记录的悖论就在于：它一方面让这些人的生活静止于此，另一方面又让他们身上流露出一种不停变动、始终迁移的印象。不仅因为他们大多是流动人口，而且对这些人的往事的记载也时而呈现出这个世界有多么动荡和不定。几乎随处可见的诈骗团伙加深了这些大大小小的迁移、不稳定性和难以捕捉的印象。在布索描绘的清晰画卷下，我们看到由强盗和穷人组成的长浪，每一层大浪都发出巨响，散开，涌起，消失，或仿佛无止境地停歇在那里，只为了下一次更好地重新出现、卷土重来。

　　这同时也是在夜晚捕捉到的巴黎的形象：搜捕出租屋、小旅店的房间，还有只有夜晚才开放的臭名昭著的地方。警探可以进到所有地方，打断人们的睡眠，突察做爱和私通的人，询问每一个人他们行事的原因。他是故意等到天色暗淡下来才去惊扰猎物，确信时间和黑暗会为他助力。布索精心地搜集所有那些天真地以为夜晚会庇护他们却最终掉入陷阱的生命，将他们呈现在我们眼前。但这里面没有因为在市集上偷家禽、在杂货铺偷旧衣、在洗衣工的晾衣绳上偷洗好的衣物而在众人的骂嚷声中被逮捕的小偷，甚至略过了被当场抓获或被路人告发的在教堂里偷手绢的扒手。档案里更多的是那群经常造访警署接受调查的人，他们要么被勤劳的密探，要么被更高层的职能部门逮捕。只需在夜幕降临之后进入那些被禁的地方就能逮住他们，像是聚众赌博的地方，还没来得及拉上百叶窗的小酒馆，出租屋或小旅店的房间之类睡觉的地方。这当然多亏了旅店老板的登记，他们受到警探的密切监视，也不怎么担心这些情况所造成的直接后果。

夜晚的巴黎用它难以计数的在阴影中的巢穴庇护着那些既让人害怕又让人着迷的"恶棍"：他们的罪行中似乎总有放荡这一项；他们确实可以被称作罪犯，他们知道首都的一千零一个隐秘角落，用来遮掩同伙、赃物和冒险计划；在市民的眼中，他们只是普通民众。这也算是一种内幕，可以佐证所有警方行动都具有合理性，包括其中最肮脏的手段。对于档案中汇集的那群人来说，大多数时候犯罪行为都是生活方式，这与警长看到的早晨和下午的巴黎并不相同。

事实上，布索警探的手下抓来的3000人揭示出了一个不想接受统治秩序的巴黎。在这些逮捕行为背后，我们读到了想要警署出现在首都所有秘密地方的意志，想要对所有阶层，想要对无论街道还是室内实施皇家干预的意志；同时，我们也注意到这类事情是多么微不足道，因为档案中的片段让我们理解了那些小小的违法行为是如何运作的。偷偷摸摸地进行，具有变动性和已经形成的组织：违法行为的触角似乎总是根据家庭类型（人们通常以家庭为单位从事违法活动）或按照男男女女的关系模式延伸。国王的命令落在这类无法控制的人群身上，死亡也不能终止他们的行为。

违反军队纪律和宗教纪律也会导致惹祸的士兵和不遵从日常戒律的教士被以同样的方式实施监禁。被单独监禁的神职人员数量相当惊人：亨利·德波尔（Henri Debord）[1] 的研究估计，从 1741 年至 1755 年，整个法国范围内针对神职人员的密札多达 6000 份（针对世俗人士的密札数为 17000 至 18000 份）。尽管是大致的数值，也足以显示其数量之大。

此外还有一点不容忽视，这些皇家信件还具有下令实施监禁以外的其他权力。它们可以插手法院事务，对已经下达的审判提出补充、批准，或加重判决。最终常常是警察总监根据国王的命令将因缺乏证据而未被常规司法程序判刑的盗窃嫌疑犯关入监狱。皇家命令制度不仅让常规程序更加复杂，而且渗入常规程序以对它进行修改，某种程度上从内部腐化了它。

---

[1] Henri Debord, *Contribution à l'histoire des ordres du Roi au XVIIIe siècle d'après les registres du secrétariat d'État à la Maison du Roi (1741-1775)*, Paris, F. Loviton, 1938.

家庭的请求

家庭密札制度与其他国王命令没有什么不同：如同所有社会团体，家庭也理应对国王保持透明。在这里，因为国王命令的必要性，私人生活和公共生活的界限变得不再清晰：家庭是个特殊场所，在其中，个人的平静生活营造出某种特定类型的公共秩序。这就是为什么国王有权利监督家庭的运作和它突发的梗塞。

受到密札制度许可的家庭镇压体系勾勒出了一个独特的社会组织场所，在那里，常常力量不平等的两方——一方代表了家庭权威，另一方是家庭成员——展开奇特的战斗。双方并非独自作战：他们各自汇集并形成自己的社会关系组织，以为己方作证。下令监禁的信件也是对借由与他人关系而打造形成的家庭组织提出处罚。这正是需要指出的基本特征：家庭密札制度无论多么具有私密性，都不会只涉及一个家庭，这恰恰说明了家庭与其周围世界之间必不可少的嵌套关系，无论它多么想要与世隔绝，都是不可能的。

在巴黎，家庭的监禁请求遵循一套首都特有的程序：大家族将他们的诉状（请求书 [placet]）呈给国王本人或宫廷大臣。国王实际出席的皇家会议将对请求书进行细致的审核。

对于平民家庭，则完全是另一套行事方式：他们向警察总监提交请求书，后者在他的办公室里审核请求书，指挥调查询问，做出判决。调查询问当然是由地区警长执行的，他将获取信息的权力授予警探。极大程度上融入邻里关系和城市生活的平民家庭是不可能将自己从这种社会毛细血管中排除出去的。城市组织、邻居、警长、堂区神甫、商人、租户都是家庭生长不可缺少的沃土。警察总监在搜集到资料后就要起草一份详细的报告呈交给大臣，并等待国务秘书发来的命令。这至少是路易十四时期最常规的流程；到了路易十五统治期间就很快瓦解，取而代之以越来越便捷的手段。那时警察总监的汇报常常只有几条简要的记录，甚至不等皇家的答复就自己承担了执行国王命令的责任。

由警察总监承接是巴黎特有的程序，这同时解释了在常规审判和皇家命令之间长期存在的滑移，毕竟两者几乎是由同一人执行的。外省遵循的则是另一种形式的程序：比如朗格多克，是"军事当局［……］确保实施针对家庭的命令，作为贵族权益的保护者，军事当局接收这一阶层的诉讼和控告"①。它也接收来自其他阶层的所有请求书：针对家庭的监禁并非贵族阶级的特权。

家庭密札制度促成了私人镇压的合法化：皇家权力允许根据家庭请求合法监禁某个家庭成员，但不负担监禁所需的任何形式的开支。如果想不经过常规的、公共的司法机构就惩罚身边的某个人，就需要一方面请求国王，让他相信确实遭受了不

---

① Nicole Castan, *Justice et répression en Languedoc à l'époque des Lumières*, Paris, Flammarion, 1980, p. 201. 以及 Jean-Claude Perrot 有关密札的文字，见 *Genèse d'une ville moderne. Caen au XVIIIe siècle*, Paris-La Haye, Mouton, 1975; fac-sim. Éditions de l'EHESS, 2001。亦见 Claude Quetel, *De par le Roy. Essai sur les lettres de cachet*, Toulouse, Privat, 1981。

幸，从而施恩下达官方命令，另一方面为国王提供财政支持，监禁费用不由皇家行政机构承担。以签发命令牟利：对不幸的讲述，再加上钱，就是有力的物证。

对于当时的人来说，这种操作是惯例，是政府被允许和鼓励的职能之一。这解释了为什么每项事务的资料都如此丰富，为什么人们能怀着如此有力的坚决起草请求书。可以说给警察总监写请求，让他知道那些在家庭内部蔓延的令人难以忍受的纠纷，是一种投机行为——就其最现实的词义而言——对于平民阶层尤其如此。首先必须找到一位代书人，在以标准形式向国王陛下致敬的同时，将日常生活中翻江倒海、磕磕撞撞的细节传达出来。家事细节的堆积，尤其是属于私生活和家庭关系暗处的私密的不幸催生出堆积如山的行政文件，让人们在阅读材料时感到震撼。请求书的后面还有邻居的证词：有时是邻居在下方签名并注明职业，有时是他们自己书写证词，用他们的方式讲述其所看到的、知道的、听到的。家中远亲、街角小酒馆的老板、楼梯脚下卖杂货的商人、住在同一层的租户都是主要证人。为了让请求书具有更高的可信度，最好还要说服堂区神甫——街区有影响力的人——和巴黎居民楼里可怕、可憎又可敬的担保人房东。

如果是请求监禁孩子，而孩子的父亲已经去世或缺失，就可由母亲提出请求。母亲的身边围绕着她的近亲，亲戚的意见会让请求具有更为确定的分量。警察总监的秘书接收请求书，将其派给街区的某位警长和警探，让他们"核查事实，汇报情况"。通常情况下，他们会单独进行调查，一个负责调查工作并对请求书进行汇报，另一个对汇报加以注释。警探听取证人、邻居、签名人的陈述，之后警长汇报给警察总监。汇报是否详细取决于案件本身和警长。接下来，警察总监会自行总结汇报，交给国王的秘书。这一部分通常是形式化的：最终警察总监可能不等待任何答复就下达执行监禁的命令。

1728—1758 年：一次探测

对收入这类材料的"巴士底狱档案"所进行的细致研究揭示出这些材料是不全的。一方面，十八世纪二十年代之前的拘禁请求相当少。另一方面，"巴士底狱档案"中 1760 年后的此类请求也极其罕见。

事实上，这两个事实有着不同的原因。在十七世纪末十八世纪初，保存下来的国王命令中占主要部分的是政治事务和宗教事务：有关冉森派教徒和冉森派狂热分子的事务，有关间谍和外国公务人员的事务，还有关于各种微不足道之人的事务——占星师、占卜师、"投机倒把者"、思想不安稳的人。正因此，密札尤其具备了这种公共用途，而针对家庭事件的私人用途则相对罕见，警察总监勒努瓦尔似乎也证实了这一点——如果我们相信他在卸任之后写下的、现在保存在奥尔良省立图书馆的那些文件：

被我们称为家庭密札制度的国王命令可追溯至达尔让松先生治

下。贝里耶先生管理期间，该制度已家喻户晓，到了德·萨蒂纳先生时期，其使用更加频繁。我们执行该制度的原则就是，当个人的耻辱波及家庭，政府和警署出面帮助那些有正当理由担心名誉受损的家人。在像巴黎这样的大城市，年轻人充分暴露在堕落的危险里，这一手段是必要的。①

因此，我们有理由认为，出于家庭原因的监禁请求在十八世纪五十年代有切实的增加。

相应地，1760 年后这些请求在"巴士底狱档案"中几乎消失的事实就显得更加神秘了。我们知道萨蒂纳——在整个路易十五统治的最后时期——甚至勒努瓦尔都以大量运用这类程序著称，尽管后者考虑过"更具限制性的"实施办法。他本人不也说过：

在巴黎，很少有家庭能做到十年或十二年中无人为涉及家族名誉的事情向巴黎警察总署的执政官求助。

而布勒特伊（Breteuil）在 1784 年发出的有关限制这一制度实行的著名通函 ②，也证明了该制度在当时显然还没有被

① 奥尔良省立图书馆，封·勒努瓦尔（Fonds Lenoir），第 1423 号手稿，第 21 封：保密。需要注意的是马尔克·勒内·达尔让松（Marc René d'Argenson）于 1697 年到 1718 年任警察总监，贝里耶（Nicolas-René Berryer）的任期是 1747 年至 1757 年，萨蒂纳（Sartine）是 1759 年至 1774 年。
② 见本书第三章最后一部分"密札的终结"。——译注

废弃。由此可见，家庭的请求书并未终止于十八世纪六十年代，但它的踪迹却在这一时期从"巴士底狱档案"中消失。因而应该假设在这几年间，那些请求和文件是以别的方式收入档案的；它们后来随着历史的进程被销毁或散落别处。

因此，我们手边具备 1720 年至 1760 年间丰富的档案资料（当然，这并不意味着我们掌握了这四十年间巴黎家庭寄出的所有请求书）。我们选择 1728 年和 1758 年作为中间三十年这一个世代的起点和终点。1758 年似乎刚好与警察总监贝尔丹·德·贝利斯勒的短暂任期重合，但对前后邻近年份（1756年和 1760 年）的调查证明，其治理并未呈现出什么特殊的性质。1728 年和 1758 年这两年的文件数量相当大，年份内的趋同性也足够明显，各自内部切实存在的重复之处甚至让我们能够将它们当作一个有意义的整体（尽管还不足以让我们进行量的评估）。

对 1728 年和 1758 年的分析整理显示出这两年分别有 168 份和 74 份涉及家庭的监禁请求；1756 年和 1760 年同类型事务的文件分别为 67 份和 76 份，占所有监禁请求的五分之一。尽管这些材料具有不确定性、不可靠性，或许也与数量上的现实相去甚远，但我们还是可以沉浸其中，从一个个事件中抽出一根根细线，串联出那些家庭的历史，这些家庭将自己的裂缝暴露给国王，向其揭露那每一刻都混杂着悲剧和闹剧的私生活。

第一章　家事纠纷

摆脱不幸

针对配偶的请求比父母针对孩子的请求要少，只占家庭请求的三分之一，但这些请求文件内容惊人且很能说明问题，有时甚至很难把握。当然，不难理解，这些文件会让我们的分析障碍重重，必须击破障碍，或者利用障碍。如果一位妻子想要让她的配偶被监禁，她就必须说服国王，令其相信她的处境有多么可怕，还要提交必要的、关键性的论据。反过来，如果一位丈夫认为他的妻子理应接受皇家命令，他也需要做同样的事情。从某种角度来说，这样的做法对于任何一方都像是登台演出，将共同生活的不可能性暴露在光天化日之下：警察总监、警长和警探关注着这场表演；皇家在他们所提供说明的基础上签发命令。挑战是巨大的，人们不会为了微不足道的小事告发自己的伴侣。使用的词汇、描述的境况、提起的控诉都可能是对真相的揭露（还有待警方调查来对其真实性做出必要的验证）；这同时也是在回顾夫妻生活中那些无法忍受的东西，从这层意义来看，这些东西提出了一些想要让共同生活成为可能，就不可逾越的准则；相对地，它们从日常的亲身经历出发，或通过为了让人相信而编造的谎言——不重要——绘制出一幅幅如此有表现力的夫妻生活画卷。

在措辞的背后，甚至在证明事实准确性的证据的另一边，潜藏着一种集体的期待：邻居、堂区神甫、家庭、丈夫们和妻子们，在他们的社会、政治面貌和他们之间的依附关系的打磨下，分泌出某种"家庭生活不应该如此"的范本。由此形成了一种共识，而呈给国王的请求书上必须笼罩着失望和苦涩的晦暗色调。娶了我，他本该……嫁给我，她理应……可是，他或她却什么都没做到。

总的来说，她和他一样都在利用密札制度的可能性：所有年份[①]的总数据甚至表明，她们提出的监禁配偶的请求要比他们多一点点。尽管不应该太看重这种非常微小的差距，毕竟资料有缺失，数据所能说明的也有限，但还是必须明确地指出对于男女双方来说，使用这一方法的可能性是均等的。与我们所期待的，也与既有观念相反，在这个可能出现性别压制的地方，男女是平等的——能够指出这一点，并非没有意义。至于皇家的决定，也是平等的。[②]女性对配偶的期待与男性对配偶

---

① 正如上文所说，本书考察的是 1728 年、1756 年、1758 年、1760 年的情况。

② 值得注意的是，从总体上来说（父母提出的监禁请求，夫妻之间的监禁请求），被监禁的男性人数只比女性多一点: 195 名男性，181 名女性。

的期待同样重要，那么就应该以同样的方式考量各自对对方的失望。只是还要思考这种期待在内容上的分化：是否存在一种分化？如果有，它是什么性质的分化？

尽管存在这样的平等，还是必须首先指出这种方法的严重性。夫妻之间的监禁请求是一项重大的行为，绝不可能轻易做出，只有在绝望的时候才会突然发生，并且是作为尝试了无数次调解和各种各样的方法——包括邻居和警长的帮助——之后的最后手段。从来没有刚结婚就立刻向国王呈交请求书的，总是要先经历一段漫长的共同生活。提出请求的平均婚龄是 12 年 [1]，那时候，正如人们所说，船在沉没，所有希望都终于崩塌，本就足够艰难的生活似乎再也支撑不住。于是唯一的希望就寄托在分开上，要么请求永远分开，要么还想着从对方那里获得悔恨或原谅。做出抉择：要么再也不和配偶这个所有痛苦和不幸的根源生活在一起，要么等着因为明明灵魂被对方烙印，却还想要寻求其他方法而受到惩罚。

鉴于在请求国王结束他们的困境之前已经生活在一起很长时间，他们肯定有很多话要说。那由磕磕绊绊和不满编织起来的生活，上面点缀着生育、疾病、殴打、破产和不忠，这生活充满了各种事件，被痛苦的处境、暴力和激烈的情绪压得不堪重负。他们有那么多话要对代书人说，有那么多事情要写给警

---

[1] 1728 年：提出请求时的平均婚龄是 13 年。1756 年：14 年。1758 年：13 年。1760 年：11 年。

察总监看，他们不会漏掉任何细节，因为他们的不幸并非诞生于昨天。我们同样惊讶于他们的羞耻心：文字徒劳地堆积着生活的重负，大肆指责配偶的恶行，控诉卑劣行径，揭露糟糕的对待和欺骗，但其中还是能够看到某种保留。无耻和放荡——还是有必要试着定义一下这些词——都被披露出来，有时会提供细节和佐证，但绝不会揭露配偶真实的私生活，比如性生活。禁忌之地，即便控诉、愤怒、崩溃也不能为它解禁。但有些人会说他们无法再往下说了，就好像他们面对着一个不能直接呈现在国王面前却极其重要的秘密。一个秘密，或者说可能是在表达对禁止人们曝光自己丈夫或妻子的婚姻制度的遵守。

"请愿人无法更进一步说明了，谁让她就是这样一个人的妻子，"玛丽·米耶 [①]——62 岁的裁缝又名吉尔贝尔的弗朗索瓦·迪布瓦的妻子——这样写道，"但［……］她就完全有理由担心她和孩子的名誉与生活。"

另一位女士是这样说的："我还有很多可说，但他终究是我丈夫"，而妻子马松为控诉丈夫弗朗索瓦感到抱歉："请愿人本可以对她丈夫的那些于她只有不利的越轨行为保持沉默"[②]，这些都反映出女性控诉人也被她们自己的告发所牵连。

男人不会给出夫妻生活的太多细节，但他们也不认为需要

---

① 军备图书馆"巴士底狱档案"，11994 号手稿，第 74 页（1758 年）。
② 军备图书馆"巴士底狱档案"，12083 号手稿（1760 年）。

提及沉默的律令。这种义务般的羞耻心都出现在妻子那一方。或许这也是一种有利的方式，可以说明作为不幸的妻子，她们还要受到丈夫在性别上的支配，也是在表明如果一定要说的话，她们也可以说更多。

而且，是否这种男性和女性的羞耻心本身就已经阻碍了双方求助于普通司法程序？寻求司法帮助会名誉受损，而呈给国王的秘密是非公开的，不会失去体面。人们不会在法庭上揭发自己的配偶，因为这样的行为会带来耻辱。德拉什先生家的挂毯工亚历山大·博诺姆得知在妻子玛丽·帕热要被拘押在大夏特莱（Grand Châtelet）时，也表达过类似的看法：

> 这位警察总监把他妻子带到勒布朗警长那里，警长又把她送入大夏特莱，以便通过普通司法程序对这桩偷窃嫌疑案进行审理，请愿人对此相当震惊，如此一来，他就成了告发妻子的人，这自然是做丈夫的无法想象的事。①

尽管这里存在对普通司法程序的拒绝，以及拒绝在经过各项程序之后于小夏特莱和大夏特莱执行普通监禁的可能性，但还是无法说明这两个领域之间不断出现的分化：司法的领域和密札制度的领域。大量请求书证实将这两种手段完全分开是不可能的：通常情况下，妻子或丈夫已经在所属区域的警长

---

① 军备图书馆"巴士底狱档案"，11988 号手稿，第 274 页（1758 年）。

面前提起过控诉。警长在登记簿、备忘录或记事本（夏特莱警长档案馆的国家档案中可以找到）上做记录；接着，有时会传唤并"训诫"配偶，告诉他总之不能再这样了，像父亲一样念叨和威胁他。一点用也没有，不久之后提出控诉的一方又会回来，带着同样的烦恼、同样的不幸，在"将对方送入监狱"和"只要一切有所改观，就还把对方留在身边"这两种期待中举棋不定。有时被告一方确实犯了些不大的罪行，偷盗、诈骗、扒窃，那这家伙就会被关入监狱。然后又回到家中，生活继续，直到弦断了，时间太难熬，对以前容忍的事再也忍无可忍，底线被突破。这时候人们就会去到国王——唯一能够从整体上解决整个问题的人——面前，因为他既能在不损害当事人名誉的情况下给出惩罚，同时他的这一优待又能产生某种社会压力。

即使不存在司法部门的反反复复，警长 [1] 依然是根据国王命令执行监禁的核心人物，毕竟警察总监下令由他组织调查：也就是"警方澄清"，其中一些被收入在档案中。[2]

既然可以通过请求获得国王的优待，那付钱也可以，或者更确切地说，它是可以买卖的。通常由普通人——甚至近乎贫困的人——提交的请求书会通过博取同情，通过呈现他们决心尽到的巨大努力来讨价还价。他们自愿支付的费用只有一

---

[1] 但正如上文指出的，这只适用于巴黎。

[2] 警方澄清记录保存在警察局档案馆（Archives de la Préfecture de Police，例如 AB 405）和军备图书馆（如萨莱尔警探的文件）。

年 100 到 150 利弗尔 [①]，数额相当小，因此他们的配偶完全有可能要去忍受比赛特医院（hôpital Bicêtre）[②] 或萨尔佩特里埃的恶劣条件，而不是一些修道院的舒适环境。仁慈的监禁，但尤其重要的是要付最少的钱：这就是写下来的请求、说出的话语、达成的表达。

被打破的盟约

这里还是有必要说明这种无法忍受的夫妻生活是如何造成的，以及一方因为另一方不好而不想再继续下去的夫妻关系是什么样的。那个不称职的伴侣不好的时候表现得像什么样子，没能回应什么样的心理期待？阅读请求书，可以看到这种无法忍受的感觉有多么强烈；仔细的、大量的阅读，注意最微小的词汇、最微小的细节，关注对各种状况的叙述以及这些状况之间的关联。那么，当夫妻一方想要让另一方被关起来时会说些什么？说他们之间的约定，说配偶的行为，说对方与亲友、工作、邻居的关系及其对夫妻的经济生活造成的后果。于是，相互嵌套的价值体系以及它们之间的重要性顺序终于显露出来。夫妻生活的面相逐渐确定；初次阅读时还模糊不清的速写一点点清晰起来；形象变得清楚，有了色彩。虽然还存在困惑，虽

---

① 法国古代的记账货币，现也称古斤，1 利弗尔货币相当于 1 古斤银（在巴黎，约 490 g；各地不等）的价格。——译注

② 自十七世纪中期起，先后成为收容所、国家监狱和疯人院。——译注

然还有一些令人费解的地方和疑问，一些论断却清晰地呈现出来。

夫妻应该达到某种经济上的平衡，每一方都应该为家庭经济负责，可以说这显然是对男性和女性都适用的普遍的期待。有三分之二的请求书控诉配偶一方的个人行为——酗酒或行为放荡——和经济行为，这两者常常是结合在一起的。这些请求书以同样的激情同时揭发家庭的破产和配偶的荒唐行为，同时说明财产的消失和通奸。确实，在共同生活中，我们期待一种稳定的经济状况，既不允许挥霍家产，也不接受不得不降低社会等级的情况出现。常常有人控诉对方让原本是金银器商人或裁缝的自己不得不去做帮佣或日工。"倒卖家里的衣服""破坏生意"是非常严重的控诉，必须上达相关职能机构。还必须补充一点，夫妻生活的希望要比经济稳定性更重要：不少请求书都提到无法容忍财产没有结出果实。在婚姻中，人们同样有权利期待几年过去后，能有某种经济上的提升。如果没能做到，那就是错误的。

只有三分之一的请求书仅仅指控另一方的个人行为而不提经济情况。对于大多数人来说，可能能够接受伴侣酗酒，只要不影响经济的维持。除非——当然——酗酒变成丑闻，这是另一个问题。当然，在大多数案例中，因果关系主要体现在流连于小酒馆和倒卖家中衣物之间。而且正是出于这一点，人们提出监禁的请求：为了停止不可避免地走向悲惨生活或过上乞讨的日子，必须把那个应该对此负责且妨碍另一半处理好个人事务的人关起来。不要忘了，这里说的都是没什么钱的人，经济上非常脆弱，财产方面出现一点点负面的波动都会蔓延为彻底的不幸。一点点东西就能打乱这种不稳定的经济秩序，而那些请求书常常给人留下这样一种印象：像是在描述一个虚弱的游泳者受到逼近的海浪威胁。

与经济生活有关的因素和与个人态度有关的因素之间这种常见的关联指出配偶关系也是一个场所——既是社会经济建设的场所，也是性和情感沟通的场所。身体、心灵的场所与社会职能的场所同样无法轻易分开：夫妻关系是这些空间的一个交汇处，体现了它们得以和谐共存的期望，和它们之间紧密依存的确信。在众多关于缔结好姻缘的建议中，在十八世纪风靡城市、乡村的那种流动商贩兜售的通俗小说所传播的婚姻指南中，这一主题尤其常见。[1] 夫妻和睦需要双方在经济上做出协调；男人比女人过得稍微舒服一些并不是坏事，两个人应该相互沟通，好让共同财产开花结果。夫妻关系也是一个经济空间——即使在最贫穷的人那里也是如此——显然并不意味着爱和吸引力就被排除在外。它们常常进驻这一场所，每天在心里制造出强烈而敏感、脆弱且纤细的扭结——外貌、收入、尊重、名誉和沟通之间的扭结。只有在有希望的前提下，才有谈论婚姻的可能：幸福和舒适生活共同创造出好的婚姻。一旦夫妻间的经济盟约被打破，裂缝就会出现。

---

[1] Arlette Farge, *Le Miroir des femmes*, Paris, Montalba, 1982, p. 70.

大多数时候，沟通和诚实造就了令人满意的经济稳定性，尽管它还是时常受到威胁，但至少威胁并不来自夫妻中的一方。请求书中的细节是不会骗人的。有些忍耐的门槛不容逾越：侵吞妻子的嫁妆，在另一方还没有领工资的时候就提前支取其酬劳然后花掉，在另一方不知情的情况下倒卖其衣物去喝酒、玩乐。在所有这些失序的状况中，有一个场面要比其他的都更令人无法忍受，似乎只要简单地描述一下这一场面就足够让国王下令，那就是床被搬走："他连床都卖了""他连孩子的床都卖了""她甚至拿走了我的床"。基本的①且仅有一个的家具：当我们什么都没有了，至少还有一张床，不应该忽略它的象征性功能，私自卖掉它是对共同生活的否定，或者对孩子而言是可耻的背叛。卖掉床，就犯下了无法挽回的错误，必须受到惩罚。还有，怎么会注意不到，床的失去是经济上的损失，也是对性爱场所的剥夺。

过分的行为、劣迹、放荡、举止不端，这些词铿锵有力地出现在文件中，却并不总是引出大量详细的描述。就好像这些词总是可以相互替代使用，就好像它们已经足以揭露另一个人的无耻。但这些词对应的是一些非常特殊的情境，这些情境让我们得以勾勒出放荡或不端行为的轮廓。总的来说，行为

---

① 死后的财产清单和普通人结婚时的嫁妆都说明了它的重要性。参考贝纳戴特·奥里奥尔（Bernadette Oriol）的硕士论文：« Maîtresses marchandes lingères, maîtresses couturières, ouvrières en linge aux alentours de 1751 », université de Paris VII, 1980。

不端指的是他或她沉湎于工作、家庭或增加财产之外的其他东西。他或她流连于小酒馆，他偶尔才回家，她跟士兵走了，他犯了欺诈罪或过于频繁地离开工作岗位，她被生活作风不好的女人带坏。所有这些各种各样的劣行都有一个共同点，就是它们都发生在工作空间和家庭空间的传统疆域之外。当漂泊、找工作、找房子已经成为生活的标志，当生活不断被不稳定性和在首都不分昼夜的漫长的徒步迁移打断，不端行为无疑将加重这已然不得不承受的漂泊；它在日常的缺失之上又增添了一项更加恶劣的缺失，以惊人的方式呈现出居民本就杂乱的日常轨迹，并借此进一步加深了居民间的这种散乱。不端行为必然与一种对空间的不同寻常的运用有关，它打破了空间之间并不可靠的关联。

放荡：男性的空间，女性的空间

初看下来，这些文本似乎并没有体现出女性和男性的不端行为存在非常清晰的差异：请求书似乎为两性提供了几乎相同的标准。酗酒、浪费财物、放荡既是男人的问题，也是女人的问题。我们甚至没有看到妻子更加强调丈夫游手好闲这样的现象，就好像男性的工作和女性的工作具有同等的重要性，而且并不是相比起女性，男性更多地由职业定义。游手好闲对两性来说都是恶，这很正常，毕竟夫妻也是两个人工作的结合。酗酒也不是专属男性的缺点：丈夫和妻子都会为此控诉对方。本就困苦的生活之上，葡萄酒、烈酒让夫妻关系进一步恶化，毁掉彼此间的理解，妨碍信任，引出各种各样的经济混乱。这是灾难性的，会直接破坏为维持可能的经济稳定所做出的所有努力。

但在这种有关不端行为的典型刻画中——不加区别地不偏向男女之间任何一方——还是寓居着很能说明问题的不同与不调和。正是这些不同和不调和让男性与女性各自扮演的角色更加清晰地凸显出来，并帮助我们更加明确伴侣各方对另一半的行为的期待。

妻子会控诉挨打、受伤和受虐待。她们提到刀、尺、卡钳、火铲、小锅、柴架的凶残，它们可以用来满足丈夫的愤怒。她们忍受这些已经很长时间了，大多是从久远以前的新婚就开始了，而当她们感受到生命切实受到威胁时，就会惊慌失措。"请愿者不想在还是花季的年龄就失去生命"：她四十岁，嫁给一个裁缝十三年①，后者不停地虐待她，她不久前就"差一点死在刀子的击刺之下"②。她也通过告诉警察总监"这个残暴丈夫的恶劣脾性"来为自己辩护。

四分之三监禁丈夫的请求涉及对暴力和虐待的控诉（七十个丈夫里只有八个想要提妻子对他们施加的某些虐待行为）。殴打是典型的男性攻击方式，是无法忍受的行为，会受到谴

---

① 让·特拉森·戴赛萨尔，军备图书馆"巴士底狱档案"，11006 号手稿（1728 年）。
② 见第 103 页"让·特拉森·戴·爱萨尔"部分第一封信，后文所引信件并未提到用刀刺，只说击打。——译注

责，尤其因为这种粗暴带有非人性的色彩。对于有些残暴的举动，这些文本也不会保持沉默："他残忍地折磨妻子和女儿""他杀死了她先后怀上的三个胎儿""他猛地打晕她，又把她扔下楼梯""他弄死了第一任妻子，还虐待怀孕的现妻""他对她施暴，让她活在恐惧之中""他用火钳挖掉了她的一只眼睛"……

描述出来的这种暴力如此骇人听闻，是因为它的见证者经过漫长的创伤和羞辱，已经走到了绝境。她们已经没有什么可失去的了，只能揭露由可悲的同居生活、由暴力的角落里显而易见的激烈情绪组成的日日夜夜。相反，她们很少展开讲述性行为中可能的暴力。正是我们之前已经谈到过的羞耻心让她们有所保留，人们只能通过几句扭捏的、绕弯子的、含糊的话，看出她们拒绝某些形式的性行为。"他在她身上实施一些不好的手段""他任由自己对她做出一些她出于羞耻心无法说出的过于羞耻的行为""他拿着刀强迫妻子""他很不正派""他过度使用她的身体"：这些说法中没有任何明确的东西，它们勾勒出一个个极限，却不描述围绕着这些极限的都是些什么，它们指出存在极端和过分的方式，但都没有切实地揭示出他们是怎么做的。从我们手头的资料来看，在所有揭露性的语句中，这一类直到十八世纪五十年代末才出现——就好像在此之前，这样的话都不能说一样——这只是巧合吗？这是个简单的问题。相反，男人和女人以同样的方式记录配偶患有的、经由主治大夫认证或医院配药处证实的性病。疾病本身就足以证明对方所犯的错误和他／她的放荡。

"放荡"（débauche），这是最常被使用的词，最常出现在代书人的笔下，是关键词，但也是不明确的词，它似乎概括了人会犯的一切错误，无需费心给予它确切的意思、真正的内容。然而在仔细阅读文本之后我们发现，虽然在国王那里，丈夫和妻子都可能被指认为"放荡的"，但这个形容词却涵盖了极为不同的现实和情境。当丈夫控诉妻子放荡，描绘出来的几乎总是同样的形象：一个游手好闲的、堕落的女人，行为极其不端，生活习惯糟糕，非常爱花钱，喜欢与男人为伴。一般还会加上她对酒精的热爱，以及不好好打理家务。但如果我们仔细阅读丈夫一方的控诉，就会发现这种有点刻板的"妓女"形象包含了两种差异明显的行为模式。当然有放纵、暴力的女性，她们偷窃、酗酒、卖掉家里的家具、辱骂自己的丈夫，但也有一类，她们只想离开丈夫，和自己钟情的某个男性一起生活。

后一种情况相对简单，毕竟就是二人分开的事；但丈夫乐于抹黑妻子的形象。他补充一个又一个细节，好让她的形象贴近妓女的形象，就好像害怕不这样就没有说服力，不足以获得国王的命令，就好像担心警长或警探的调查结果认为妻子的私情并没有那么危险。他们这样做或许有道理，司法档案中的其他一些研究可以证实这一点。

性方面的随便会扰乱公共秩序，这是肯定的，然而妻子离开丈夫投向另一个男人是非常私人且没那么严重的事情，警长每天都要处理这样的事件。既然没有公共层面的丑闻，没有威胁到街区的安宁，真的有必要让国王打开监狱的大门吗？丈夫完全清楚这些：想让妻子受到实实在在的惩罚，他就必须证明她成了"公共的"女人，因此这也就不再只是私人事务。

天使还是妓女：只要离婚还没有成立，就没有中间的情况，而来自丈夫的请求书足以反映出这种不可避免的二选一。用妓女的危险面孔遮住妻子的脸，首先是为了在面对离异事件时可以模糊化自己的个人错误，接着是为了要求权力机关给予惩罚。

妻子所描述的放荡的丈夫，是日复一日过着没有拘束的生活的人，不去工作，不时在外夜宿，不规律地偶尔回一次家；是"找女人"的人，和她们寻欢作乐，在小酒馆嬉闹，然后像猫一样，夜间狂欢之后疲惫地回家。很少有妻子控诉丈夫与某一个女性建立稳定的、持续的关系；她们更多的是涂抹出一幅碎片化的丈夫的肖像，将他们说成浪子，他们的放荡是各种各样的游牧精神造就的：比如 1728 年克洛德·鲁索的妻子表明的那样，"他游手好闲，沉湎于葡萄酒、烈酒和女人"①。

妻子的文本给了我们一种新的、有意思的印象：她们期待丈夫真正参与她们的生活，这种参与与工作、理解和诚实有关，这是当然的，但也与在她们身边度过的时间和操持家庭事务的时间有关。夫妻生活因为某个特殊日子一下子清晰起来，

---

① 军备图书馆"巴士底狱档案"，11027 号手稿。

家庭主妇的平淡形象有一点动摇，让另一种附加的形象显现出来：渴望丈夫参与家庭事务、认为丈夫一再地不在场并不正常的妻子形象。而既然这种女性的期待——这种欲望——被呈现在国王面前，那是不是至少它是为国王所接受的？

从请求书中读到的有关与子女关系的部分证实了我们的观察。这打破了或许是受刻板印象波及而形成的预想，显然，"糟糕的母亲"这个修饰语并不是丈夫针对妻子时所常用的论点。相反，我们吃惊地发现，妻子常常坚定地控诉丈夫不怎么照看孩子：她们不能容忍丈夫虐待孩子，这是肯定的，但她们同样受不了他们对孩子弃之不顾，甚或像其中一位所说的，"他不怎么操心孩子"，不照顾他们，还对他们说"下流话"。这不仅仅是抚养孩子的问题，也是丈夫的经济义务和世俗义务的一部分；做母亲的需要这种责任得到落实，会在丈夫忘记的时候提醒他，同时在控诉的时候，传达出一种有必要引起注意的照看和教育的图景。孩子受到的损害在母亲身上会呈现出某种切肤之痛，而同时她想让人们注意到的正是这种感觉。她和孩子们形成了一种情感的和经济的共同体：如果丈夫没有照顾孩子，她就会像身体受到背叛一样，感到经济上受到了背叛。在这里，我们又一次看到经济的必要性与道德义务混合在一起，这可不是简单的事情。

相应地，丈夫对妻子的需求更多在于希望她们对自己态度积极，而不是照顾好孩子。似乎他们相信她们作为母亲的情感甚于相信她们作为伴侣的依恋。无论原因是什么，可以肯定的是，他们最倾向于通过考察妻子对自己的责任来评判她们。

还有另外两个请求监禁的动机是只有女性会提出的：疯狂和不信教。而且，男性的疯狂被认为是他行为不端和放浪形骸的必然结果。

让娜·加特里恭请阁下知悉，她嫁给这位名叫安托瓦内·夏瓦利耶的泥瓦匠伙计已有四十六年，他一直表现出疯狂的迹象，一年比一年严重，只能归为放荡和不端行为，因为他从未表现出规矩人该有的样子，总是在小酒馆里花掉挣得的每一分钱，完全不顾家，甚至常常卖掉妻子和自己的旧衣物，只为去小酒馆喝酒 [……] ①

不信教并不比疯狂容易被接受："他既不怕上帝，也不怕魔鬼""他不参加弥撒，寄希望于某种想象中的朝圣""他甚至卖了我祝圣用的蜡烛"。此类态度加上别的问题就足以表明丈夫的无耻。在我们阅读的文本中，从未出现过丈夫以此指责妻子。

他人的目光

放荡、暴力、不端行为、疯狂、不信教、酗酒、"卖淫"，

---

① 军备图书馆"巴士底狱档案"，11004 号手稿，第 12 页（1728 年）。

这些都脱离了诚实、和谐、体面的合理的空间。为了加重控诉的分量，丈夫和妻子都会指出发生在他们的空间之外的东西，正是这些"其他地方"酝酿出了丑闻。毕竟夫妻并不只是和孩子单独生活在一起，他们也在邻人——无论是附近的住户、街上的商贩，还是街区的警长、堂区的神甫——的注视下、支持下、陪伴下生活。不止如此：夫妻的周围环绕着他们的家庭，父母、连襟、妯娌不断折射出夫妻两人的形象，他们想要从中辨识出体面和尊严。他人的目光滋养着伴侣间上演的悲剧的强度，加重悲惨的、无法忍受的感觉，在他们身上标示出无法抹去的怨恨和蔑视或信任和依恋的印记。于是，监禁的请求也成了为他人而进行的行为，为了能够不在这面镜子中看到自己羞愧的脸。为此必须结束这场邻居见证下的、亲人或多或少参与的丑闻。不存在没有他人注视的丑闻，几乎所有案例中，请求书上都出现过邻居、租客或堂区神甫的签名。"邻居都对这一过分的行为感到愤慨，建议提请诉讼""她成了整个邻里街坊的丑闻""他有没有面包吃取决于他的名誉"：所有这些表述都说明了周围的人至关重要。

总是在场，作为眼皮底下发生的悲剧的重要参与者，邻居是监禁请求的基本组成部分。他们被当成判断是否要执行惩罚的证人，或者他们站出来为被告人辩护，重新厘清有时被谎言或大胆的道听途说打乱的事物秩序。有些夫妇正是借助邻居的名义，企图让自己配偶的奸夫或奸妇也被关起来：他们大声指出这种众所周知的奸居关系让整个街区陷入丑闻，必须不惜一切代价将两个罪人关起来。被这一方争取，受到那一方请求，还有因为自己所选取的立场而迅速受到感染，邻居在上演的这出戏中扮演着必要的角色，是这场宫廷博弈不可或缺的棋子。

什么时候邻居看起来最主动，最想要团结起来、表明立场，最情绪激动？无疑是他想要保护被丈夫虐待的女性的时候。在这类明确的情况下，邻居和商贩会毫不犹豫地在女性的请求书上签名，将她丈夫说成野蛮人、"吸血鬼"，还会在偶然看到她们被殴打和受伤时提供帮助。被丈夫殴打的女性让整个街区陷入不安。"整个街区都来请求我立刻逮捕他，"警长这样写道，"因为他对她实施的殴打几乎要了她的命。"

相反，我们发现，有意思的是想要监禁妻子的男性更容易获得家人而不是邻居在请求书上签名。相比起邻居，男性更愿意请家人来说明理由，似乎更不信任邻居，担心他们会轻易站在妻子那边。很难让一个带着孩子的女性被监禁；自然地，女性比男性更容易引起同情，而她的被监禁也会是一桩丑闻。

获准的监禁或一段故事的开始

就这样，请求书呈于警察总监面前，每一句话都是为了打动警察总监，让国王垂怜下令监禁。因此，一旦提出告发，秘密就散播出去：悄悄说给代书人的话被愤怒和恐惧压得沉甸甸的，满是怨恨，有时也充满希望和温情，总是鼓荡着激情，饱含浓烈的情感。生活的戏剧并不结束于此：呈给国王的请求书开启了一段调查、监禁、撤回和追寻自由生活的故事。生活继续，人生的画卷一幅接一幅展开，我们也要讲述它们。

　　每份文件都让我们发现一段独一无二的故事，为了延长伴侣关在监狱或修道院中的时间，或为了让他们获释而抗争的故事。每一斗争都有自己的路线、自己独特的面孔，和各自特殊的戏剧张力。不可能就这样仓促地得出具有普遍性的结论，必须大量阅读这些纸张，里面有许多人物出现、消失，全都是为了搞清楚事件的真相，找出尽可能公正的解决办法。我们了解了这些充满可笑又动人的细节的复杂事件的全部及其反面。说全部及其反面，是因为表态的人记忆中涌现出的无数小事可能会左右最终的决定。文件的厚实足以说明监禁是不容许任何人置身事外的，从提出监禁请求开始，就会有一系列密集的行动展开，警长、警探、亲戚、朋友、同事、老板和邻居都会忙于厘清私生活中错综复杂的线团。作为资料，私生活被观看、被探访、被挖掘，却始终没有露出真正的面貌。它戴着面具前行，被想要捍卫它和想要抹黑它的人涂上各种各样的色彩。我们过于好奇且常常显得畸形的聪明才智并不能揭开它的面纱。在故事的开始，我们总是不知道究竟谁才是叫嚣着痛苦、祈求爱的人。这样也许更好：太想挖出真相，往往会简化问题。那些丑事在我们眼前展开，却从来不曾完全脱离那滋生它们又加重它们的秘密。

　　我们只有那些可以看得见的东西，写下的文字、执行的调查、寄出的信件。它们不能让一切清晰明了，但会让事件的独特性呈现出来。

不清楚的"警方澄清"

我们在阅读警长关于请求书的报告时，确实感到非常震惊，他们还不带丝毫讽刺地将其称为"澄清"。这些为了揭示"罪证"而写的报告是那么不清楚，充斥着"差不多"和简要记录，以至于我们只能想象这项庞大的、轮廓尚且模糊的警方工作。但警长们会找人协助：他们有那么多工作要做——总是被警察总监呵斥着去处理商铺的照明和选址、街道清洁和士兵之间的斗殴——不得不差遣警探走访夫妻周围的邻居，以便更好地了解情况。"差不多"占了主导，这些报告表明警长有时会传唤相关人员到案，有时则不这么做；他们只是草草地询问客栈老板，只是大致听听某位兄弟或连襟的说法。整个过程丝毫没有系统化：一种安稳的无序，证词、直觉、传闻杂乱地堆放着，没有什么是真正经过分类的。东一处西一处地散落着不再犯的保证、父亲的训诫、几句建议。还有在听了一方或另一方的说辞之后下达的监禁命令。登记簿上常常能够看到一天内做出了几份报告：任务当然沉重，如何才能仔细、严格地完成？

1779 年 9 月 10 日

J.卡弗尔控诉丈夫品行恶劣且有虐待行为。

传唤到案：丈夫承认虐待，因为她带走了他想要的那个六岁的孩子，是她把他置于这样的境地；他当着我的面承诺离开她。

1779 年 9 月 17 日

B. 库丹控告其妻子

B. 库丹，旧挂毯商

[……] 因嫉妒不停地折磨她，谩骂那位她怀疑与他生活在一起的贝尔特朗女士，以及房东勒孔特和他的妻子。

我见过请愿人的妻子，她的说辞毫无真实性可言，我觉得她是个不听劝的女人，她对丈夫无所不用其极，穆泰尔警长都知道，似乎就连父亲都纵容她在丈夫的铺子里偷货品，我尽可能想让她听点道理，但不成功。至于丈夫这边，他向我保证陈述的真实性，告诉我他已经做了他所能做的一切去理智地和妻子生活在一起，他看起来是个诚实的人，而他的妻子非常坏。

1779 年 10 月 22 日

德尼女士控告其丈夫。

我没有听到对席方的陈述，请愿人的丈夫没有接受传唤，我无法结案。

1779 年 10 月 25 日

小瓷砖街旧货商，弗朗索瓦·雅各布·潘松的妻子表明丈夫的精神紊乱日复一日加重，近日来她感到害怕，请求将其关入埃斯基

罗尔医院 [1]，并发放抚恤金。

我见了潘松的妻子，她证实了事情的真实性，有证人为她作证。可以结案。[2]

确实，这些警探没有时间耽搁在那些家庭争执、夫妻间的小偷小摸和责骂上，他们后来也这么说过，抱怨被夫妻间微不足道的不幸占据了。但这不是唯一的原因。十八世纪的警察工作范围不明确，有什么事做什么事，从来没有真正占据主导局势的地位。警方的目标是做到无处不在，但这并不意味着高效，而且那也不是讲求分类、方法和策略的时代。警方尽可能出现在一切发生混乱的地方，做出反应，并不就表示它用秩序应对混乱：警方的澄清就反映了他们的工作。

警方的调查中时而还会加入堂区神甫的证实，后者有时会在此类案件中成为征询的对象。他们只是在请求上签字，但有时也会直接介入。比如 1728 年 10 月，圣热尔韦的神甫给警察总监写信，对让·特拉森·德·爱萨尔——他的妻子请求监禁他——做出不利证词：

我，具名人，教士，神学博士，巴黎圣热尔韦堂区神甫，证明

---

[1] 让-艾蒂安·埃斯基罗尔（Jean-étienne Dominique Esquirol），法国精神病学家。——译注

[2] 警察局档案馆 AB 405。圣德尼街区。对请求书的汇报，1779 年 7 月 23 日至 1786 年 4 月 19 日。

本堂区裁缝师傅让·特拉森·戴·爱萨尔精神极其错乱，行为极其不端，他虐待妻子，致使整个街区陷入丑闻，还在邻居想要救他妻子的时候，对邻居施暴。

> 写于巴黎，1728 年 10 月 3 日
>
> 圣热尔韦堂区神甫 ①

同年，圣保罗堂区神甫支持了一桩相反的丈夫控告妻子的请求：

我，具名人，圣保罗堂区神甫，证明热内维耶芙·阿罗歇，巴黎纸牌制造师傅安德烈·马塞的妻子，是个放荡的女人，道德和行为如此败坏，因此我请求警察总监阁下将她终身监禁在综合医院。

> 于巴黎，1728 年 10 月 22 日
>
> 圣保罗堂区神甫 ②

此类状况确实不是常态，而且可惜的是，由于缺乏素材，不可能在这些介入和它们的结果之间建立关联。堂区神甫真的具有某种影响力吗？档案既不能给出肯定的回答，也不能给出否定的答案。③ 只有一个有趣的发现：相比 1750 年之后，在此之前出现了更多的教士和神甫的证词，但需要更系统的研究

---

① 军备图书馆"巴士底狱档案"，11006 号手稿，第 267 页。

② 军备图书馆"巴士底狱档案"，11021 号手稿，第 13 页。

③ 还需要指出的是，对于军备图书馆档案中我们研究的监禁相关的文件，请求书后均跟随有一封密札。

才能证实这一点。

　　街坊肯定要么支持监禁请求，要么对此表示愤慨。邻居和商贩在请求书下方签字，如果所涉及的丑闻真的搅得他们不得安宁，他们也会以自己的名义写信给警察总监。行业团体也会参与其中，为某一方辩护。

　　阁下，
　　主管巴黎果蔬蛋奶食品制造师傅和商贩行会的管事师傅们恭请阁下下令释放他们行会的管事师傅之一，目前监禁于比赛特堡的亚历山大·布鲁诺。
　　他们将终生为阁下的健康和福祉祈求。①

　　或许是出于阶级间的团结，但有时主人也会保护用人，雇主也会费心捍卫其雇用的劳工。

　　马车出租人乌达尔恭请阁下知悉，马车夫乌德于礼拜六，即1738 年 2 月 28 日，因妻子的虚假指控，在位于屠夫街的家中被捕，其妻子为了摆脱丈夫，无所不用其极地利用阁下的信仰。请愿人斗胆希望阁下能够了解乌德及其妻子的生活和品行，知道二人中间谁才是有错的，并惩罚此人 [……] ②

---

① 军备图书馆"巴士底狱档案"，11989 号手稿，第 249 页（1758 年）。
② 军备图书馆"巴士底狱档案"，11013 号手稿，第 127 页（1728 年）。

警察总是对街区的气氛非常敏感，了解它接收事件、散播传闻、产生"骚动"的方式；警探在小酒馆和大街小巷闲逛，把握街区这个古怪之人的脉搏。他们看到的、听到的与事情本身一样重要，毕竟对于发生的事情，他们永远也得不到确凿的证据。甚至有的时候，警长认为一次监禁有助于威慑有点过快陷入混乱的街区。在这种情形下，不是街区的反应造成了监禁，而是通过让其中一位不见天日，将街区本身当作目标。1756 年，在家人的请求下被监禁的怀胎三月的绣工卡特琳娜·路易就是这样的情况，关于她，警长写道："所有人都说这个姑娘一直人很好［……］但这个街区本身需要一点教训：全是贱民，只有畏惧才能让他们有所克制。因为大部分下层女性的放荡，国家失去了多少有用的臣民啊……"① 这非常专断，终有一天，所有国民都不会愿意再忍受这种情况或成为其同谋。

奇特的悔过原则

不管怎么说，监禁命令下达后，无论故事的主要走向如何，二人在整个监禁期间还是维持着夫妻关系。他或她休想摆脱圣佩拉热（Sainte-Pélagie）监狱、比赛特医院或萨尔佩特里埃，但总会想尽一切办法让别人想起自己。被监禁的妻子给

---

① 军备图书馆"巴士底狱档案"，11939 号手稿。

丈夫写下一封封动人的信，一些丈夫不断支付过高的监禁食宿费，认为这样一笔钱用在那种无耻之人身上已经足够了；另一些很快就请求释放他们的配偶，保证被监禁者的悔恨是可信的。还有一些似乎紧张于他们曾经急于远离的那个人如此受限的命运：强调单人牢房的恐怖，比赛特医院禁闭室的潮湿，请求前往探望。也有反过来的：丈夫或妻子觉得配偶这么轻易就能接收到不好的建议很不正常，并"请求停止那些妨碍监禁者'回归自身'的往来"。还有另一种情况：传闻如果有王储降生或结婚，皇家将下令大赦，或某些有权势的朋友试图为受刑的人争取释放，配偶就会因为害怕并且不愿意看到那个"罪恶之源甚至无耻之徒"重返家中，而再次写下请求书，强化他们的监禁请求。

　　总之，紧张、不安的生活始终像烙印一样打在这对夫妻身上，充满了突变和希望、后悔和最终的暴力、恐惧和怜悯。还有恶意：有些妻子或丈夫自身行为无可指摘，却出于利益原因而被诬告。他们不得不尽力将真相公之于众。

　　每次生活发生摆荡，就会有一封补充的信加厚卷宗。所有这些档案都是惊人的和对立的叫嚷。从中透露出几个更为清晰的特征：比如说，可以确定相比起丈夫请求释放妻子，妻子请求释放丈夫的情况要更多。① 而且她们几乎不隐瞒经济原因：

---

① 将我们研究的几个年份综合起来看。一半针对丈夫提出监禁请求的女性都在之后请求释放丈夫；但同样的情况在丈夫请求监禁妻子的案例中只占三分之一。

无法满足供养孩子，同时还要支付监禁的食宿费，丈夫的缺席也妨碍她们在家人死亡后继承遗产。继承遗产是必需的。

这些无论来自监禁者还是来自家人（父母总是第一时间写信给警察总监，愤怒地控诉自己的女婿或儿媳）的释放请求，就和继续监禁的请求一样，总是回到两个中心词上，悔过和改正："他有悔过的表现""她已经改了，不会再犯""他请求原谅""她并没有变得比以前乖顺""再怎么样他都改不掉的，不能放了他"。

在强调道德，甚至强调宗教的背后，可能不可避免地隐藏着迫在眉睫的经济现实。但无论如何，所采用的论据都涉及监禁的严苛环境可能带来的良好行为、灵魂的改善和罪人的改过：惩罚的目的是终有一天可以结束惩罚，而单人牢房的孤独是让人回归自身、对以前做过的坏事感到悔过的好方法。

看到这么多悔过的情况出现在文件中，怎么能不感到惊讶呢？我们知道在十八世纪，刑罚还无法触及精神领域，整个司法系统都基于对轻罪犯人的身体施行可见的惩罚或让他不可见于社会。烙印、鞭打、驱逐出境、上枷锁、示众柱刑、苦役、绞刑、车轮刑，身体上留下的印记是对所犯错误的可见的补过。虽然说供认状是实施肉刑的主要依据文书，却对犯人悔过没有丝毫要求。即使犯人悔过了，这种个人的态度也不是官方系统需要负责的部分。那么要怎么理解这种悔过成为绝大部分关押请求和释放请求的主要论据？灵魂的治疗和对罪恶之路的意识是否能抹去过错？是否灵魂成了承受刑罚的主要载体，而不再只是肉身？当人们向国王谈到他所关押的臣民的悔过态度时，他们想要在他那里触发些什么呢？毫无疑问，这里涉及了国王与其子民关系的重要特征。如果惩罚能触及存在的本质，也就是说灵魂，那么就相当于更加坚定地承认了皇家权威和皇家决定所具有的内在化的力量。常规司法程序不怎么在意的所有那些态度。国王治愈了那些灵魂，他的魔力发挥到了极致，假如需要的话，还能强化臣民对国王的依附。让国王相信他惩罚的人的罪恶消失了，就是在维护他监禁和释放的权力。

如果说这种论证中确实存在策略性的方面（悔过成了一种神奇的秘诀，它让为了达成悔过而监禁和在做到悔过后被释放成为可能），那么还应该同时指出，它揭示出人与人之间的某种重要组成部分。父亲和母亲、妻子和丈夫最终期待的是那个犯错的家庭成员能够对自己曾经做过的错事感到后悔，能够将身边人为他制定的准则嵌入他自己的生活。在这里，悔过就像是社会生活的诸多形式之一：如果违反秩序的情况出现，那么惩罚的目的既在于让犯错之人承认自己的错误，也在于让他服从。服从于在秩序上得到皇家权威认可的亲属，就是服从于君王。到了十九世纪，刑罚将改正和悔过作为其判断的核心 [1]，

---

[1] Catherine Duprat, « Punir et guérir. En 1819, la prison des philanthropes », *in* Michelle Perrot (dir.), *L'Impossible prison. Recherches sur le système pénitentiaire au XIXᵉ siècle*, Paris, Éditions du Seuil, 1980, p. 64-124.

这不过是将一种已经在推行的社会态度嵌入它的系统当中。社会已经把内疚和懊悔变成其职能的关键，十八世纪的密札就是明显的证据：十九世纪的人道主义者和博爱主义者所做的仅仅是将其体制化而已。从这层意义上来说，他们并非革新者，可能只是比其他人更加意识到这一因素在官方司法程序的展开中所具有的重要性。或许，这也是通过让每个人做出悔过和修复声誉的行为，将所实施的刑罚个人化，刑罚的个人化正是监禁请求——经由向最高权力提供私人生活的最私密的细节而提出——的诉求。

因此，向国王提出夫妻间的矛盾是公共事务，也是国家决策所要考量的问题。在这里，丈夫和妻子间的对立与背叛国王或违反教义被放在了同一平面上。这本身在当时就是国王不能轻视的事情：确实，男人和女人的相遇具有某种神圣的性质，他们之间的斗争能够一直上达国王本人也是合理的。作为日常的、象征性的场所，婚姻让从一开始就进行关于双方权力形式的谈判的两个世界最终结合到一起，并在这过程中不断混入诱惑的事实、女性的恐惧、生活和死亡的必经之路。得失如此重要，以至于完全有理由上达国王。

后来，国王和官员渐渐地对在这些家庭故事上施展权力感到厌倦：最终，这些故事不再作为政治决策的场所。于是，所谓的一家之主（丈夫或父亲）——权力和责任必然的掌握者就位。不再有公共的光亮——尽管独断——照进私人的场所；除了个别例外，生育场所从此也将由男性世界掌控。

　　两种情况的差别至关重要，这种滑移很能说明问题：当人们有理有据地控诉皇家密札的不公，当家庭的撕裂不再是皇家事务，另一种家庭的空间慢慢建立起来，在那里，男人自然而然地成了律法的制定者。夫妻生活一下子脱离了公共事件的经纬线，让女人不得不退出舞台。在这类具体的案例中，国家与女人之间没有相关性可言；它们各自的空间近乎绝对性地分离开来。它们之间的联系由男人来维护，于是男人将女人打发回私人生活的孤立空间。《民法典》让这一社会演变得以完成。

破裂的婚姻 ①

亚历山大·布鲁诺

　　阁下，

　　弗朗索瓦兹·布鲁埃，果蔬蛋奶食品商亚历山大·布鲁诺的妻子，现居渔民街同为果蔬蛋奶食品商的默尼翁先生家中，不胜冒昧地向阁下指出她丈夫，即前述年已七旬的亚历山大·布鲁诺，生活极其放荡，两人共同生活的二十年间，每日

---

① 根据上述介绍文字中的主题对以下文本进行分类。在每个主题中，文本按年代排列，年代内按字母先后顺序排列。文件均来自军备图书馆"巴士底狱档案"。保留了当时的书写方式。

　　本书收录的信件，如前所述，大多为当事人口述、代书人笔录，其中存在不少格式及拼写错误、前后不一致的现象，还有文字大多不断句，通篇只有逗号的情况。译文尽量保留了原文的这些特点。——译注

饮酒，将她结婚时带去的所有东西挥霍一空，引起街坊公愤，放荡生活令他精神错乱，邻居可证明他昨天放火烧了房子，警长马居里耶先生亲自赶赴现场并让请愿人赶紧请求阁下施恩，下令将前述亚历山大·布鲁诺监禁于比赛特医院，房东和警长先生担心类似事情再次发生，不愿让他继续住在家中，请愿人将终生为阁下的保全和福祉祈求。①

阁下，

亚历山大·布鲁诺，巴黎果蔬蛋奶食品商贩老板，现监禁于比赛特医院，恭请阁下，鉴于他妻子弗朗索瓦兹·布鲁埃已撤回当初致使他监禁的控告，鉴于获得前述布鲁诺的父母允许及附于请求书后的行会管事师傅有幸呈给阁下的文件，开恩下令释放前述布鲁诺，他将终生为阁下的福祉祈求。②

阁下，

主管巴黎果蔬蛋奶食品制造师傅和商贩行会的管事师傅们恭请阁下下令释放他们行会的管事师傅之一，目前监禁于比赛特堡的亚历山大·布鲁诺。

他们将终生为阁下的健康和福祉祈求。

默吉，博洛尼耶，莫莱，特萨尔，纪尧姆③

① 军备图书馆"巴士底狱档案"，11989 号手稿，第 241 页（1728 年）。
② 军备图书馆"巴士底狱档案"，11989 号手稿，第 246 页（1728 年）。
③ 军备图书馆"巴士底狱档案"，11989 号手稿，第 249 页（1728 年）。

★

阿涅斯·杜雅尔丹

　　　　　　　　　致警察总督阁下

　　阁下，

　　夏尔勒·博南，圣婴公墓的掘墓人，恭请阁下垂怜，他那曾被刑事官 ① 先生下令拘留在大夏特莱监狱的妻子本该修正那致使她被监禁的行为，但一点长进也没有，她长期沉浸在如此混乱的状态里，以致引起邻居公愤，日复一日，终于让请愿人陷入彻底破产的境地，她卖掉家中一切，甚至请愿人的衣物、年幼孩子的衣物，还有她自己的，只为满足对酒精无节制的需求，这让请愿人苦不堪言，他如今已病倒在床，住在穷苦母亲家中，但后者生活难以为继，他只得回家，但那个所谓的妻子三天前把自己关在家中酗酒，不肯给他开门，他只能请求您考虑将她终生关在医院，他将祈求上帝保佑阁下的健康和福祉。

　　　　　　　　　　　　[签名：] 一个十字架

　　我有幸能向警察总监阁下证明上述内容属实。1728 年 9 月 20 日。

　　　　　　　　　　　　梅特莱，圣梅利堂区神甫
　　　　　　　　　　　　[另附六人签名] ②

---

① Lieutenant criminel.——译注
② 军备图书馆"巴士底狱档案"，11989 号手稿，未编页码（1728 年）。

★

热内维耶芙·勒·迈特

克里斯托弗·埃蒙，细木工伙计，现居普瓦索尼埃尔街饰带商维特里先生家中，恭请阁下知悉与他结婚十二年的妻子热内维耶芙·勒·迈特行为出格，致使他破产，她先后三次毁掉他们的婚姻，如今为能更自由地追逐放荡生活，已不再与请愿人一同生活，她长期醉酒，随便遇到什么人就公然出卖身体，她只和她的同类往来，一起吃喝，手头有什么就挥霍什么，以至于她自己的母亲孀妇勒·迈特及家人为避免陷入她那不规矩的、沾染着各类恶习的举止所可能带来的不幸，全都站在请愿人这边，恭请阁下施恩下令将前述热内维耶芙·勒·迈特关进医院。他们将终生为阁下的健康祈祷。

［上述请求书背面：］

1728 年 1 月 31 日

我已经写信给埃蒙的妻子勒·迈特，也就是您收到的这封请求书所针对的对象，但她不认为有必要来接受我问话。

所有在请求书上签字担保的人，包括她的母亲、继父以及家中其他人都来过我这里，向我证实前述埃蒙妻子的不端行为，她卖淫且长期酗酒，目前处于流浪状态，居无定所，收到我的便条好心前来和我谈话的短袍官 ① 饶斯先生也是出于偶然

---

① Officier de robe courte. 起初，长袍和佩剑是巴黎市长（prévot）身份和（转下页）

得知她夜宿何处。因此我认为应将她关入医院，好让她有所改正。

奥贝尔警长 [1]

玛丽·伊丽莎白·皮耶

致警察总监阁下

　　阁下，

　　雅克·科洛，家住圣救主堂区蒙托格伊十字巷的雕刻工，有幸将针对妻子玛丽·伊丽莎白·皮耶的请求书呈于您面前，在此谨向您表示他的感激之情，但在您派遣奥贝尔警长先生针对前述请求书听取证词并撰写报告呈于贵处后，请愿人就再没得到任何消息，他有幸向您递交了第二封请求书，将近一个月过去，一点音信也没有，使得请愿人陷入他前述妻子的长期不良生活造成的绝境，后者一天天卖掉在请愿人家中所能找到的一切，挥霍殆尽，让请愿人沦为乞丐，她已无疑精神错乱，诅咒、辱骂请愿人，威胁要杀他和房东，扬言他们必将死于她手，如此情形每日重复，为此得时刻将刀拿在手中，好让她

　　（接上页）职能的象征，后来增设了辅助其工作的主管司法的民事官和主管城市警务的刑事官，但由于刑事官的数量不足以满足保障社会秩序的需求，亨利二世时期又新增短袍刑事官（lieutenant criminel de robe courte），相比刑事官，其袍子更短，也意味着其司法权力较低。——译注

[1]　军备图书馆"巴士底狱档案"，11998 号手稿，第 231 页（1728 年）。

无机可乘，甚至请愿人的儿子，十六岁半的让·科洛也和母亲在道德上保持一致，威胁请愿人，也就是他的父亲，诅咒，辱骂，没有丝毫尊重，这已持续多年，前述让·科洛也因此被关在医院六个月，但他还是继续糟糕的生活和行为，甚至挨家挨户偷窃，拿去与母亲挥霍，回来时满载酒饮和烈酒，前述让·科洛还经常夜宿在外，在与所谓母亲和谐相处几天后，卖掉请愿人留着用来偿还债务的活计，如今母子二人一起糟蹋钱财，并且正如请愿人、他的家人以及那些正直之人所指责的，他们的不良行为没有丝毫改变，为避免一系列可能的麻烦，请愿人请求仰仗阁下权威，恳请您下令监禁他的妻子前述玛丽·伊丽莎白·皮耶和儿子让·科洛，好让请愿人的生活得到保障。

希望获得您公正的恩典。他将继续为阁下的保全祈福。

雅克·科洛[1]，勒·拉努尔，圣救主

专事临终祷告的神甫，

安德里，路易·特鲁阿尔，

勒康文，鲁索[2]

雕刻工雅克·科洛请求监禁他的妻子玛丽·伊丽莎白·皮耶和十六岁半的儿子让·科洛。

---

[1] 前文中以及该部分第三封信中写作 Jacques Colot，这里和其他几封信中均写作 Jacques Collot。——译注

[2] 军备图书馆"巴士底狱档案"，11004 号手稿，第 131 页（1728 年）。

他揭露妻子过着极度放荡的生活，卖掉所有她能找到的东西，让他沦为乞丐，她神经错乱，持续诅咒、辱骂丈夫，威胁要杀他和房东，扬言他们只会死于她手，他揭露他的儿子也是一样，在任何情况下都帮着母亲，这也是为什么他在比赛特医院关了六个月，他挨家挨户偷能偷到的一切，拿去和母亲挥霍，他常常夜不归宿，酗酒，最后，请愿人说自己担心会遇到一系列麻烦。

请求书由请愿人及其他七人签署，其中两位是圣救主教堂主持圣事的神职人员。

奥贝尔警长回应事件属实，但鉴于其妻子神经极其衰弱，应该将她关入医院，其子受母亲坏榜样的影响，也应被监禁。[1]

警察总监阁下

阁下，

雕刻工伙计雅克·科洛谨呈阁下，他的妻子玛丽·伊丽莎白·皮耶不幸精神错乱，您依据国王命令将她监禁于国家监狱已有五月，这让请愿人很是难过，鉴于他妻子没做什么错事，他恳求阁下予以考虑，下令将她归为半精神失常，希望您的公正和仁慈能给予他恩典。他将终生为阁下的健康和福祉祝愿、祈祷。

［请求书背面：］

---

[1] 军备图书馆"巴士底狱档案"，11004 号手稿，第 132 页（1728 年）。

请求您，亲爱的嬷嬷，如果我所请求的恩典得到批准，请将此请求书归还于我，好让我知晓。亲爱的嬷嬷，我是您谦卑、忠诚的仆人。①

1728 年 11 月 15 日

玛丽·伊丽莎白·皮耶，39 岁，家住巴黎，雅克·科洛的妻子，于 1728 年 7 月 31 日根据密札被送入监狱。未说明监禁时间。里维埃尔先生带来的 1728 年 8 月 4 日的这封信上签有"路易"的字样，下方一些签有"菲利波"的字样②，信上有"无需警戒"几个字：第一次；针对放荡行为。以上为登记簿摘要。

鉴于这位女士的丈夫提出了请求，如果阁下认为合适，将她归为无罪者也无妨。

于萨尔佩特里埃，1728 年 12 月 19 日③

弗勒里主教大人④

阁下

雕刻工伙计雅克·科洛请求将他那依据国王命令关入萨尔

---

① 军备图书馆"巴士底狱档案"，11004 号手稿，未编页码（1728 年）。
② Louis Phélypeau, comte de Saint-Florentin, 圣弗洛朗丹伯爵。——译注
③ 军备图书馆"巴士底狱档案"，11004 号手稿，未编页码（1728 年）。
④ 安德烈-赫丘勒·德·弗勒里（André-Hercule de Fleury），路易十五时的枢密院首席大臣。——译注

佩特里埃的妻子玛丽·伊丽莎白·皮耶归为精神失常。院长认为并无不妥。

我认为请求合理。[1]

吉尔贝尔·多拉

致警察总监阁下

阁下，

米歇尔·卡耶，巴黎市民，及 19 岁的女儿路易斯·卡耶，恭请阁下知悉，吉尔贝尔·多拉与前述卡耶[2]结婚已有三年，极尽所能犯下各种恶行；卖掉家中家具后，多次虐待她，他应征入伍，总与那些最无耻的队友往来。父母刚给点可以穿戴的东西，就统统卖掉；他的行为如此混乱，以至于请愿人很快意识到他的所作所为会损害他们的名誉。鉴于请愿人女士生活于不幸之中，鉴于请愿人先生没有什么财产，而前述多拉的母亲及家人为避免即将落在他们头上的耻辱，尚且好心愿意支付一笔微薄的监禁食宿费，他们恳请阁下同意下令将前述多拉关入比赛特城堡，并且鉴于他挥霍无度，已经耗尽自己的母亲，让她破产，恳请阁下同意只用为他支付最低监禁费，他的家人和请愿人将心怀感激，终生为阁下的健康和福祉

---

[1]　军备图书馆"巴士底狱档案"，11004 号手稿，未编页码（1728 年）。

[2]　此处应指路易斯·卡耶。——译注

祈祷。

多拉的妻子卡耶，岳父 [1]

先生，

有幸收到您写给我的信，您要求我查证针对菲尔贝尔·多拉 [2] 的请求书内容是否属实，并书面告知您此事件的调查结果，据此我请来家住坏小子街的前述多拉的母亲和姐姐，她们证实前述多拉是个彻头彻尾的流氓，允许他这样一直享有自由会有危险。他母亲补充说，从某个时期开始，她就不敢让他住在家中，白天她供他吃喝，晚上给钱让他自寻住处，她交给我们一封信，据信中所述，她儿子似乎从岛上 [3] 某个负责教导他的人那里逃跑了。多拉的母亲请求我将该信附在我有幸写给您的这封信后面，以便您更了解他们请求您下令关押的这个人，也好让您下决心同意关押一事。前述多拉的姐夫多奈向我保证，为了家族名誉，他一无所求，只求将菲尔贝尔·多拉关起来。

皮奈尔和弗洛芒丹，我找来的邻居，证实前述多拉是他们所见最恶劣的人，如果不将他关起来，他恐怕会干出坏事。

先生，以上就是针对菲尔贝尔·多拉事件我所能了解到的情况和特殊之处。

作为您谦卑而忠诚的仆人，先生，我向您致以深深的

---

① 军备图书馆"巴士底狱档案"，11994 号手稿，第 18 页（1758 年）。
② 上文写作 Gilbert Dolat，此处写作 Filbert Dolat。——译注
③ 此处应指塞纳河上的岛屿，西岱岛和圣路易岛。——译注

敬意。

格莱耶尔

1758 年 6 月 24 日 [1]

圣弗洛朗丹伯爵先生

那个名叫菲利贝尔·多拉 [2] 的人因行为混乱、暴力、极端、狂躁，经由他的母亲、妻子和家人请求，根据 1758 年 1 月 29 日国王命令，被送入比赛特。

1761 年 5 月 11 日第二次国王命令准许他离开比赛特，并下令将他驱逐到距巴黎三十里 [3] 以外的地方。

他完全没有服从这项驱逐令，花光钱财，卖掉家里为他出发准备的衣物，一直待在巴黎，行径非常可疑。请求圣弗洛朗丹伯爵先生签发命令将他关入比赛特监狱，由他的家庭承担费用，依旧按最低标准一百利弗尔支付监禁的食宿费。[4]

沙邦，1761 年 6 月 2 日

先生，

有幸向您报告，今年 5 月 17 日我根据国王命令将菲利贝

---

[1] 军备图书馆"巴士底狱档案"，11994 号手稿，第 20 页（1758 年）。

[2] 此处写作 Philibert Dolat。——译注

[3] 此处指古里，1 古里约合 4 千米。因在当时仍为推行使用的计量单位，所以翻译成"里"。——译注

[4] 军备图书馆"巴士底狱档案"，11994 号手稿，未编页码（1758 年）。

尔·多拉放出比赛特并驱逐至距巴黎三十里外的地方，但无论如何要求他服从前述命令，他还是一直待在巴黎。他全家都是非常老实的人，希望他真的离开这座城市，担心他和小偷混在一起，损害他们的名誉，他们为他准备了衣物和六十利弗尔，好让他前往奥尔良找份活计，但他花光了钱，卖了衣服，还留在巴黎。

（警方报告）①

1761 年 8 月 8 日

先生，

有幸向您汇报，根据您交给我的今年 6 月 14 日的国王命令，我于本月 6 日逮捕巴黎本地人、曾为裁缝店学徒的 36 岁的菲利贝尔·多拉。他现拘留在小夏特莱，明日将根据他家人请求来的命令，将他转送至医院，他家人会支付一百利弗尔作为监禁食宿费。

注：今年 5 月 17 日正式下达 5 月 11 日国王命令，下令将前述多拉驱逐至三十里之外。

（警方报告）②

---

① 军备图书馆"巴士底狱档案"，11994 号手稿，未编页码（1758 年）。
② 军备图书馆"巴士底狱档案"，11994 号手稿，第 28 页（1758 年）。

★

玛丽·卡特琳娜·杜阿迈勒

致警察总监阁下

阁下，

让·芒热罗，日工苦力，家住圣埃蒂安迪蒙堂区的圣维克多街，谨呈阁下，他与玛丽·卡特琳娜·杜阿迈勒结婚已有十四年，后者每日醉酒，卖掉家中一切，甚至孩子的床，只为满足自己的激情，还在丈夫劝告她时，威胁说要离家出走，为此他已多次向警探鲁塞尔先生提出控告。

鉴于这位女士手不老实，且如此行为只会引起一系列令人不快的事，而前述芒热罗和他的家人一直以来活得体面，没有什么可指摘的，恳请阁下同意将前述玛丽·卡特琳娜·杜阿迈勒，即让·芒热罗的妻子，关入医院，让一家人恢复安宁，他们将终生祈祷阁下身体康健。

她的丈夫让·芒热罗；

姐夫维耶莱；叔叔及孩子的教父布利纳；

堂兄皮纳尔的妻子 J. M. 蓝赛尔；

于利纳，皮纳尔 [1]

致警察总监阁下

先生，针对现在这份请求书所指名的让·芒热罗的妻子玛

---

[1]　军备图书馆"巴士底狱档案"，12007 号手稿，第 151 页（1758 年）。

丽·卡特琳娜·杜阿迈勒，我有幸向您汇报收集到的信息。我得知这位女士从大约五年以前就陷入懒惰、游手好闲的状态，沉湎于酒精，不关心家务和孩子；醉酒的时候，就只会说要投河；她的丈夫为了让她回归职责所在，用尽全部温柔，持续将每日挣来的钱给她，供她和孩子们生活，这些钱大多被她用来买醉；之后不久，她就卖光了构成他们婚姻生活的家具和衣物，甚至于卖掉利纳的妻子给他们的，供他们女儿睡觉的床，这种极度混乱的状态迫使她的丈夫和孩子去向那些好心人祈求怜悯，给他们提供住处和食物；如今，她只能趁机偷盗来确保酒精不断，甚至从盥洗女工那里偷衣物，这是请求书具名人向我证实的。

> 怀着最深的敬意，
>
> 1758 年 3 月 29 日，费拉
>
> （针对请求书的警方报告）[1]

芒热罗的妻子因行为不端，被丈夫要求监禁在医院，在阅读澄清报告之后，我认为她符合关押条件，她全家及邻居都证实请求书所述情况属实，他们口中的"这个人"总是烂醉如泥。为了买酒喝，她几乎卖掉家中所有衣物，她管不住自己的手；而且喝了酒之后，她会异常暴躁，甚至会对自己做出暴力的事。

---

[1] 军备图书馆"巴士底狱档案"，12007 号手稿，第 151 页（1758 年）。

作为您谦卑而忠诚的仆人，先生，我向您致以最诚挚的敬意。

勒迈尔警长，1758 年 4 月 20 日。[①]

致警察总监贝尔丹阁下

阁下，

苦力让·芒热罗与妻子玛丽·卡特琳娜·杜阿迈勒的家人有幸向阁下提出请求，且有幸能在 5 月 19 日星期六获得您的命令，将他的妻子前述玛丽·卡特琳娜·杜阿迈勒从萨尔佩特里埃轻罪监狱释放，监狱院长带给阁下一封信，并告知请愿人，他的妻子是经由国王命令被监禁的：她被关一年，当时是因为酗酒引发了一些令他不满的问题，而被卫兵逮捕，交送致洛朗警探那里，后来拘留在夏特莱，最终经由您的命令移送至萨尔佩特里埃。确实，阁下，自从她被监禁，他就在父母的鼓励下向您呈交了几封请求书，想让妻子一直被关，可能也正是因为这些请求书，才有了国王命令的介入，但他现在想要既往不咎、与妻子团圆，故请求您下达国王命令将其释放，一年的惩罚已经足够，可以让她回家，他将终生为您的保全祈求。[②]

---

① 军备图书馆"巴士底狱档案"，12007 号手稿，第 152 页（1758 年）。
② 军备图书馆"巴士底狱档案"，12007 号手稿，第 157 页（1758 年）。

玛丽·安娜·拉维耶

致警察总监贝尔丹阁下

阁下，

　　弗朗索瓦·萨班，帕朗①，马具制造师，现居圣叙尔比斯堂区圣日耳曼郊区②布希街，住在马具制造师日尔曼夫人家，因妻子玛丽·安娜·拉维耶行为不端，他在日尔曼夫人家中只得以伙计身份工作，对此他有幸向阁下表明前述拉维耶生活极度混乱，请愿人不幸与她结婚已有十年，终于下定决心于今年 8 月 19 日向警长洛默尼耶先生提出控告，他所谓的妻子整日游荡在巴黎大街小巷，迷恋品行败坏的流氓，以致从头到脚都是恶习，由于担心她因为没有生活来源，还会做出别的无耻之事，请愿人于 1758 年 9 月本周一请巡逻队将她逮捕，巡逻队晚上 10 点在于歇特街一家小酒馆找到她，并将她交送至洛默尼耶警长处，后者根据警察条例将她转送到圣马丁。

　　有鉴于此，请愿人请求仰仗阁下的权威，恳请阁下下令将他的妻子转入医院进行关押，费用由他承担。如果阁下允许，以下具名证人愿向警长洛默尼耶先生证明他所述情况真实有效，他们将终生祝愿阁下的宝贵时日得以永驻。

　　　　　　　　　　　　　　　　　孀妇热尔蒙丹，卡尼尔，德尚，

---

① 原文中，此处人名中间即有逗号。——译注
② 很多当年属于巴黎郊区的地方现已为市区的街区。——译注

弗朗索瓦·萨班（帕朗），巴扎尔纳，

克鲁埃，贝尔多，玛丽·乔瑟夫·德·拉维尔，

F.勒尼诺尔，玛丽·卡特莉娜·德拉维尔 [①]

致警察总监先生

阁下，

弗朗索瓦·萨班·帕朗，巴黎马具制造师，斗胆请求阁下拯救他于令他备受威胁的危险和耻辱。他不幸娶了一位行为不端的女士，这位女士也因自身行为被关入萨尔佩特里埃医院，她于 1758 年 9 月 7 日被监禁，如今即将期满释放。

这位女士不仅过着最无耻的放荡生活，还有着一些已经为她招致正义女神的所有严厉惩罚的极度危险的嗜好，她不停地威胁说他如果敢违背她的意志，她就杀了他：她也常常这样威胁自己的家人，甚至亲姐妹。从这些暴行来看，如果她获得自由，等待请愿人的会是怎样的生活啊。

因此，阁下，请愿人请求您开恩，下令让那个可耻的女人留在她现在所在的地方。

他的能力受到极大限制，因为她让他不得不去师傅家帮工，他还要养育、教导他们共同的孩子：但哪怕要失去生活所必需的东西，他也还是会支付关押的食宿费，到目前为止他都定期缴费，这一点最近一次支付就可证明。

---

① 军备图书馆"巴士底狱档案"，12012 号手稿，第 17 页（1758 年）。

他将更加虔诚地祈求阁下的宝贵时日得以永驻。①

★

尼古拉·马丁

致警察总监阁下

阁下，

卡特琳娜·莫兰，家住圣伊莱尔教堂前塞尔丹井街的流动商贩尼古拉·马丁的妻子，有幸向阁下提起对丈夫的控告，她的丈夫抛弃她与情妇同居已有一年，他的情妇也是已婚，丈夫名叫茹安维勒，又名丹德雷维勒，现居圣马索穆府街医院骑士团楼上三楼的诺布洛夫人家中。在与请愿人共同生活的近十三年间，他从未将工作所得与她分享，继承的六百利弗尔没有用来减轻妻子的负担，反而给了情妇，他从未停止虐待她，还卖掉家中家具，甚至在她生病住在主宫医院②期间悄悄卖掉她结婚时带来的床，让她陷入悲惨的绝境，每次在街上遇见她，他都威胁要夺走她的生命。她已多次向警长提出控告，且圣梅达尔神父可以证明上述事件均真实有效。

因此请愿人女士请求仰仗阁下的权威，恭请阁下下令将前述马丁和他的情妇还有情妇的丈夫关入比赛特，毕竟后者容许了这样的恶事发生，考虑到自己的人身安全和他们之后可能造

---

① 军备图书馆"巴士底狱档案"，12012 号手稿，第 26 页（1758 年）。

② Hôtel-Dieu. ——译注

成的不幸，请愿人斗胆希冀您正义的恩典：她将终生祈求阁下的健康和福祉永驻。

莫兰，卡拉涅，布鲁莱，

杜利耶夫，前述茹安维勒的现任邻居 ①

1758 年 9 月 13 日报告

圣贝努瓦街区

先生，

荣幸接到您的命令，让我去调查家住圣伊莱尔教堂前塞尔丹井街的出生名为卡特琳娜·莫兰的女士对丈夫尼古拉·马丁先生提出的控告，根据您的命令，我听了多位证人的证词，有幸向您汇报这位女士认为，也有理由认为她的丈夫想要谋杀她，他精神错乱，辱骂她认识的那些正直的人，与一个言辞危险、行为放荡可憎的女性生活在一起。圣梅达尔神父的陈述可以证明这位女士对几位似乎正好躲过关押的被告的控诉是公正的。

德拉雅尼埃尔 ②

---

① 军备图书馆"巴士底狱档案"，12008 号手稿，第 18 页（1758 年）。

② 军备图书馆"巴士底狱档案"，12008 号手稿，未编页码（1758 年）。

特蕾兹·皮夏尔

致警察总监阁下

阁下，

尼古拉·皮夏尔，磨坊伙计，家住圣日耳曼欧塞尔街，旁边有红玫瑰标志，附近是盐仓，谨告阁下，他的妻子，年近17岁的特蕾兹·希维尔，在她的丈夫，也就是请愿人为了活得体面、诚实而不得不忙于工作、不在家时，却过着不体面的、有损家人名誉的生活，这一点许多诚实的人都可以证明，她每日与形形色色不知姓名的人泡在各种各样的小酒馆里，用诚实女性所不齿的卑劣方式毁掉了家庭生活，甚至卖掉她自己的和丈夫的衣物，让他甚至为了保全自己的生命不得不睡在别人家，被浸泡在酒精里的妻子威胁，她亲手剥夺了他安全的保障。

阁下，请愿人完全有理由担心自己的生活，担心上述妻子可能为他和他全家带来的耻辱，她频繁来往的那些糟糕的小团体只可能是流毒，因此他以其全部坚持请求您好心考虑他刚刚陈述的内容，明文下令将她关入医院，并请注意他已经处于极度贫穷之中，无法支付任何费用，他将一直请求上帝保佑阁下的幸福。

M. J. 警官，芒吉尔，

尼古拉·皮夏尔，德拉尔法歇，里谢，

加尔尼埃，戈东①

---

① 军备图书馆"巴士底狱档案"，12012 号手稿，第 213 页（1758 年）。

致警察总监阁下

阁下，

尼古拉·皮夏尔，家住圣日耳曼欧塞尔街的巴黎磨坊伙计，有幸谦卑地向阁下表明，大约万圣节前九个月，玛丽·特蕾兹·皮夏尔在请愿人，也就是她的丈夫的请求和您的命令下被捕，并被送进救济院 ①，这正是您一贯的仁慈给予他的恩典，他将终生为阁下的健康和福祉向上天祈祷。

尼古拉·皮夏尔 ②

关押妻子

让娜·勒蒙纳

致警察总监埃洛尔特阁下

阁下，

让·勒格里，圣贝努瓦街威尼斯旅馆亨利先生裁缝店里的裁缝，谨告阁下，他的妻子，名叫让娜·勒蒙纳的那个人放荡至极，不仅嗜好饮酒，还常常小偷小摸，请愿人和妻子的父亲多次替她偿还。弗朗索瓦·勒蒙纳——前述女士的父亲——和他的儿子也加入请愿人的请求，恳请您好心授予他们国王命令，将前述让娜·勒蒙纳关入萨尔佩特里埃医院，这可以让她和她的家庭免于陷入一系列麻烦，因为她有偷拿东西的极端癖

---

① Hôpital général de Paris，专门用于关穷乞丐。——译注
② 军备图书馆"巴士底狱档案"，12012 号手稿，第 307 页（1758 年）。

好，毫无疑问很有可能被当场拿获，这也已经发生多次了，还可能给严格遵守法律的请愿人们和她的家庭造成本不必承受的耻辱，您的恩典鼓舞了请愿人及全家，他们将一直祈祷阁下的健康和福祉永驻。①

致警察总监阁下

阁下，

裁缝让·勒格里谨向阁下陈述，他的妻子让娜·勒蒙纳在面见您之后，甚至刚从您的办公室走出来，就赌咒发誓要继续过一种比之前还要恶劣四倍的生活，甚至扬言要趁我不备亲手或让别人杀了我，好几位警官先生都可以做证，甚至那之后，她还偷了我在前一份陈情书中向您描述的那些没有保障的物品，请愿人只求您下达命令，他将一直祈祷您健康永驻。②

致警察总监阁下

阁下，

让·勒格里恭请阁下知晓，他的妻子让娜·勒蒙纳已从病中恢复，她生病已有一个月，是滥饮红酒和烈酒造成的巨大不幸，她分娩了一个死婴，简直就是谋杀。这一点我已证实，还

---

① 军备图书馆"巴士底狱档案"，11018 号手稿，第 440 页（1728 年）。
② 军备图书馆"巴士底狱档案"，11018 号手稿，第 446 页（1728 年）。

从稳婆那里拿到了证据，有幸能向您汇报并将这些呈于您面前。阁下，恳请您好心施与您应许的仁慈，好让我可以面对这个可耻的女人以及对她可能带来的一系列类似的不幸或别的什么事情的恐惧。前述女士被送到阁下面前已经有四五次了，如果阁下愿意施恩对她下达命令，我和全家都将终生祈祷您健康永驻。

J.勒格里，J.阿多尔夫·朗热，卡尔洛[1]

裁缝师傅让·勒·格里[2] 请求逮捕他的妻子，并将她关入医院。他揭露妻子每日醉酒，看到什么偷什么，完全有理由担心最终她会做出灾难性的事情损害家庭名誉。帕朗警长报告称，请求书所述属实。他还说这位女士确实拿家中大量衣物去卖。我三次传唤她来我这里，但她都未到场，而且我们找不到她，无法把她带来。如此，我也认为有理由逮捕她。

［空白处：］

（1）强行带来，1728 年 4 月 17 日。

（2）这位女士病得很重，警察总监先生出于怜悯，告诉她的丈夫他会在日后同意他的请求。1728 年 4 月 21 日。[3]

---

① 军备图书馆"巴士底狱档案"，11018 号手稿，第 451 页（1728 年）。

② 此处 Jean Legris 写作 Jean Le Gris。——译注

③ 军备图书馆"巴士底狱档案"，11018 号手稿，未编页码（1728 年）。

热内维耶芙·马塞

致警察总监阁下

安德烈·马塞，纸牌制造师傅，家住圣保罗门对面的圣安托万街，谨呈阁下，有热内维耶芙·阿罗歇这样的妻子是他的不幸，她沉浸在极度放荡的状态里已有七八年，因此她要离开请愿人，过上放纵的生活，她在迪沃警官夜巡时被捕关入医院，因承诺以后会好好生活被释放。一个月后，她又一次被捕，因为她在早上五六点的时候与一个名叫尚佩努瓦的人一起清空了一户人家，两人均被逮捕，关入大夏特莱监狱。尚佩努瓦女士和前述热内维耶芙·阿罗歇都已出狱，后者如今生病，在主宫医院雷加病房住院，由于院长完全不认为这位女士还有望回归她的本职，请愿人恳请阁下鉴于上述内容和下述证词下达命令，好让她留在前述主宫医院，并在等待命令期间，将她关在医院。他将终生为阁下的保全祈祷。①

我，具名人，圣保罗堂区神甫，证明热内维耶芙·阿罗歇，巴黎纸牌制造师傅安德烈·马塞的妻子，是个放荡的女人，道德和行为如此败坏，因此我请求警察总监阁下将她终身监禁在综合医院。

于巴黎，1728 年 10 月 22 日

圣保罗堂区神甫②

———————

① 军备图书馆"巴士底狱档案"，11021 号手稿，第 12 页（1728 年）。
② 军备图书馆"巴士底狱档案"，11021 号手稿，第 13 页（1728 年）。

　　我，具名人，红衣主教诺瓦耶阁下的专职司铎，向所有人证明，M. G. 阿罗歇，巴黎纸牌制造师傅安德烈·马塞的妻子，已经因为她的恶劣行为被关入综合医院，就连我也写信强烈要求不要释放她，因为我们有理由相信她不会像我们曾经期待的那样有所改变。

　　该证明于 1728 年 10 月 22 日呈于总主教府。

贝尔多 ①

安娜·多瓦斯托

致警察总监阁下

　　阁下，

　　米歇尔·皮埃尔·科尔奈耶，手工艺品工匠伙计，家住圣安托万郊区大街，谨向阁下陈述，他的妻子安娜·多瓦斯托不仅有卖淫的嗜好，而且行为完全是正直的反面，她的劣行和可怕的混乱生活使得尽管贫穷却将诚实生活作为本分的请愿人当时不得不向您的审判席提出控诉，在他所控诉的内容得到确切地证实后，他请求您下达国王命令，根据命令，于 1756 年 11 月 30 日逮捕前述他的妻子，送至萨尔佩特里埃监禁直至 1757

---

① 军备图书馆"巴士底狱档案"，11021 号手稿，第 14 页（1728 年）。

年 8 月，因为请愿人不再能支付哪怕一点监禁食宿费，他请求阁下将其释放：鉴于她保证并发誓未来会按照好女人的严格标准和丈夫一起生活，而他对她沦落到如此悲惨的境地感到同情，他将她迎回家，指望他的宽容和她刚刚经受的教管会让她有所改善，但完全不是如此，她只过了三个月的夫妻生活，也就是说因环境糟糕而引起的溃疡一痊愈，她就重新过上了放纵的日子，她甚至摘掉了面具，持续生活在放荡的状态中，更糟糕的是，她开始偷盗，威胁丈夫要杀了他。

请愿人和他妻子的家人一直以来都过着最为正直的生活，担心他们的名誉受损，因此斗胆请求仰仗阁下的仁慈和公正，为他们提供庇护，将这样一个沉浸于罪恶的女人关起来，让他们免遭危险。他们将终生祈祷您宝贵的健康永驻。

M. P. 科尔奈耶，玛格丽特·德索托，

劳尔·佩尔洛（表亲），玛丽·多利托（表亲）

我证明在我这里工作的科尔奈耶夫人给我造成了极大损失。

德尔尼埃（旧货商人），帕提帕，马宗，普比

她在我这里工作，给我造成了损失（普比的妻子）。①

---

① 军备图书馆"巴士底狱档案"，11992 号手稿，第 96 页（1758 年）。

杜切斯纳

致国王

陛下，

　　杜切斯纳，巴黎最高法院总检察官先生的办事员之一，在极端痛苦的重压下受尽折磨，斗胆怀着谦卑而崇敬的信赖之情跪倒在陛下面前，恳请陛下对这个所有女人中最恶劣的一个施与您公正的裁判。既然陛下最卑微的臣民也未曾仰仗陛下的至高权力而无果，既然陛下从来没有拒绝倾听您的任何一个受到不公压迫的臣民呈到您宝座脚下的合理控诉，既然陛下从未让任何人痛苦地眼看着自己的正当请求被拒绝，那么这个可怜人在为了令一个丧失全部信仰、荣誉、正直甚至人性的女人回归本职而用尽柔情、恳求、体谅种种方法，终于陷入绝境之后，怎能不怀着希望向陛下请愿？陛下，这就是这个斗胆在您耳边控诉的可怜人的境况。

　　请愿人的父母都是诚实之人，是阿让特伊郊区数一数二的人，1749 年，请愿人在接受了诚实的教育并成功完成所有学业后，觉得可以与来自尼维尔奈的普雷默里镇 ①，当时住在请愿人父母巴黎家中的玛格丽特·高贝缔结合法婚姻。因为门当户对，尽管没有收到女方一分钱嫁妆，对未来也没有丝毫期待，请愿人还是履行了这次结合，婚后生活的前几年算是平静

---

① Premerye Nivernais. Premerye（古法语，现代法语为 Prémery）是法国涅夫勒省的市镇，Nivernais 是法国旧时省份，其中大部分组成了今天的涅夫勒省（Nièvre）。——译注

安宁，完全没有通常家庭会发生的争执或因财物流失而引起的不睦，也没有放纵生活造成的嫌恶。但请愿人最初安于的这种平静并没能持续多久，妻子起初表现出的良好行为很快转变成极其可怕的蔓延式的混乱。

她不顾请愿人意见，频繁交往的那些不知从哪里来的糟糕同伴在她身上看到了放荡的特殊倾向，她也毫不犹豫地染上从同伴那里接收到的糟糕印象，以至于步入歧途以来，已经没有什么放荡行为是她没有过，没有什么过分的事是她没有做过的了，而且现在依然每天如此，她受到贝尔赛街[①] 一个名叫多尼的假发制造师怂恿，这个多尼沉迷于酒精并以此在街区闻名，她常常不顾请愿人反对和他厮混，还强迫请愿人也去他那里。

她的行为玷污了自己的人生，也让我[②] 的名誉黯然失色，她无数次侵害我的名誉，还会在我剃须的时候，推我的手臂或拿东西砸向剃刀，想害我割断喉咙，甚至在我卧床时，试图用我的剑将我刺穿，陛下，虽然对您神圣而不可侵犯的人格的深深敬意让我不能尽述这位女士的可憎行为的每一个细节，但同样对您的敬意也似乎允许我在今天请求您的公正和仁慈，如果可以的话，我敢说，没有什么比现在的情况更需要这些了。

滥食滥饮成了支配这位女士的欲望对象，为了满足口腹之欲，她无所不用其极，带着令人难以想象的盲目投身其中。

---

① Rue Percée，即现在的 rue Prévôt。——译注

② 原文如此。从这里开始以"我"讲述。本书收入的这些信还会不时出现这类人称突然发生变化的情况，后不赘述。——译注

伪装，欺骗，为隐藏诡计和劣行，没有什么手段她没用过；从她嘴里听不到一句真话。她变得既没有信仰，也不在乎法律，对她而言，没有什么是神圣的，她连信仰都丢在脚下，不再受其约束，那么不把家庭放在眼里、不尊重别人也就不足为奇了。这样的特质，让最黑暗的重罪在她眼里也不过是游戏，自从她沉湎于这些劣行，我不断尝试各种方法让她走出歧途，回归正轨，没有人能想象，她听到这些话时非但没有听从，还表现出怎样的激动和暴怒：我的劝诫换得的只有最残忍的侮辱和虐待，为了改变她的生活，我接受了所有痛苦。而且每天只要我抱怨或为了自己的安全做点什么，这位女士就会威胁要杀了我或把我关起来。我向总检察官先生和他的兄弟代理检察长先生提出合理的控诉，后者好心费力劝诫这位女士，但也毫无用处，她只会用谎言、伪装和她编造的污蔑我的话来为自己辩护。

但是，唉，陛下，我难道不该担心这番丢脸的讲述会让您感到疲惫吗？陛下您为了维护帝国荣耀和您的人民，毫无保留且从不间断地投身在那些棘手但重要的事中，而我所讲的那只怪物对我造成的极端痛苦还要为此添上一笔。我能允许自己向您诉说这些吗？诉说无论早上前往办公室还是晚上回家，没有一天，那个女人不被她邪恶的禀赋、糟糕的性格唆使，喷射出千百句辱骂、诅咒，来报答我以微薄之力供她吃喝、让她可以什么都不做的付出，她张口就是可耻、污秽、下流的话，用最伤人的言辞侮辱我，还诽谤性地控诉，说我犯下过最糟糕、最可憎的罪行，而在场所有被她的混乱和我的丑闻吸引来的人都见证了她的可怕和我的痛苦。为了攻击我，为了损害我在保护人心目中的形象，她用尽谎言和诽谤。我没有可以让我这样生活下去的财物和收入，也不足以让她维持自己的生活，我所剩无几的只有我的名誉、我至今仍当作本分的正直和我在总检察官先生那里的工作。好几次，她残忍而鲁莽地在我的办公室当着总检察官秘书的面中伤、辱骂我，指控我犯下卑劣的罪行，但那些都是我从未有过的，是她出于恼怒和憎恨在脑海中孕育出来的，唯一的目的就是诋毁我的名誉，让我陷入最深的绝境。

因为不确定陛下会对我的悲惨处境投来怎样的目光，对于是否要继续讲下去，我只能犹犹豫豫，但就连您那些受到不公压迫的最微不足道的臣民也能感受到您父亲般的仁慈，而您也想为整个王国里每一个寻求正义的人伸张正义，于是我怀着谦卑的信赖跪倒在您面前，请求您的公正——您至高的权力所能授予的最［字迹模糊］的东西，陛下，我斗胆希望您在知悉我有幸向您陈述的所有事件的真相并感到同情之后，能够费心用您认为可行的方法让我的生活和名誉得到保障。

陛下，我前来向您陈述的这些相比起让我陷入深重折磨的不幸，实在微乎其微，我恳请您允许我尽可能简短地完善细节。

我微薄的能力不足以为那个女人提供她放荡行径所需花费的全部钱财，很多年前，她就敢偷拿我的日常用品，像是衬衣、外套、书，还有别的东西，然后低价卖出，这些都是在我不知情或我在总检察官先生那里忙于公务的时候做的，而我在检察官先生那里的公职也只是用来满足她对酒精的狂热激情，这种激情如此无度，甚至不惜每天一件件卖掉自己的衣物，不仅如此，她还无耻地贩售不属于她的东西，更有甚者，去偷别人的物品来卖，用得来的钱滋养她一时的激情，时至今日，就连一张床单也不剩了，让我陷入了比最卑微的苦力还要悲惨的境地。

陛下，我还要斗胆告诉您，那个女人从来不为怀孕做考虑，她现在怀着孕，以前也怀过，但她从没想过留下一件衣服好在下次怀孕时穿，她的糊涂，她对放荡生活的狂热，已经到了多么可怕、多么令人难以想象的地步。

陛下，这样的痛苦和绝望已经超出了可以忍受的限度，而我就沦落其中，被迫与一个比最凶恶、最残忍的老虎和狮子还要坏上千百倍的女人一起过日子，如果陛下您出于您父亲般的仁慈，不忍降恩剥夺她日益滥用的、对她来说其实是灾难的自由，不忍赐予我您认为合适的处理方式——哪怕是让我去到森林里，在那里我也能远离这个可憎、可怕的人——我就忍不住要担心她所做的下流之事和她犯下的罪行会损害她的和我自己的名誉。

被夺去一切，我的生活不再有保障，生存所仰仗的名誉也即将被那个女人用来抹黑我所有行为的龌龊诽谤和她生活中充斥着的可耻行为剥夺殆尽。只要我开口让她听听她那些举动有多可怕，让她意识到她过分的行为和放荡的生活已经波及我的名誉，她就会对我用尽侮辱、暴力和虐待，这不仅发生在为数不多我白天在家的时候，也几乎每晚如此，以至于陷落最残忍的绝望之中的我已经不知道在如此惶惶不安的状况下还能转向哪里求救了。

确实，无法想象作为一家之主，一个受过正直的教育、拥有荣誉感的人会一点办法也没有，要忍受和一个既无信仰，也无荣誉感的女人一起生活，她任由自己沉浸在酒精和酒精引起的放荡精神中，总是对自己的丈夫投以满腔暴怒和无法平复的仇恨，甚至诉诸非法手段。陛下，假如我允许自己向您讲述这些却任由这样的罪行不受制裁，那就太不像话了，何况陛下又是那么仇视不公和犯罪，面对沾染了如此罪恶并被证实犯下如此罪行的臣民，怎能不降下他那代表着复仇和至高无上的公正的手臂，以其全部重量施加在那罪人身上。

处在这样悲惨的境地，陛下，除了请求您的慈悲和公正，我已别无他法，我怀着泪水和最谦卑、最热切的恳求，请您可怜我悲惨的处境，让我重获生命，对于您赐予我的如此大的福祉，我定将永远饱含幸福地怀着感激之情，并终生为陛下祈祷，愿您的军队强盛，王权的荣光永驻，愿您的神圣、您的庄严和您的皇室永世长存。

署名　杜切斯纳 [1]

---

[1]　军备图书馆"巴士底狱档案"，11994 号手稿，第 178—183 页（1758 年）。

★

雷蒙·拉封

致警察总监阁下

阁下，

策尔劳本男爵出于好意向您说起过的那位拉封有幸谦卑地呈告阁下，在得知妻子品行极其可耻之后，他五次跟踪她到达同一地点，发现的事情旅店老板可以作证，她在那里租了一个房间，只在白天和"某人"一起使用，她让别人以为那是她的丈夫。

前述女士的父母在证实她的糟糕行为之后，站在她丈夫这边，请求阁下下令监禁她，并请求下达国王命令将她一直关押，除非她的丈夫允许她出来。

请愿人们仰仗您的公正提出请求，他们将终生为阁下的保全祈祷。

雷蒙·拉封；马兰（前述女士的亲属）①

巴黎，1758 年 2 月 10 日

先生，

我只在拉封女士的举止中看到了放荡的迹象，找不到证据证实她丈夫在我有幸呈交于您的那封请求书中控诉的丑闻。

---

① 军备图书馆"巴士底狱档案"，12002 号手稿，第 63 页（1758 年）。

吕桑，雷威斯克街配家具出租屋老板，只有他给出对这位女士不利的证词，他说去年 11 月 22 日，他将五楼的一间房间租给了一个姓弗雷德里克的女人，供她和她的丈夫——博塔伯爵先生的仆人使用，他收到 1 埃居 [①] 作为房费；这位女士和那个弗雷德里克再次到来是十四天之后，两人总共来过七八次，都是一周快要结束的时候，只从下午三点待到晚上八点，他不知道如果不是因为她丈夫脾气不好或者别的什么而导致她离开，他们一起在房间里时还能发生些什么。

鉴于在这一事件中，我没能找到什么清晰线索，而且无论针对这位女士的可耻行为，还是她丈夫所指控的偷窃，都没有人能为我们澄清些什么，因此如果阁下允许，我认为没有理由下达拉封所请求的命令。

恳请您施予善意，接受我满怀敬意的忠心的担保。

克雷里欧 [②]

巴黎，1758 年 2 月 14 日

先生，

今早我去策尔劳本先生家拜访，他向我讲述了拉封妻子的糟糕品行和缺点，他讲述的方式让我没有办法，只能向先生您担保那位丈夫有非常充分的理由要求逮捕他妻子并将她关入医院。

[①] 法国古代钱币，品种众多，价值不一。——译注
[②] 军备图书馆"巴士底狱档案"，12002 号手稿，第 64—65 页（1758 年）。

策尔劳本先生出示了丢失物品的清单，他非常谨慎，我估计不可能就此发表声明。

因此，先生，我认为，从各方面考虑，将那位女士关入医院都是最好的选择。

恳请先生接受我满怀敬意的忠心的担保。

克雷里欧[①]

1760 年 7 月 19 日

先生，我确实曾请求您的前任贝尔丹先生下令将我以前的厨师拉封的妻子送进医院，当时我有充足的理由请求关押那位女士，但如今她的丈夫已不再为我服务，而我当时也是部分出于他的恳求才出面促成这样的结果，因此我不再有充分理由关注涉及他们两人的事情，但我将始终乐意收到您的消息。恳请您不要抛弃我们友谊的荣光，相信我怀着满腔敬意有幸成为您谦卑而忠诚的仆人。

德·策尔劳本[②]

致警察总监阁下

阁下，

因放荡而根据国王命令被监禁于医院的姓拉封的女士，请

---

① 军备图书馆"巴士底狱档案"，12002 号手稿，第 66 页（1758 年）。
② 军备图书馆"巴士底狱档案"，12002 号手稿，第 75 页（1758 年）。

求您允许将她释放。

（1）她为自己的罪行受罚已有两年多时间。

（2）她健康受损。

（3）她的丈夫趁她不在，售卖、挥霍了家产，甚至她留在房间里的旧衣物。

（4）轻罪监室的负责人圣泰克勒嬷嬷汇报了她的良好举止和温和品性。

（5）策尔劳本先生已不再关注此事。[1]

弗朗索瓦兹·勒·鲁瓦

致国务委员会议员、警察总监贝里耶阁下

阁下，

歇兹街博韦夫人家的仆人弗拉芒有幸呈告阁下，弗朗索瓦兹·勒·鲁瓦，他的合法妻子，六个月来一直过着可耻的生活，她与某个假发师学徒交往频繁，那人住在圣埃蒂安德格蕾兹街一个自称外科理发师[2]的假发师那里，请愿人的妻子为此清空了房中一切物品，甚至卖掉了绝大多数。

请愿人还有一个孩子要养，只得乞求您的善意，恳请您下令将他妻子关入监狱，如此公正、及时的命令将让请愿人的生

---

[1] 军备图书馆"巴士底狱档案"，12002号手稿，第81—82页（1758年）。

[2] 十八世纪的法国外科大夫（chirurgien）兼有治病和理发两项职责。——译注

活得到保障。联合署名的都是正直之人，他们都能证明她的劣行，他将全部希望寄托于您的仁慈，并为阁下的健康祈祷。

他的妻子现在住在圣埃蒂安德格蕾兹街。

> 弗拉芒，马尔丁，
>
> 雅多瓦（前述女士的亲属），
>
> 佩泽勒，弗尔马捷 [1]

于巴黎，10 月 27 日

我的丈夫，

给您写这些话是想让您知道我悲惨的命运，我不允许自己再出现在您的面前，所以逃走，房间里的东西都还和以前一样，我只拿走了我的东西。我告诉我认识的所有人我要住到圣雅克街一间修道院，去给一位嬷嬷当女佣，这样，如果您想告诉别人您［字迹模糊］的事情，除了我，不会有人知道，这样您也就不会被嘲笑。娶了我这样的女人是您的不幸，您可以把房子卖了来养活孩子，我请上帝关照的也就只有别抛弃孩子这件事了，不幸的小可怜，这毕竟不是他的错。

您箱子的钥匙找维拉夫人要，是我亲手交给她的，箱子里有一件睡衣，房间的钥匙在玛兹拉夫人那里。

我不会再给您写信，因为我已永远地迷失，我像猪一样睡在一捆麦秆上，我已为我的错误和劣行承受了苦难。

---

① 军备图书馆"巴士底狱档案"，11996 号手稿，第 109 页（1758 年）。

我不说了，我在上帝面前请求您不要抛弃那可怜的孩子。

妻子弗拉芒 ①

致国务委员会议员、警察总监贝尔丹阁下

阁下，

博韦先生的仆人弗拉芒有幸谨呈阁下，两个半月前，他得到了将妻子弗朗索瓦兹·勒·鲁瓦关入萨尔佩特里埃的命令，如今他要陪主人去乡下，希望能够释放他的妻子，他相信她的越轨行为已得到纠正，认为可以带她一同前往，因此他请求您好心施予他您的仁慈，他将为阁下的保全祈祷。

J. 弗拉芒 ②

安娜·马洛特

致国务委员会议员、警察总监贝尔丹阁下

阁下，

皮埃尔·希尔·弗朗盖，金匠学徒，恭请阁下下令将他的妻子，住在普兰切米布雷街一个旧货商人家中的裁缝师安娜·马洛特关入综合医院，1754 年 8 月 31 日，贝里耶先生曾下令将她监禁于此。根据所附圣伊丽莎白监室长官的证明，尽

---

① 军备图书馆"巴士底狱档案"，11996 号手稿，第 110—111 页（1758 年）。
② 军备图书馆"巴士底狱档案"，11996 号手稿，第 117 页（1758 年）。

管对她照顾有加，她还是于 1756 年 9 月 27 日逃走，鉴于多人控诉她售卖交予她缝补的衣物和别的活计，为了避免不良后果，请愿人跪倒在您面前，寄希望于您公正的仁慈，他已不再有能力支付食宿费，出于感激，他将终生为阁下的健康和福祉祈祷。

　　　　　　　梅尔兰，卡兰，皮埃尔·希尔·弗朗盖 [1]

　　我，综合医院圣伊丽莎白监室长官，证明皮埃尔·弗朗盖的妻子，名叫安娜·马洛特的女士 1954 年 7 月 1 日进入我院，根据的是 1754 年 8 月 31 日贝里耶先生的命令。尽管我对她多加照顾，她还是在 1756 年 9 月 27 日逃走，我尽力为她谋得对她来说有价值的东西，但她非但没能聚少成多，还欠下债务，她利用我的好心，欺骗我，直到她逃走我才知道她什么也没剩下，既不能支付她欠下的债务，也不能付清她自己的费用。

　　　　　　　　写于萨尔佩特里埃，1756 年 10 月 28 日

　　　　　　　　　　　　　阿涅斯修女 [2]

玛丽·帕热

　　　　　　致国务大臣圣弗洛朗丹伯爵阁下

　　阁下，

————————

[1]　军备图书馆"巴士底狱档案"，11997 号手稿，第 34 页（1758 年）。

[2]　军备图书馆"巴士底狱档案"，11997 号手稿，未编页码（1758 年）。

亚历山大·博诺姆，十七岁起就在奥特弗耶街德拉什先生家做挂毯工，现有幸谨呈阁下，他不幸娶了玛丽·帕热为妻，在他履行义务陪同斯坦维尔伯爵前往维也纳期间，她投身放荡生活，离开巴黎，和某个姑妈一起待在凡尔赛；请愿人回来后，与她的父母一起报请维尔戈丹警探先生将她关入萨尔佩特里埃医院，得知请愿人的动向后，她离开凡尔赛回到巴黎，在巴黎，一个她不认识的女人来与她攀谈，领她睡在一位夫人家里，那位夫人说家里丢了两条旧床单，十分怀疑前述帕热也参与了偷盗床单的行动，毕竟在她回到巴黎前，床单还在。然而，请愿人以为维尔戈丹先生手上有将他妻子关入萨尔佩特里埃的国王命令，在得知他妻子人在巴黎，也知道她住在哪里后，就告知了维尔戈丹先生，但这位警察总监把他妻子带到勒布朗警长那里，警长又把她送入大夏特莱，以便通过普通司法程序对这桩偷窃嫌疑案进行审理，请愿人对此相当震惊，如此一来，他就成了告发妻子的人，这自然是做丈夫的无法想象的事。请愿人以及前述帕热全家都是正直之人，家中还有人在王室，请愿人恭请阁下施恩授予他一封密札，将前述玛丽·帕热转入萨尔佩特里埃医院，他会为她支付一小笔监禁所需的食宿费。他们都将为阁下的健康和福祉祈祷、祝福。

1758 年 3 月 21 日：

转移至医院的命令

（警方报告）①

---

① 军备图书馆"巴士底狱档案"，11988 号手稿，未编号（1758 年）。

★

卡特琳娜·罗比什

致警察总监阁下

阁下，

夏尔·路易·波托，精装书装订工学徒，住在圣伊莱尔堂区卡默斯街精装书装订师傅 M. 索瓦热先生家，现向阁下针对他的妻子卡特琳娜·罗比什提出合理控告，她行为混乱到了极点，已经三次因为作风问题被拘留。她现在过着任何言辞都无法表达的堕落生活。为了避免一系列危险的后果，前述罗比什全家都站在陈情者和所有邻居这边，恭请阁下下达命令将这个滥用自由的女人关入监狱。所有具名请愿人都将向上天祈求阁下的保全。

弗洛里蒙·夏尔·路易·波托，

M. 索瓦热，乡绅之子

我请求阁下注意此封请求书所陈述的内容。还请阁下信任在请求书结尾签名的人，他们的正直有目共睹。1758 年 11 月 25 日。

贝朗热，圣伊莱尔堂区神父 [1]

---

① 军备图书馆"巴士底狱档案"，11988 号手稿，第 319 页（1758 年）。

　　针对 1758 年 11 月 29 日夏尔·路易·波托为控告妻子，又名杰利姆的卡特琳娜·罗比什，而呈给警察总监阁下，又由警察总监阁下于 10 月 8 日 [①] 交给我们核查事实的陈情书，现在教会的监督下宣誓。

　　本日，1758 年 12 月 12 日，早上 10 点，31 岁，家住圣伊莱尔迪蒙 [②] 堂区卡默斯街的精装书装订工学徒夏尔·路易·波托在宣誓所言属实后，阅读了前述由他呈上的控告妻子的陈情书。

　　声明称，他与前述又名杰利姆的罗比什结婚已近八年，她还是小女孩时就因为行为混乱两次被关入医院（提告人不知是哪家医院），婚后，前述杰利姆纵情饮酒，放荡生活，花光他挣得的为数不多的钱财，卖掉了生活用品、织物、衣服，一年后又抛弃了他，还想到办法让他不知道她在哪里度过了那四个半月，那段时间，大部分时候她都在马恩河畔马里村里帮佣，没有收到任何来自他，即到案人她的丈夫的不满，大约一个月以前，她又被关回前述医院，现在又从医院逃了出来，请愿人担心她出来后又会沉湎于某些恶劣行为，不得不求助于警察总监阁下的权威，前述波托宣誓他这么做并非出于任何仇恨，他只想与他所谓的妻子过上平静的生活，并在下方签名。

署名　C.L. 波托 [③]

---

① 原文如此。——译注
② 原文写作 Saint-Hilaire-au-Mont，疑为 Saint-Hilaire-du-Mont。——译注
③ 军备图书馆"巴士底狱档案"，11988 号手稿，第 320 页（1758 年）。

丈夫的放荡

安托瓦内·夏瓦利耶

致警察总监埃洛尔特阁下

阁下，

让娜·加特里恭请阁下知悉，她嫁给这位名叫安托瓦内·夏瓦利耶的泥瓦匠伙计已有四十六年，他一直呈现出疯狂的迹象，一年比一年严重，只能归为放荡和不端行为，因为他从未表现出规矩人该有的样子，总是在小酒馆里花掉挣得的每一分钱，完全不顾家，甚至常常卖掉妻子和自己的旧衣物，只为去小酒馆喝酒。而且，阁下，这种疯狂已经持续了好几年，导致他的劣行也在加重，前述安托瓦内·夏瓦利耶甚至经常在半夜不知道几点的时候一丝不挂地回到家中，不戴帽子，不穿衣服，也不穿鞋，全都留在小酒馆，用来抵偿他和遇到的、他都不认识的随便什么人一起挥霍的花销，尽管已经七十四岁了，他还是会在家里做出各种荒唐的事情，请愿人，这个可怜的女人因为她丈夫的行为，已经沦落到要饭的地步，所有具名的邻居都劝她恳请阁下大发慈悲，将她的丈夫，前述安托瓦内·夏瓦利耶监禁起来，她斗胆寄希望于阁下的善意和仁慈，并定将为阁下的健康和福祉祈祷。

夏尔·库赞，皮埃尔·鲁塞特，

J.-P. 加特里 [1]

---

[1] 军备图书馆"巴士底狱档案"，11004 号手稿，第 12 页（1728 年）。

致警察总监阁下

阁下，

安托瓦内·夏瓦利耶，七十八岁的泥瓦匠伙计，谨呈阁下，1728 年 8 月根据命令，他被逮捕并移送至比赛特监狱，监禁在单人囚室中，他斗胆怀着信赖向您进言，是一些不怀好意之人骗取了阁下的虔诚，因为他很光荣能够保持无可指摘的行为，并且始终靠自己的劳作为妻子和家庭提供生存的保障。这些事情，他的亲人、朋友、他所住街区和老杜乐丽街的重要人士都能证明。在从出生起一直生活至今的街区被逮捕的耻辱、单人囚室中的孤独和恐惧、请愿人的高龄、他的良好行为让他博得所有人的同情，尤其是他的亲人。

衰老造成的病弱令他无法劳动，他的亲人也无法为他提供所有必要的救济，他只能指望他们的财产能够让他们有能力缓和他的境况，但现在他们也不再有这样的自由，因为他被关在单人囚室里，而且是秘密地。因此，他与他的亲人、朋友和街区的重要人士一起跪倒在阁下面前，请求您好心下令允许他去监狱的院子里，允许他的亲人去看他，他们将为阁下的福祉和健康祈祷、祝福。

路易·德尚，拉斐尔·隆，
雅克·西吉，安德烈·西比尔，库森，
L.雷奥纳尔（朋友），德拉富瓦，F.让达尔姆，
克莱索，夏尔·巴西耶（朋友），
德洛奈，该伙计的东家 ①

---

① 军备图书馆"巴士底狱档案"，11004 号手稿，第 15 页（1728 年）。

致警察总监埃洛尔特阁下

阁下，

让娜·加特里，泥瓦匠伙计安托瓦内·夏瓦利耶的妻子向阁下表示谦卑的谢意，感谢您出于善良和仁慈将她七十八岁的丈夫，前述安托瓦内·夏瓦利耶关押起来，他现已根据国王命令被监禁在比赛特，为此，她向上帝祈祷，监禁可以让他有所转变，可是，阁下，鉴于是她向您请求的这一恩惠，鉴于一种信仰的精神，鉴于她痛苦地得知他被关在单人监室，无法得到她和他的亲人为他提供的救济，今天，她前来向阁下请求放风的自由，毕竟他不是什么淫荡、作恶之人，毕竟他已经年纪大到有些痴呆的地步。出于上述情况，前述让娜·加特里希望阁下能施予她这项恩赐，她将向主祈求阁下的保全。

三人签名［字迹模糊］

［请求书背面批注：］

将它转交给那些善良的可怜人。①

致警察总监埃洛尔特阁下

阁下，

让娜·加特里谨呈阁下，在她的请求下，她的丈夫安托瓦内·夏瓦利耶从 1728 年 8 月起一直被关在比赛特，他已认识到

---

① 军备图书馆"巴士底狱档案"，11004 号手稿，第 16 页（1728 年）。

自己的错误并充满悔恨，他向请愿人保证，如果阁下愿意宽恕他、将他释放，他将按照一个诚实的人有义务做到的那样，与她一起规矩地生活直到生命终结，鉴于她对丈夫的处境感到怜悯，鉴于她有理由期待前述已经年过七十五的安托瓦内·夏瓦利耶会信守承诺，她谦卑地恳请阁下好心下令释放她的丈夫，前述夏瓦利耶，让他能够与她一同度过所剩无几的生命。

两人将加倍为阁下的保全祈祷、祝福。①

德菲

致警察总监阁下

阁下，

玛格丽特·费兰，奥尔良本地人，拜倒在阁下面前，眼含泪水，恳请阁下向她投去怜悯的目光，她不幸有一个这样的丈夫，那个同样来自前述奥尔良某地的姓德菲的人，他五年前就失去了理智，做过无数荒唐的事，无时无刻不想着要杀了她，请愿人照顾着五个孩子，为负担那个所谓丈夫的开支已经把自己耗尽，她觉得不得不乞求仰仗阁下的权威，请求阁下将他关进比赛特直到他的精神恢复健康，无论是请愿人自己还是孩子们，生活都失去了保障，请愿人没有能力支付关押的食宿费，

---

① 军备图书馆"巴士底狱档案"，11004 号手稿，第 21 页（1728 年）。

她已经被这个所谓的丈夫害得倾家荡产，不得不靠出卖体力来维持孩子的生存，请愿人提交的文件没有一份未经奥尔良市助理主教先生签名证实，该市许多如今在这里做生意的人也可以作证，她将终生向上天祝愿并祈求阁下身体康健、福祉永驻。

M. 费兰，富歇，

J.-D. 果歇，迪布瓦①

我请求您，先生，怜悯这个今天有幸将此证明信呈给您的人，她要照顾一个失去理智的丈夫和五个孩子，她每天都要为丈夫花掉一大笔钱。

我恳求您将他送进比赛特直到取得国王命令，我从未见过比她更值得怜悯、更配拥有您的仁慈的女人。

我有幸怀着最诚挚的忠诚成为先生您最谦卑、最顺从的仆人。

奥尔良助理主教［字迹模糊］阁下

1728 年 8 月 6 日②

迪普莱西

致警察总监阁下

阁下，

---

① 军备图书馆"巴士底狱档案"，11006 号手稿，第 98 页（1728 年）。
② 军备图书馆"巴士底狱档案"，11006 号手稿，第 101 页（1728 年）。

玛丽·玛格丽特·富尔尼耶，迪普莱西的妻子，恭请阁下知悉，她不幸嫁给前述迪普莱西已有约三十年，在此期间，她饱尝苦楚，受尽虐待。

前述迪普莱西已因行为不端、生活放荡三次被关进比赛特，请愿人，他的妻子每日提心吊胆，害怕会有不幸的意外降临在她身上，他日日威胁要杀了她，甚至就在今日，1728 年 7 月 18 日，对她实施虐待，她受伤严重，所住街区的邻居都可以向阁下作证，恳请阁下出于善意下令监禁前述迪普莱西，以防他用来威胁她的那些不幸之事真的发生，她将终生为阁下的保全和健康祈祷。

［空白处：］

我证明，我的助理牧师昨日下午前去听取请愿人告解，说她受伤严重，为了避免更大的不幸，理应监禁她那明显威胁到她的丈夫。

于巴黎，1728 年 7 月 19 日

R. 普玛尔，圣梅达堂区神甫 [①]

我，具名人，巴黎医生行会管事师傅，向所有有权知道此事的人证明，今日，1728 年 7 月 18 日，我前往位于圣马赛尔郊区夏多尼埃街的迪普莱西夫人家，当时，请愿人因被丈夫数次殴打，躺在床上呻吟，我就是在那里给她看的病。我先看的是

---

① 军备图书馆"巴士底狱档案"，11009 号手稿，第 61 页（1728 年）。

头上的伤口，是一个烧烫的锁舌造成的，伤口从顶骨中上部一直延伸到中下部，也就是与颞骨衔接的部分，该伤口深至骨板，致使骨膜与骨骼完全分离，接着我检查了她的身体，有同一器具，尤其是端部多次击打造成的伤口，从上到下都是，我看到很多处挫伤和凹坑，这对她来说有致命的危险，前述病人控诉多次遭到丈夫虐待，邻居们都能提供佐证，而且他已因类似事件进过比赛特，我于当日提交此报告，以正视听。特此证明。

于巴黎，1728 年 7 月 19 日

絮埃，医生行会管事 ①

1728 年 7 月 20 日

致罗西尼奥尔先生

正如圣梅达堂区神甫和其他正直之人都已在所附请求书上签名，我也无法拒绝为请愿人们提供有关路易·巴尔忒勒米·波，也就是迪普莱西累犯暴力行为的真相提供佐证，尤其是他对妻子犯下的暴行。整个街区都来请求我将他当场抓获，先生，正如您在为她看病、包扎的医生的报告中所看到的，他对她实施了致命的殴打。这位女士已经领受圣事，如今处在极其危险的境地，此类悲剧常常以这样的方式降临，尤其在他醉酒之后，而醉酒对他来说又是家常便饭的事，他的越轨行为已经两次将他送入医院。所有认识他的人，这一次都比前几次更

————————

① 军备图书馆"巴士底狱档案"，11009 号手稿，第 62 页（1728 年）。

加希望他被监禁起来，因为他们发觉他在那些放荡的日子里完全有可能杀人，做出任何事都有可能。

我愿怀着深深的敬意成为先生您谦卑、顺从的仆人。

1728 年 7 月 19 日

纪约特 [1]

★

亨利·佩蒂

致警察总监阁下

阁下

玛丽·勒考克，家住三百围墙 [2] 内的日工苦力亨利·佩蒂的妻子，恭请阁下知悉，他们结合已有十八年，为了剥夺她自主生存的自由，他无所不用其极，虐待、辱骂，她就连生命安全都得不到保障，他迷恋酒精，破坏、损毁家具，甚至卖掉它们来维持放荡的生活。他还跑到藏匿请愿人的那些病人家去找她，他辱骂那些病人，其过分程度令她最终不得不提出控诉，救济院的负责人和公务人员都能为此作证。阁下，鉴于他已经多次忘记在屋中点了火，为了避免更大的不幸，恳请您秉持公

---

[1] 军备图书馆"巴士底狱档案"，11009 号手稿，未编页码（1728 年）。

[2] Enclos des Quinze-Vingts，巴黎第一个盲人救济院，建于十三世纪六十年代。其名称 Quinze-Vingts 是二十进制下的数字 300（15×20），因当时救济院中共可容纳 300 位盲人而得名。围墙内像是一个封闭的微缩城市，居民可在其中开设作坊、商店。——译注

正之心，下令将他逮捕并终身关押，可怜的请愿人将与她的孩子一同为阁下的健康和福祉祈祷。

我，具名人，三百皇家医院的主负责人，于 1728 年 3 月 16 日在巴黎证明此诉状内容真实，应当引起警察总监先生重视。

果歇 [1]

警察总监阁下

阁下，

玛丽·勒·考克 [2]，家住三百围墙的日工苦力亨利·佩蒂的妻子，不得不向您提起控诉，她的丈夫行为恶劣，每日虐待她，使得她生命安全得不到保障，勒·谢维雷先生、救济院的公务人员和委派官员都可为此作证。阁下出于好心让他出现在她面前，并禁止他继续那些可耻行为，他却变本加厉，还威胁她说她一定会死在他手中，特别是本月，也就是 7 月 8 日，要不是救济院的公务人员救助及时，她很可能就没命了。最后，阁下，她无法尽述她与她值得同情的可怜的孩子们一起忍受的残酷和侮辱性的虐待，她迫不得已惊动阁下，恳请阁下动用您的权威，逮捕并监禁亨利·佩蒂先生。为了结束痛苦，以免更大的不幸发生，也为了能够拯救自己的灵魂，她请求将她的丈

---

[1]　军备图书馆"巴士底狱档案"，11025 号手稿，第 151 页（1728 年）。

[2]　上一封信中写作 Marie Lecocq，此封信中写作 Marie Le Cocq，下文又写作 Marie Lecocq。——译注

夫亨利·佩蒂关押起来，她说尽管上个月，也就是6月8日，我对他提出警告，他的暴力行为还是有增无减；7月8日，如果没有三百围墙的公务人员帮助，他很可能会把她杀死。达米努瓦警长可以确认请求书的陈述属实，且三百围墙的公务人员试图通过劝诫、警告的方式来消除他的残暴行为，却都无济于事。他甚至撕掉我让人交给他请他再次到我这里来的传票，将碎片扔在送信人的脸上。鉴于我了解到他仍在继续他的暴行，我认为他应当被逮捕并送至医院。①

玛丽·勒考克请求再次将她的丈夫脚夫亨利·佩蒂关入比赛特。

她提出，在因为王储诞生而获释的四个月内，他再次投入之前的放荡生活中，每日醉酒，卖掉家中一切，甚至孩子们最贴身的旧衣服。

他还虐待她，行为之暴力让她的生命安全得不到保障。

以上这些都已得到三百围墙救济院委派官员、主事和主负责人证实。孔代和德克莱尔两位先生也强调说他们认为这个人是危险人物。

佩蒂确实曾因对妻子施暴于1728年8月23日被关入比赛特。

请愿人通过新写的请求书控诉丈夫的可怕行为，并再次坚

---

① 军备图书馆"巴士底狱档案"，11025号手稿，第156页（1728年）。

决请求监禁他。

该请求书经三百围墙主事证实。

德克莱尔和孔代两位先生指出，对于他们此前给出的答复和请求人提供的证明文件，他们没有什么需要补充的。事情再确实不过了，她实在是太不幸了。[①]

日尔曼·瓦里庸

致警察总监阁下

阁下，

克洛德·雅克布，皇宫庭院[②]的钟表匠伙计日尔曼·瓦里庸的妻子，谨呈阁下，她不幸嫁给前述瓦里庸已有十年，在这期间，他任由自己投身各种放荡行为，与同他一样不规矩的人一起挥霍掉了所有资产，赌博，经常光顾各种赌场，不仅赔光自己的钱，还要搭上人们交给他修理的手表和别的一些东西，以致每天都有可耻之事发生，这改变了他所有的日常习惯，过分之事、暴力以及作恶的手段与日俱增。

她不得已向阁下您提出控诉，尤其针对他上一次对请愿人施加的凌辱，本月 1 日，前述瓦里庸喝了一肚子酒，几乎醉死过去，可能是蓄意为之，他用尽一个有恶意的人可能说出的所

① 军备图书馆"巴士底狱档案"，11025 号手稿，第 159 页（1728 年）。
② 原文为 cour du Palais，疑为 la cour du Palais-Royal。——译注

有侮辱的话来辱骂她，第二天，他带了一帮同伴回来吃晚饭，其间又发生一次争吵，她意识到他和那些同伴是预谋好的，因为这个小团体中的一个人一直在攻击她，把她身上弄得青一块紫一块的，还辱骂她，再接下来的一天，也就是这场放荡行为的第三天，前述瓦里庸一直在重复那几句羞辱她的话，以非同寻常的暴力多次虐打她，其中一拳还打在了右眼上，想要将她杀死。邻居没来救援，没有阻止他，因为这些事情每天都发生，是他们所住地区街坊邻里再熟悉不过的，她的生命安全不再有保障，她请求仰仗阁下的权威和公正，请求您勒令前述瓦里庸回归正轨，日后能以另一种方式生活、行事，所有邻居都能证明这些事情的真实性，她期望阁下施予此恩惠，并将祈求上帝保佑阁下的健康和福祉。

> 柯代尔，迪克洛，纪约，布勒多，
> 儿子尚特沃；尚皮庸，弗朗索瓦·让，
> 雅盖·伏洛马热，前述瓦里庸的母亲路易兹·布瓦洛 ①

钟表匠日尔曼·瓦里庸表示他的妻子 Cl. 雅克布是为了免除他对她与那个叫巴尔塔扎尔的人一起所犯劣行的指控，才计划摆脱他的。

起初，她在偷了铺子里的衣物、商品、工艺品和家具之后，以所谓的暴力行为为由让人逮捕他并送往裁判所附属

---

① 军备图书馆"巴士底狱档案"，11030 号手稿，第 107 页（1728 年）。

监狱 ①。

出狱后，他立刻将上述事实报与德·拉佛斯警长，将他的请求呈给民事官先生 ②，以求下令展开调查，批准打开他公寓的门，获取并追还那些家具和商品。

后来，他的妻子突然得到一封国王签署的信件，要将他送入医院，最后为了提出异议，花光了公寓的租金，而家具都放在那间公寓里，出于他的利益考虑，应当允许他收回它们。

他请求允许他为委托代理人维护他的利益。

德·拉佛斯警长回答说，可以批准前述瓦里庸的请求，但前提是这些必须在比赛特管事奥奈先生的监督下完成，以确保他不会做出什么有损妻子利益的行为，在本案这样的情况下，必须确保当事人各方利益。

（警方报告）③

致警察总监埃洛尔特阁下

阁下，

瓦里庸的遗孀，矿泉水贩售商杜阿梅尔先生的现任妻子，谨向阁下指出，作为年满三十一岁的日尔曼·瓦里庸的母亲，一直以来毫不吝惜地为他提供了符合他出身的教育，她让他学习钟表匠手艺，为他寻得一门满意的婚事，他与乖巧、忠

---

① Conciergerie，巴黎裁判所附属监狱。——译注

② Le Lieutenant Civil.——译注

③ 军备图书馆"巴士底狱档案"，11030 号手稿，第 116—117 页（1728 年）。

贞的克洛德·雅克布结合已有十年，十年间，他频繁流连于小酒馆、赌场，花掉婚姻生活中为数不多的积蓄，他不断虐待妻子，好几次差点置她于死地，他还殴打请愿人，尽管每每都是请愿人阻止了儿媳妇合理的控告，希望她用温柔的方式引导他浪子回头，这些努力都白费了，他的混乱程度与日俱增，他的行为如此失度，以至于只能将他的放荡归为疯狂，他无法做出任何有益的判断，只会暴怒，他的父亲也是如此，三十五岁时在比赛特死于疯狂这种疾病。

向阁下递交请求书已有八日，该请求书得到证人证实，他们确认前述瓦里庸的荒唐行为。请愿人和她的儿媳本不愿打扰您，只想静待您的消息，但昨日，也就是 1728 年本月 20 日，前述瓦里庸有了进一步疯狂的举动，他大吵大闹，很可能造成一系列耻辱。

大约五个月前，瓦里庸为自己的为人感到不安，保证以后会有分寸，他与皇宫庭院的钟表师傅米歇尔·巴尔塔扎尔签署了一份工会担保，约定一同承担风险、分享利益，尽管他还不是师傅，两个多月后，巴尔塔扎尔向他指出他行为放荡、赌博、旷工，糟糕的家庭生活影响到了工作，但无论巴尔塔扎尔的告诫、妻子的哀求，还是母亲的斥责都不管用，他不仅没有反省，还多次虐待巴尔塔扎尔，极尽所能地辱骂他。2 月 20 日，上面提到的那天，晚上六点，他像个疯子一样跑到皇宫庭院的商店，完全不遵守甚至根本不记得规矩，大肆辱骂巴尔塔扎尔，砸碎他店铺的玻璃门窗，殴打他，以至于他忍无可忍只

得向执法大法官 ① 先生提起控诉，后者在得知瓦里庸造成的混乱之后，下令逮捕了他，并将他送入裁判所附属监狱，他现在还关在里面。

事情到了这样的地步，请愿人、前述瓦里庸的妻子和前述巴尔塔扎尔接受建议上诉到阁下您这里，以求能够免去他们在这过程中的开支，好让他们能够维持本就贫穷的生活，母亲和她的儿媳是为了避免羞耻和凌辱，而如果前述瓦里庸得获自由，巴尔塔扎尔的生命就要岌岌，他也要保障自己的安全，因此他们恳请阁下请求国王下令，继续监禁前述瓦里庸，直到有新的命令。他们将终生为阁下祈祷，并于 1728 年 2 月 21 日与邻居一同在本请求书后签名。

我们，具名人，均愿作证，本人了解前述瓦里庸的错乱状况。

> 前述瓦里庸的妻子克洛德·雅可 ②，
>
> 姐夫波莫里，邻居拉莫莱，
>
> 邻居沃戴纳，表亲富盖，
>
> 邻居夏尔莱斯洛 ③

路易兹·布瓦洛，瓦里庸的遗孀，请求释放她的儿子日尔

---

① Bailli du Palais，古代法国法院内部负责所有民事、刑事案件的职能官员，主要协助警察总监。信中写作 Bailly du Palais。——译注

② 前文写作 Claude Jacob，此处写作 Claude Jaquot。——译注

③ 军备图书馆"巴士底狱档案"，11030 号手稿，第 102 页（1728 年）。

曼·瓦里庸，并愿意照顾他，确保因五个月前他继父去世而每况愈下的家事能够维持下去。

日尔曼·瓦里庸因对妻子施暴且沉迷于各种放荡之事，根据去年 3 月 14 日的命令被关入医院。

他的妻子并没有提出请求。

针对他母亲在 7 月呈交给德·拉佛斯警长的第一封请求书，警方就涉案之人做出汇报，其中提到的都是些糟糕的事情。

而对于上个月呈交的第二封，同一位警长提到他与这位女士进行了交谈，她提出诸多请求，且其中一些颇为合理，他还指出不可能一直让人经受苦刑，认为可以还瓦里庸自由，他将与瓦里庸谈谈，毕竟他应该与他妻子一起打理家事，至于家里人的异议，他必须向法官上诉。①

陈情书

从去年 3 月 14 日起就根据国王命令被监禁在比赛特的钟表匠伙计瓦里庸的妻子得知他让人请求将他释放，鉴于她丈夫投身诸般罪恶之事，且完全有可能将她和她的家人置于名誉尽失的境地，她恳求莫尔帕伯爵②阁下出于仁慈之心，不要给予他自由，并下令关押他，直到经过长期监禁，他身上显现出不同于致使他被关押的情感。③

---

① 军备图书馆"巴士底狱档案"，11030 号手稿，第 131 页（1728 年）。

② 即德·圣弗洛朗丹伯爵。——译注

③ 军备图书馆"巴士底狱档案"，11030 号手稿，第 114 页（1728 年）。

★

让·特拉森·戴·爱萨尔

致警察总监阁下

阁下，

玛格德莱娜·戴赛萨尔[①]，裁缝师傅让·特拉森·戴赛萨尔的妻子，有幸告知阁下，在她婚姻生活的十三年间，她所得到的只有丈夫的虐待，那个男人精神错乱，日日饮酒致使他常有疯狂的过激行为，她和他在一起生命安全得不到保障，好几次差点被打死——为此，她曾向迪诺警长先生提出控诉——他的混乱也让她的生活难以为继，这些事情，所有邻居都知道，他们都看在眼里，也准备为此作证。

请愿人希望阁下能给予她公正的判决，她将终生为阁下的健康和福祉祈祷。

尼索尔·热尼埃（前述租客的房东），

孀妇卡莱，M.卡莱（热尼埃的妻子），

玛丽·勒·努里（租客），

J.安托瓦内·诺莱（神学博士），博斯诺耶[②]

我，具名人，教士，神学博士，巴黎圣热尔韦堂区神甫，

---

① 此姓氏上文及第二封信中写作 des Essarts，此封信和第三封信中基本写作 Dessessart，个别其他例外另作说明，第四、五、六三封信中写作 Dessessarts。——译注

② 军备图书馆"巴士底狱档案"，11006 号手稿，第 266 页（1728 年）。

证明本堂区裁缝师傅让·特拉森·戴·爱萨尔精神极其错乱，行为极其不端，他虐待妻子，致使整个街区陷入丑闻，还在邻居想要救他妻子的时候，对邻居施暴。

写于巴黎，1728 年 10 月 3 日

圣热尔韦堂区神甫 ①

阁下，

玛格德莱娜·戴萨尔勒 ②，裁缝让·特拉森·戴赛萨尔的妻子，有幸告于阁下，她曾有幸向阁下呈递一封请求书，随信附有她向迪沃 ③ 警长先生控诉她丈夫的控诉书副本，另附圣热尔韦堂区神甫先生的证词，证明她在婚后的十三年间所受到的虐待，针对这一诉说，阁下已于三个半月前下令将他逮捕，送入比赛特，自那以后，请愿人出于善良的天性，曾两次请求允许她前去探望，为他带去生活必需品，然而见到他后，她所得到的只有他那可怕的威胁，他对她说，等他出去了，一定亲手杀了她，她已经好几次差点死于他手，最近一次，要不是有人阻止，她就被他用刀杀了，有鉴于此，为了避免这样的不幸，她请求仰仗阁下一贯的仁慈，恳请阁下下令将他终身监禁。请愿人提出愿为他支付一笔微薄的监禁食宿费，尽管这已经超出她的能力范围，毕竟她丈夫的混乱状况令她陷入贫穷的绝境，

① 军备图书馆"巴士底狱档案"，11006 号手稿，第 267 页（1728 年）。

② 上文写作 Magdeleine Dessessart，此处写作 Madeleine Dessarle。——译注

③ 上文写作 Dinot，此处写作 Divot。——译注

还背负着一身债务，她将终生祝愿阁下身体康健。①

致警察总监阁下

阁下，

让·特拉森·戴赛萨尔，巴黎的裁缝师，平时住在巴斯多约广场②，大约四十八岁，没有亲人，许多诚实之人都觉得必须站出来支持他，他谦卑地向阁下指出，尽管他在婚后凭借工作和细心照管家事，令家中财富得到增加，但 10 月 4 日，纪约特先生突然带着国王命令将他逮捕，并送至比赛特，从那以后，他就一直像犯人一样，被监禁在拘留所的单人监室中。具名人们都认为他一直是个诚实的人，没有什么可指摘的，他之所以被监禁，只可能是他妻子挑唆的结果，她今天所拥有的一切都是他给的，她享用着他的财产，她借口他嗜酒，但即使这是真的，他现在也已经戒掉并受到了足够的惩罚，更何况他也没有什么别的恶习，阁下，如果您不开恩，让这样一个尚处花样年华的可怜人，像是做了什么罪大恶极的事一样在单人监室里枯萎凋谢，那将是不公正的，出于所有这些原因，我们恳请阁下还前述特拉森·戴赛萨尔自由，我们将终生为阁下的健康和福祉祈祷。

帕诺勒，迪普伊，朗格鲁瓦③

---

① 军备图书馆"巴士底狱档案"，11006 号手稿，第 272—273 页（1728 年）。

② 原文为 place Basdoyeu，暂未查到巴黎史上有这个地方，疑为 place Baudoyer（博多瓦耶广场）的误写。——译注

③ 军备图书馆"巴士底狱档案"，11006 号手稿，第 275 页（1728 年）。

完全有理由认为致使戴赛萨尔行为混乱的是他妻子的行为，她从来不满足于只有一个丈夫，身边总有某个男性朋友，她至今还藏着这个人，丈夫被关起来以后，她就离开了他，她趁夜偷偷搬走两个房间里的家具，还挥霍掉了所有东西，她丈夫存下来的共计两千利弗尔的钱财和票据，两个月前，她生下两个孩子，任由他们饿死，他们已经连续十四天没有足够的食物了，她只让他们喝一头奶牛产下的奶。①

致夏普兰先生

先生，我知道为什么会下达国王命令将那个姓戴赛萨尔的人关进医院，并且根据我本人的调查，那个男人的邻居、堂区神甫、街区警长以及一位警察局官员都说他是酒鬼、渎神者，他最近几次在街区犯下的暴行不止针对妻子，还波及邻居，他想用刀杀死自己的妻子，一位目击者作证说自己解除了那人手中的凶器。

我认为出于公众利益的考量，应当将这样一个人隔离出公民社会，正因此才决定汇报给弗勒里主教先生，他认为有必要将此人关起来。我有幸收到您送来的请求书，至于其中提到的他妻子的行为，我不知道是否恶劣，她丈夫没有在当时就及时提出控诉。她丈夫的朋友今天所说的那些都只能视作一种回

---

① 军备图书馆"巴士底狱档案"，11006 号手稿，第 276 页（1728 年）。

驳，这让证词显得可疑，因此，我相信您也和我一样认为对这个戴赛萨尔的监禁是公正的，并且鉴于他既没有表现出任何悔改的迹象，也没能重塑精神，现在还不是放他自由的时候。^①

皮埃尔·布洛

致警察总监阁下

阁下，

玛丽安娜·佩兰，皮埃尔·布洛的妻子，现居科尔多纳里街^②圣厄斯塔什堂区葡萄酒商勒·特里埃先生家，她谨呈阁下，前述布洛精神不正常已有六年，曾在主宫医院治疗过三个月，非但没有痊愈，精神还更加错乱，以致想要杀了请愿人，也就是他的妻子，和请愿人腹中仅有两个月大的女孩，他还虐待八岁半的女儿，致使她们的生命安全得不到保障。鉴于整个街坊都能证明并确保上述内容属实，请愿人请求阁下施予援手，下令逮捕前述皮埃尔·布洛并将他送至比赛特城堡，以防一系列差点发生的可怕之事真的发生，她将终生祝愿阁下身体康健。

特里埃（主承租人），热尔维

［同一封请求书上：］

先生，我有幸向您报告皮埃尔·布洛的妻子针对丈夫的控

---

① 军备图书馆"巴士底狱档案"，11006 号手稿，第 281 页（1728 年）。
② Rue de la Cordonnerie，此街现已不存在，被并入别的街区。——译注

诉是公正的，她完全有理由为丈夫的疯狂感到恐惧。将他送入
比赛特将是仁慈的决定。他们已经好几次尝试治疗他，但我认
为他的疾病无法医治，这封信可以交还玛舒兰警长先生。

布菲，1758 年 3 月 12 日 [①]

致警察总监先生

阁下，

玛丽安娜·佩兰，面粉市场日工苦力皮埃尔·布洛的妻
子，家住圣厄斯塔什堂区科尔多纳里街，现谨呈阁下，她的丈
夫因精神有些错乱被关在比赛特的轻罪监狱，但除了请愿人和
两个孩子在他那里受过一些苦，他没有攻击过任何人，也没有
做过什么可耻之事，他一直在前述那些市场上诚实、正直地为
他人干活，并且他在上帝的怀抱里，精神得到了完全的平复，
随信所附证明书的署名人告解神甫也是这么认为的。这让请愿
人觉得应当请求阁下好心释放她的丈夫前述皮埃尔·布洛，让
他回到家中，像前面说的那样工作，为他的孩子们挣得生活所
需，她斗胆寄希望于阁下一贯的恩典，她将终生为阁下的保全
和健康向上帝祈祷。

C.热尔维，M.瓦诺热纳，

格里夫勒特（面包师），吉奥里毕塞 [②]

---

① 军备图书馆"巴士底狱档案"，11988 号手稿，第 60 页（1758 年）。
② 军备图书馆"巴士底狱档案"，11988 号手稿，第 68 页（1758 年）。

我，具名人，比赛特教堂圣器室管理员，向相关负责人证明我曾听取比赛特轻罪监狱里的皮埃尔·布洛的告解。

本证明书写于 1758 年 7 月 18 日。

吉亚尔，神甫 ①

路易·古约

致警察总监贝尔丹阁下

阁下，

苏珊娜·拜耶，低等仆人路易·古约的妻子，住在圣安托万门杜尔奈尔街名叫朱利安的人家，后者是布利安纳小姐的仆人。

她谨向阁下指出，因丈夫可怕的混乱状况，她的生活已经沦落到贫穷的绝境，致使她无法通过常规的方法与他物理隔离，她不得不仰仗阁下的权威和公正，来停止她那残忍、没有人性的丈夫从结婚第二年起就向她施加让她日日蒙受的暴行、虐待和无休无止的欺侮：恶行如此之多，细节恐怖至极，以至于她只能允许自己将其中微乎其微的一小部分呈现在阁下眼前，但这无疑足以让阁下相信为请愿人提供保护的必要性，理

---

① 军备图书馆"巴士底狱档案"，11988 号手稿，第 67 页（1758 年）。

应将她置于阁下的庇护之下，阻止那个野蛮的丈夫进一步侵害她的生命。

请愿人于 1739 年结婚，1740 年分娩后五天，她的丈夫喝醉了酒，抓住她的头发，毫无人性地将她拖到房间外面，不管她死活，要不是也住在那间房子里的外科理发师的妻子勒·马尔夫人刚好看见，向她伸出援手，她就真的死了。

1745 年，他得了性病，大到治疗小到家用，他花了她很多钱，毕竟她是他们中唯一一个带着财物步入婚姻生活的；而他，无论婚前还是婚后，都是两手空空。

1746 年，请愿人住到了勒·努瓦尔骑士家中，丈夫上门对她施暴，直到骑士出面赶他走，他才停止。

1751 年，他决定杀了她，当时请愿人在德菲利先生和夫人家帮佣，他半夜跑到他们家中，拿大柴架在她头上砸出三个骇人的伤口，外科理发师德尔佩什先生为她包扎，很长时间都觉得可能治不好她。[文中此处写道：我以前为请愿人包扎、治疗过，德尔伯赫①。]

1757 年，她肋骨那里被丈夫踹了一脚，要不是有外科理发师拉·塔克西先生治疗，她就终身残废了。

还是 1757 这一年，他偷请愿人的财物，盗走 12 件衣服、2 把大汤勺、10 只银质无脚杯、1320 利弗尔金和 36 利弗尔白银，还有床单和女士紧身上衣，他拿走了她所拥有的一切，只剩下

---

① 上文写作 Delpêche，此处写作 Delpuech。——译注

一张床、一只柜子和几件旧衣裳，让她沦落到乞讨为生的境地。

最后，在上一个 7 月，他回来抢走了请愿人剩下的东西，他想要朝里面摔门，愤怒地辱骂、诅咒她。请愿人的邻居可以向阁下证明这些事情真实发生过，那些她认识的人告诉她可以寄希望于阁下，她不足以也不能够诉诸法律来摆脱残忍的、没有人性的丈夫的暴虐，而您会用您的权威和公正弥补她，她丈夫每天想方设法要她性命，只能要么把他关起来，要么命令禁止他施暴，否则将不能踏入请愿人家一步。她将终生为阁下珍贵的保全和福祉祈祷。

> 德思礼·德·卡迈隆（原步兵军官），
>
> 邦图（前邻居），拉塔斯（外科理发师），
>
> 拉塔斯特小姐（前邻居），
>
> 邦图小姐（稳婆、前邻居），
>
> 邦图小姐（裁缝、前邻居）

我证明，前房客布耶 ① 夫人租住这里的一间房间已有十三年，她的举止符合诚实女性的标准，她在这里受到丈夫的虐待。

> 布瓦洛小姐，
>
> 格拉莱夫人（前邻居，木材商贩）②

---

① 上文写作 Baillet，此处写作 Bouillet。——译注

② 军备图书馆"巴士底狱档案"，11992 号手稿，第 120—121 页（1758 年）。

弗朗索瓦·迪布瓦

致警察总监阁下

阁下，

玛丽·米耶，前裁缝弗朗索瓦·迪布瓦的妻子，家住于歇特街，属三烛街[①]圣赛维林堂区，谨向阁下表陈，前述迪布瓦不工作已有多年，完全沉浸在酒精之中，饮酒无度，不分昼夜在街上闲逛，她不知道他是靠什么满足这种不良嗜好的，也不知道他靠什么生活，因为自从他拿走两人家中所有能拿的东西和财物后，除了向街上的路人祈求施舍，她看不到还有什么别的经济来源，他终于成了个胆大妄为的人。有他在，请愿人和孩子们的安全都得不到保障，不仅对这个不幸的家庭来说如此，街坊邻里也感到不安，他每次无论什么时候回到街区，邻居们都要出面平复因他的出现而造成的骚乱，请愿人无法更进一步说明了，谁让她就是这样一个人的妻子，但阁下，只要他还是自由的，她就完全有理由担心她和孩子的名誉与生活。她跪倒在阁下面前，谦卑地恳求阁下下令将前述迪布瓦关押起来，她和全家都将终生向上天祈求阁下的保全。

所属堂区有六人签名，

＋堂区神甫（主牧师）[②]和迪布瓦的妻子

---

① Trois Chandeliers，即今天的格扎维埃普里瓦街（rue Xavier-Priva）。——译注
② 此处原文就有"＋"。——译注

我，具名人，索邦神学院博士，巴黎主牧师，圣赛维林堂区神甫，证明旁边签名的六人属于本堂区，为本堂区市民，都是诚实之人，可以信赖，1758 年 1 月 22 日。

多迈·德·布利松 [1]

1761 年 10 月 26 日

致警察总监阁下

阁下，

玛丽·米耶，62 岁又名吉尔贝尔的弗朗索瓦·迪布瓦的妻子，谨呈阁下，她的丈夫多年来行为不规矩到了过分的地步，如今他已是第四次受到刑事法庭传唤，警方还曾下令将他监禁在比赛特城堡十八个月，这些显然可以证明他的恶劣举止和越轨行为。请愿人及其全家竭尽所能想让她所谓的丈夫被终身监禁，以避免那些应受指摘的行为造成的麻烦，警探德·拉·维勒果丹先生可向阁下汇报上述陈述的真实性，因为正是他逮捕的她的丈夫并将他送入比赛特。

前述迪布瓦现第四次因犯罪被关入大夏特莱监狱，而请愿人刚刚得知他已获释，处在如此可怕的境地，又没有别的办法来避免那样的行为所能引发的不幸，请愿人再次请求仰仗阁下一贯的正义和公道，请求阁下下令将前述又名吉尔贝尔的弗朗

---

[1] 军备图书馆"巴士底狱档案"，11994 号手稿，第 65 页（1758 年）。

索瓦·迪布瓦送入比赛特。阁下一直心系民众福祉，比任何人都更能意识到让这样一个人回到巴黎的街巷可能带来的危险，他若重获自由，人们将无法设想他的家庭所要面临的灾难和耻辱，而请愿人和孩子们的生命也将得不到保障。全家人都将加倍为阁下的保全祈祷。

签名的有迪布瓦的妻子，堂区神甫

和堂区的几个见证人 [①]

圣弗洛朗丹伯爵先生

名叫玛丽·米耶，又名吉尔贝尔的弗朗索瓦·迪布瓦的妻子，请求将她 62 岁的丈夫，曾经的裁缝，送入比赛特。

她说，1758 年 2 月，他就因为挥霍和暴力的恶劣行为，在她的请求下被关进比赛特：第二年 7 月，在未征得她意见的情况下，他被释放；自此他就一直过着更加混乱的生活，四次因犯罪被捕，放任他在社会上晃荡非常危险，她和孩子们的生命也得不到保障。

我让她所属街区的警长和警探进行调查，得到的信息显示上述陈述属实，这个男人长期偷窃、酗酒，他的妻子沦落到如此悲惨的境地，已经无法承担他的日常开支，前述迪布瓦在巴黎没有别的亲戚，他的孩子们站在母亲这边，请求下

---

① 军备图书馆"巴士底狱档案"，11994 号手稿，未编页码（1758 年）。

达监禁的命令。堂区神甫和其他许多人的签名也为此提供了佐证。

（警方报告）[1]

致警察总监阁下

阁下，

玛丽·米耶，62 岁又名吉尔贝尔的弗朗索瓦·迪布瓦的妻子，谨呈阁下，她的丈夫多年来行为不规矩到了过分的地步，如今他已是第四次受到刑事法庭传唤，警方还曾下令将他监禁十八个月。请愿人及其全家竭尽所能想让她所谓的丈夫被终身监禁，以避免那些应受指摘的行为造成的麻烦。警探德·拉·维勒果丹先生可向阁下汇报上述陈述的真实性，因为正是他逮捕的她的丈夫并将他送入比赛特。

前述迪布瓦现第四次因犯罪被关入大夏特莱监狱，而请愿人刚刚得知他已获释，处在如此可怕的境地，又没有别的办法来避免那样的行为所能引发的不幸，请愿人再次请求仰仗阁下一贯的正义和公道，请求阁下下令将前述又名吉尔贝尔的弗朗索瓦·迪布瓦送入比赛特。阁下一直心系民众福祉，比任何人都更清楚让这样一个人回到巴黎的街巷可能带来的危险，他若重获自由，人们将无法设想他的家庭所要面临的灾难和耻辱，而请愿人和孩子们的生命也将得不到保障。全家人都将加倍为

---

[1] 军备图书馆"巴士底狱档案"，11994 号手稿，未编页码（1758 年）。

阁下的保全祈祷。①

M.勒克莱尔，里卡尔（女婿），布尔东，

长女卡弗，贝索勒

我，具名人，索邦神学院博士，巴黎主牧师，证明在此请求书上签名的均为本堂区，即巴涅堂区 ② 人士。

1761 年 10 月 16 日

多迈·德·布利松 ③

一次请愿的历史

文森·克罗瓦索

致警察总监阁下

阁下，

玛格丽特·勒·迈尔，鞋匠文森·克罗瓦索之妻，家住加奈特街，属西岱岛马德莱娜堂区，恭请阁下知悉她与那个姓克罗瓦索的人结合已有十七年，过了一小阵子平静的婚姻生活之后，他就无法控制自己，忍不住行为放荡、口出污言，甚至渎神，这使得请愿人不得不求助双方的家人，请他们证明真相，并请求阁下在查明请愿人通过具名人证实，呈于阁下的

---

① 除个别地方，这封信的主体部分与上上封信基本一样。——译注

② 前几封信中提到的圣赛维林（教堂）属于巴涅堂区。——译注

③ 军备图书馆"巴士底狱档案"，11994 号手稿，第 74 页（1758 年）。

前述克罗瓦索所犯之事后，能够下达于她而言及时的命令。如此，她将获得救赎，洗刷那个只会为了可耻的目的对抗家庭的男人所造成的舆论，请愿人将终生为阁下的健康和福祉祈祷、祝愿。

玛格丽特·勒·迈尔（前述女士）

我证明，以上请愿书中所陈述内容属实，前述克罗瓦索人很坏，应该被关起来，以阻止他的放荡行为。

于巴黎，1728 年 4 月 7 日
杜阿梅尔，圣马德莱娜主牧师和堂区神甫，
皮埃尔·克罗瓦索（前述克罗瓦索的兄弟），
尼古拉·安瑟雷（前述克罗瓦索的兄弟）①

我请伊沙波警长先生调查大家所控告之人的行为，并告知我他对这件事的看法。1728 年 4 月 5 日。

在对此人行为进行严密调查后，先生，我不得不向您证明此人的兄弟们请求正当。在请求书后写下证明书并签字的马德莱娜堂区神甫先生向我保证，他曾多次鼓舞此人诚实生活而无果。最后，我认为布卢瓦主教教区众多人士的证词相当真实可靠，无需怀疑，此人应受这样的惩罚。

----

① 军备图书馆"巴士底狱档案"，11005 号手稿，第 111 页（1728 年）。

伊沙波警长先生

1728 年 5 月 20 日 ①

致警察总监阁下

阁下，

文森·克罗瓦索的妻子玛格丽特·勒·迈尔和他的兄弟皮埃尔·克罗瓦索及全家谨呈阁下，应他们的请求，前述文森·克罗瓦索已按照国王命令被逮捕并关入比赛特，他被关已有十至十一个月，鉴于他的混乱状况看起来有所改善，且承诺会安稳度日，就连负责看管的长官们也对他表示满意，他们请求阁下您能给予他自由。

他们渴望您的恩典，并将终生祈祷您健康永驻。

玛格丽特·勒·迈尔（克罗瓦索的妻子），

皮埃尔·克罗瓦索（他的兄弟）②

玛丽·安娜·古拉尔

致罗西尼奥尔先生，

1728 年 6 月 28 日

先生，

---

① 军备图书馆"巴士底狱档案"，11005 号手稿，未编页码（1728 年）。

② 军备图书馆"巴士底狱档案"，11005 号手稿，第 119 页（1728 年）。

遵从您的命令，我调查了年近二十岁、现居奥尔良的功勋章制造师傅德·瓦朗斯先生的妻子玛丽·安娜·古拉尔。前述德·瓦朗斯先生与当时住在他家中的前述古拉尔结合近一年，婚后，她就以丈夫的名义租下了房屋的一部分，要求他购置家具，一切准备就绪后，她就开始享乐，不管什么人都往家里带，占据另一部分房屋的格朗卢尔女士同样品行不端，无论古拉尔想认识多少人，她都能立刻带来，古拉尔先是在家中接待了一个名叫吉拉尔的外省年轻人，后者当时在巴黎学习法律，她花掉了他的学费，卖掉他的所有东西，他家人将此告知圣叙尔比斯的先生们，他父亲给他写信责令他回家，否则就剥夺他的继承权；她现在交往的有个名叫夏布洛尔的公证人书记，还有两个修道院院长，一个叫迪·普莱西，另一个叫穆索，更不用说还有多少我们不知道名字的人了，前不久她从居住的公主街搬了出来，去了圣伯努瓦隐修院，在那里更方便作恶，她身边的年轻人都能作证。

1728 年 6 月 26 日

海尼耶 [1]

玛丽·安娜·古拉尔请求撤销颁给她丈夫的将她关入医院的 1728 年 8 月 6 日国王命令。

据她所说，她于 1727 年 6 月 8 日嫁给功勋章制造师傅瓦朗斯先生，两人和睦相处了五个月。

---

[1]　军备图书馆"巴士底狱档案"，11030 号手稿，第 59—60 页（1728 年）。

但从那之后，不知为什么，他就一直以一种粗暴的方式对待她。

最终，她惊讶地发现，在他逗留奥尔良期间，向巴黎这边请求下令监禁她。

她递交了邻居的证词，证明她行为端正。

此外还有一封她丈夫的撤销书，在公证人员面前申明，他只是一时气愤才对妻子提出控诉，也是因为听了别有用心之人的建议才请求监禁她，他承认她品行端正。

白纸黑字为证，瓦朗斯先生能获得 1728 年 8 月 6 日国王命令，将他妻子监禁起来，是因为她行为不端。尽管他如今转变口风，他妻子的混乱状况也并未因此而显得不那么确定，当然也不至于清晰起来。

或许对关押的恐惧让她过上了更规矩的生活。①

我，具名人，证明目睹了昨晚 11 点瓦朗斯的夫人临终前的终傅圣事，执事者好不容易才从她丈夫那里要到一块布好迎接耶稣基督，圣事之后，我让他想想他害得妻子临终前沦落到怎样的境地，他却回答这不是临终，攻击我说所以终傅圣事不作数，针对这件事，他还对我说他不介意在自己家观看这么一出闹剧。

写于巴黎，1728 年 8 月 31 日

夏布洛尔 ②

---

① 军备图书馆"巴士底狱档案"，11030 号手稿，第 69 页（1728 年）。
② 军备图书馆"巴士底狱档案"，11030 号手稿，第 75 页（1728 年）。

上月，4月6日 [1]，国王命令要求将瓦朗斯的妻子古拉尔送入医院，她丈夫起初控诉她行为不端并请求下令。她搬去别的街区，住到圣伯努瓦隐修院，该堂区神甫强烈控诉她所招致的丑闻。所有事情均属实。

瓦朗斯给了他妻子一封撤销书，请求不要关押她。阁下令海尼耶先生暂缓执行命令。

瓦朗斯的妻子离开了，请求撤销对她实施的命令。

她假装生病，回到巴黎，自称快要不行了，请来一位听忏悔的神甫，甚至进行了终傅圣事。海尼耶先生证明她在装病，是在公证人书记夏布洛尔的建议下玩的把戏，两人有不正当关系。最终，她向民事官先生提出请求，让她与丈夫分居，占有家具。丈夫则请求再次将她监禁起来。[2]

弗朗索瓦兹·玛格丽特·格吕约

致警察总监阁下

阁下，

皮埃尔·维尔多，巴黎玻璃装配师傅，家住韦尔讷伊街，属圣叙尔比斯堂区，谨告阁下，他不幸与玛格丽特·格吕约结

---

① 前文均为 8 月，此处写作 4 月。——译注
② 军备图书馆"巴士底狱档案"，11030 号手稿，未编页码（1728 年）。

合已有近十年，她非但不像个诚实女人那样本分过日，反而似乎是从几年前起就在各种放荡之事间放任自流，好像还拿走请愿人家中家具和衣物，卖掉好支撑自己的放荡行为，这完全破坏了请愿人建立起来的生活，阁下也因此基于针对她提出的正当控诉，下令将她关入医院，最近一次是 1727 年 9 月 6 日第 111 号文件，现在她已出院。请愿人深信她在医院接受的良好教导定会让她变得听话，于是原谅了她，并把她接回家中，她却又一次沉沦，染上糟糕的疾病；她应该是在请愿人不知情的情况下找了曾经拒绝给她治疗的家庭医生，因此不得不前往主宫医院，她又从那里被送回比赛特，如今她在比赛特接受药物治疗，没有恢复的可能了，请愿人斗胆恳请阁下下令，只要上帝还愿意让她或请愿人活着，就一直将前述玛格丽特·格吕约监禁在医院，他将终生为阁下的福祉和健康祈祷。①

弗朗索瓦·芒索

致警察总监埃洛尔特阁下

阁下，

克洛德·麦维庸，香料商弗朗索瓦·芒索的妻子，家住穆府街，恭请阁下知悉，她的丈夫因行为放荡，根据您的命令被

---

① 军备图书馆"巴士底狱档案"，11012 号手稿，第 373 页（1728 年）。

监禁在沙朗通 ①，他在那里关了三个月，因为许下端正行为的美好承诺，请愿人请求并获得阁下的仁慈，令他重获自由，但那次惩罚非但没能让他明智，他反而更加混乱，日日酗酒，把整个家都毁了，无论醉酒与否，都对请愿人横加辱骂，虐待她，还威胁要变本加厉，整个街区都见证了他所造成的丑闻，因此请愿人再次请求仰仗阁下的权威，将前述芒索重新关入沙朗通，她会支付他在那里的监禁食宿费，她将终生为阁下的健康祈祷。

让·洛斯特，Fr. 德·布尔格，库特里厄，
卡特拉，Cl. 麦维庸

我证明具名人均为本堂区居民，值得信任。

N. 布玛尔，圣美达尔堂区神甫 ②

致警察总监阁下

阁下，

克洛德·麦维庸有幸在九个月前呈给阁下一封请求书，她恳请阁下将她的丈夫弗朗索瓦·芒索监禁起来。您好心给予她这一恩惠，将他监禁在沙朗通，他如今正关在那里。

但鉴于前述芒索向请愿人承诺不再陷入混乱状况，担负起他的责任，和她一起过上规规矩矩的夫妻生活，请愿人前来恭

---

① 沙朗通收容所（l'asile de Charenton），后来更名为埃斯基尔医院（l'hôpital Esquirol）。——译注
② 军备图书馆"巴士底狱档案"，11021 号手稿，第 112 页（1728 年）。

123

请阁下出于仁慈下令释放前述弗朗索瓦·芒索，让他得以与请愿人他的妻子一起回到家中，两人将为这一恩典终生祈求上帝保佑阁下身体康健、福祉永驻。

克洛德·麦维庸 ①

玛丽·特鲁维

致警察总监阁下

阁下，

米歇尔·勒居耶，穆什夫人的仆从，家住燕街，属圣安德烈迪扎尔堂区，恭请阁下知悉，大约两个月前，他曾有幸将一封请求书呈于阁下面前，控诉他的妻子玛丽·特鲁维和又名拉·弗莱斯特的仆从皮埃尔·弗隆，两人的关系混乱得可怕，还威胁要谋害前述勒居耶的生命，而且差点成功，针对这封请求书，您出于仁慈派遣下级警官海尼耶先生前往调查与事件相关的所有信息并向您汇报。调查期间，院长 ② 下令将前述勒居耶和妻子的孩子们送入收容所，好让他们不用被如此放荡的母亲教养，由于未收到针对前述请愿书做出的答复，尽管有人把孩子们从这个恶毒母亲的怀抱中带走，她还是抢占了所有家具，与前述拉·弗莱斯特一起躲起来不受打扰地继续他们的放

---

① 军备图书馆"巴士底狱档案"，11021 号手稿，第 117 页（1728 年）。

② Premier président，巴黎最高法院院长。——译注

荡行为，过上纵欲的生活，前述拉·弗莱斯特不停地想方设法杀死请愿人，还毫无顾忌地宣之于众。

鉴于此，阁下，请您下令以流浪罪逮捕前述拉·弗莱斯特（前述皮埃尔·弗隆，又名拉弗莱斯特 ①，三个月来一直以仆从身份躲在圣日耳曼郊区费罗街居朗先生家，不过是在颁布针对流浪汉的国王皇家命令之后），他早在五六个月前就被控告犯下丑闻，并曾因欺诈罪名确凿被关进监狱，还请您同样下令将请愿人妻子监禁在综合医院，以此彻底平息公愤，让请愿人的生命得到保障，他将终生向上天祈祷阁下身体康健和福祉永驻。②

致警察总监埃洛尔特先生

先生，

我证明，勒居耶的妻子玛丽·特鲁维夫人喂养过我的儿子，后来成为我的女仆，她履行了一个善良而诚实的女人所应履行的所有职责，我认为她非常明智而且忠诚，但我常常听闻特鲁维夫人的丈夫为人荒唐，脑袋里净是没有根据的想法，还总是将幻想当真，想要让他的妻子被关起来。

请愿人希望您能给予她公正的判断。

国王侍从勒·德福塞 ③

---

① 此处和部分其他地方写作 Laforest，其余均写作 La Forest（拉·弗莱斯特）。——译注
② 军备图书馆"巴士底狱档案"，11018 号手稿，第 167 页（1728 年）。
③ 军备图书馆"巴士底狱档案"，11018 号手稿，第 171 页（1728 年）。

先生，

大约两个月前，针对米歇尔·勒居耶呈给您的请求书，我有
幸向您做出汇报。米歇尔·勒居耶是院长先生的亲属穆什夫人的
仆从，他控诉妻子生活放纵，且与一个名叫拉·弗莱斯特的人有
不正当关系，这个拉·弗莱斯特甚至多次想要谋杀前述勒居耶，
以上都是我遵照您的命令调查所得的信息，调查期间，院长先生
也参与了这一事件，他要求我将收集到的上述相关信息交给他，
并向他汇报情况，但我拒绝了；我把所有材料呈交给罗西尼奥尔
先生；但院长先生下令从那个放荡女人的怀中带走两个孩子，送
去收容所；这并未对她产生任何影响，她依旧与前述拉·弗莱斯
特发生不正当关系，而后者更加肆无忌惮，每天都威胁前述勒居
耶要用棍棒打死他，这使得他不得不再次请求您下达国王命令，
监禁他的妻子和前述拉·弗莱斯特，后者实在是个恶人，他已经
结婚，一直与妻子不睦，好几次卖掉她的家具，如今与前述勒居
耶夫人租住在一起，在她的孩子被带走后，他为她花掉部分钱
财，先生，我认为理应监禁前述勒居耶夫人和拉弗莱斯特。

海尼耶，1728 年 4 月 29 日 [1]

我，具名人，神甫，巴黎学院 [2] 神学博士，圣科姆堂区代

---

[1] 军备图书馆"巴士底狱档案"，11018 号手稿，第 174—175 页（1728 年）。

[2] Faculté de Paris，可能是指巴黎大学（Université de Paris）神学院。——译注

理神甫，证明米歇尔·勒居耶的妻子玛丽·特鲁维居住本堂区期间，尽管我向她提出警告，尽管她对我做出承诺，她还是像个不规矩的女人一样行事。

　　　　　　　　　　　　　　　德·拉罗什[①]

　　米歇尔·勒居耶，院长先生的亲属穆什夫人的仆从，请求逮捕他的妻子玛丽·特鲁维，并将她送入医院。

　　他揭露妻子与又名拉弗莱斯特的皮埃尔·弗隆一起过着可耻的放荡生活。

　　揭露拉弗莱斯特威胁要杀了他。

　　揭露院长将他所有孩子送去收容所，不让他们与这样混乱的母亲接触，而之后，她拿走了全部家具，带到拉弗莱斯特那里，两人像夫妻一样生活在一起。

　　请求书后有丈夫的签名。

　　根据海尼耶先生调查所得的大量信息可知，圣安德烈迪扎尔堂区神甫、该堂区无职衔神甫埃贝尔先生及海尼耶先生询问的另外九个人，均向他保证他们完全了解勒居耶妻子与又名拉弗莱斯特的弗隆之间的放荡之事，也知道弗隆威胁要杀了请愿人，鉴于此，我认为应当监禁玛丽·特鲁维，更何况圣科斯梅[②]临时主事和埃贝尔先生在证词中指出他们曾尝试将她从放

---

① 军备图书馆"巴士底狱档案"，11018 号手稿，第 178 页（1728 年）。

② Saint-Cosme，与上文圣科姆堂区（Saint-Côme）应为同一个。——译注

荡生活中解救出来，但最后无果而终。[①]

先生，我能向您保证我仆从的妻子是我见过最可耻、最恶毒、最放荡的女人。我知道这些，是因为在院长将两个孩子从这个不称职的母亲身边带走送去收容所前，我曾在她居住过的许多地方听到人们谈论她，至于勒居耶，我向您担保他是这世上最好的人，他竭尽所能想和她好好过日子，她却容不下他，还被一个无赖迷得晕头转向，那个无赖有家室，经常暴打妻子，还威胁要杀了我的仆从，为此，我让他晚上一定不要出门，还有一个可怜的女孩，那个无赖以各种情况为由让她出门，几天后暴打了她，而这一切仅仅是因为她目睹了我仆从的妻子和这个可耻之人的不正当关系。

确实是他想尽办法让她出门的，但我肯定这也是纵容恶行的后果，说实话，这个男人应当和我仆从的妻子一样被关起来，因为一切的根源都在于对他的恐惧。

以上，先生，都是事实。

我将永远怀着与您对我同等的感激之情。希望您能感受到我对您全心全意的尊重和赞赏，先生，请允许我带着这样的敬意成为您谦卑、忠实的仆人。

卢索·德·拉·穆什[②]

---

① 军备图书馆"巴士底狱档案"，11018 号手稿，第 185—186 页（1728 年）。
② 军备图书馆"巴士底狱档案"，11018 号手稿，第 186 页（1728 年）。

先生，我曾请求您将我的仆从勒居耶的妻子关进医院，好让她忏悔她的过错，也防止她继续无序的生活，我坚信我的请求是合理的，但鉴于几个月来听她忏悔的神甫对她的情感给出了非常正面的评价，而勒居耶的告解神甫也建议他再给她一次机会，我遵照他们的想法，请求先生您尽快释放他们，好让她感念丈夫的恩情，激励她承担起对丈夫的责任，成为一个乖顺的人，我还希望您能好心让她告诉别人，您是在我的恳求下给予她这一恩典的。还请您相信我对您的敬意，先生，愿为您谦卑而忠实的仆人。

卢索·德·拉·穆什 [1]

让·巴蒂斯特·布瓦西埃

致巴黎警察总监阁下

阁下，

让·巴蒂斯特·布瓦西埃，残疾军人，在荣军院 [2] 长筒袜手工工厂任办事员已有十一年，如今冒昧恭请阁下下达国王命令，将他的妻子弗朗索瓦兹·莱斯库瓦关入萨尔佩特里埃的教管所，

---

① 军备图书馆"巴士底狱档案"，11018 号手稿，第 190 页（1728 年）。

② Hôtel des invalides，路易十四下令建造的接纳及治疗退伍军人和残疾军人的收容机构。——译注

他承诺向管事先生们支付每年一百利弗尔供她生活，直到有迹象表明她对过去的劣行感到悔恨，可以回家，阁下，请愿人请求您给予他这一恩典，是因为前述弗朗索瓦兹·莱斯库瓦一天比一天更加放肆，她丝毫不为自己所做的事情感到懊悔，她曾三次提出要与他分开并分割财产，但均被判决驳回，没能得到一点［字迹模糊］，此后，她就拒绝与他回家，哪怕法院勒令她遵从。她执意要与父母住在一起，而他们只能给她一些糟糕的建议，他完全有理由担心，如果她继续与身为高级妓女的妹妹频繁往来，未来她必将因为过去而陷入最大的混乱，让她自己和请愿人在上帝和世人面前颜面尽失，或是为请愿人招致麻烦，以上所有考量，阁下，均有足够理由促使您给予他这一恩惠，请愿人在信仰和荣誉的要求下，冒昧地向阁下提出请求，请您赐予他这一最有力的恩典，好让他向上帝祈求阁下的健康和福祉。①

1759 年 7 月 10 日

致警察总监阁下

阁下，

尼古拉·莱斯库瓦，巴黎市民，住在普拉特街一间带家具出租公寓，他有幸呈告阁下，他不幸将女儿弗朗索瓦兹·莱斯库瓦嫁给了如今是残疾军人的让·巴蒂斯特·布瓦西埃，刚结婚才几个月，他就虐待她，残忍地把她赶了出去。这个不幸的

---

① 军备图书馆"巴士底狱档案"，11988 号手稿，第 121 页（1758 年）。

女人避居请愿人，也就是她的父亲家中，在那里住了五年，警察局因知道事情原委，下达最高命令，让她的丈夫不要打扰妻子在父母家的平静生活。

这五年间，J．B．布瓦西埃过着居无定所的放荡日子，但终于悔恨羞耻之情占了上风，他像个做错事的浪子跪倒在岳父面前，凭借发誓的本事迷惑了岳父。

他的妻子见证了这一幕，被他的悔恨打动，抵挡不住内心的偏斜：夫妻两人又生活在了一起。她殷切的关心和顺从的举止，在一段时间内阻止了丈夫的狂热性格和不良嗜好。所有认识的人都热心地帮助他们，但主要还是妻子的好举止起到了作用。他们获准向残疾士兵贩售烟酒，没过几年，就通过这项小生意攒下一些积蓄，根据丈夫自己说的，有近三千利弗尔。

这个男人被这笔此前的放荡生活让他一直无法获得的钱财迷晕了头，并很快开始滥用。他把大把大把的钱投入通奸者和陌生人的怀抱。这一劣行造成家庭不睦。威胁，暴打，暴打，威胁，源源不断。

一个可怜女人的控诉、哭喊、痛苦、激烈的表达都无法唤回丈夫的精神和心灵。他变得挥霍无度而且残忍，几乎没有人会相信他妥善利用了他们四分之一的财产。终于，这个女人无法再忍受虐待，冒着生命危险，不再屈从于他残暴的力量，选择逃跑。

但她的丈夫大肆辱骂她，并在勒诺丹警长的陪同下，对她展开了可怕的搜索。而促使他这么做的真正动机是要将妻子献祭给他的报复心，丈夫的主权只是说辞。他根本不配丈夫的称谓，但在笔录中，他将这一身份当作保护伞，来掩盖自己可耻、卑劣的行径，耍手段好不用向妻子汇报她细心操持积攒下来的微薄财产，好免除要提供给她的她完全没有但有理由要求的援助。

但阁下，在您的庇护之下，她或许就不用再害怕成为如此残忍、如此不公的生活的受害者。

一个贫穷的、被痛苦压得直不起身的父亲来到阁下面前，将一个女儿、一位可怜的妻子苦涩的控诉呈于您的脚下，她现在躲了起来，而她残忍的丈夫却跑去扰乱她的生活，哪怕不敢杀了她，也至少让她受到最深的折磨。

鉴于此，阁下，请您像您可敬的前任贝里耶先生在了解情况之后所做的那样，对如今的残疾军人让·巴蒂斯特·布瓦西埃下达限制令，禁止他打扰他的妻子弗朗索瓦兹·莱斯库瓦，不允许他，也不允许任何执法官员仅仅因为他的请求去搜查她的下落：鉴于她几乎一直受到粗暴对待，甚至虐待，她的生命面临巨大的威胁，更不用提其他的权利了，请愿人将终生为阁下的福祉祈祷。

[同一封请求书上：]

1759 年 7 月 26 日

先生，布瓦西埃妻子的父亲就女儿受丈夫控告一事呈上的这封请愿书丝毫不值得您费心，这个父亲过于纵容子女，反倒是前述布瓦西埃所诉求的针对妻子的法令更有下达的必要，并且我们应当相信荣军院所有高级官员的证词，多年来，前述布瓦西埃和他妻子的事情，他们都亲眼所见，并一直斥责那位女士的行为。

[署名字迹不清] ①

让·巴蒂斯特·布瓦西埃有幸向阁下呈报，他于 1747 年与弗朗索瓦兹·莱斯库瓦结为夫妻，前述弗朗索瓦兹·莱斯库瓦的母亲给前述布瓦西埃 12 金路易 ② 作为女儿的嫁妆。

两周后，她又逼迫女儿归还 12 金路易，他们的灾难从此开始。

眼见妻子母亲糟糕的行事方式，前述布瓦西埃决定与妻子回到自己家中生活，他在圣保罗区茹伊街做水果生意，莱斯库瓦先生趁前述布瓦西埃不在家，去他家偷走了价值约一千五百利弗尔的衣物，前述布瓦西埃上报罗什·布鲁讷警长先生。于是前述莱斯库瓦先生将女儿带回家，扣留了三年，其间，前述布瓦西埃兢兢业业操持家中事务，而前述莱斯库瓦先生却不断打搅他的生活，造谣生事，甚至提供虚假证词致使贝里耶先生下令收缴他家中所有物品。

他值得仰仗神甫先生和荣军院院长先生的仁慈，他们也确

---

① 军备图书馆"巴士底狱档案"，11988 号手稿，第 132—133 页（1758 年）。

② 此处是法国旧制度时期（1640—1792 年间）使用的金币，因印有路易十三头像而得名，并非拿破仑时期一直到第一次世界大战前使用的 20 法郎金币（也叫金路易）。——译注

实触动了贝里耶先生的信仰。

前述弗朗索瓦兹·莱斯库瓦住在父亲家中的那段时间，拿了 42 金路易给她某个做细木工的兄弟，之后，她去荣军院找前述布瓦西埃，好让人们以为是他起了恶念把钱拿走的，这样她父亲就有理由去找他要这笔钱。

但上帝不会纵容这些行为，那个兄弟并没能充分受益于这笔钱，第二年，花光她的财产后，他就破产了，因此不想再见到她。这个可悲的女人也和她全家人一样，不得不做苦役维生。

前述布瓦西埃如今饱受困扰，是因为他妻子嫉妒某个生活不正经的姐妹，后者长期对他妻子进行大改造，批评他，让她厌恶夫妻生活，以致前述布瓦西埃夫人告诉丈夫，她想放弃他们在荣军院的生意，并向他描述大街上的快乐，听信她姐妹的糟糕建议，说在荣军院必须［字迹不清］一切愿望。

前述布瓦西埃一直善待妻子，赚钱供她生活，供她挥霍，有时还为了赞赏讨好她，让她去看戏，甚至希望她姐妹把那些念头装到她的脑袋里。

出于尊重，也为了讨妻子欢心，前述布瓦西埃把能给的都给了，她好几次偷偷拿钱给她姐妹，最近一次是今年 7 月 9 日，她瞒着丈夫，拿了 8 个金路易去买手帕、帽子和花边，有人交给我一条深蓝色呢绒裙，是她让人做的，而他并不知情。这些都是她和那个姐妹一起做的，她们趁着分圣餐偷走价值八千利弗尔的东西，对此，前述布瓦西埃已于今年 7 月 8 日提出控告，此次分圣餐是大弥撒期间的仪式，她在没人注意的情况下，去格勒奈尔街和勃艮第街街角与等在那里的那个姐妹汇合，和她姐妹一起的还有一个人，那人坐在一辆四轮马车里。前述布瓦西埃夫人偷走的那价值几千利弗尔的财物并不属于她丈夫，这一点她很清楚。

她那个共犯姐妹，一周来每天都和那人一起在荣军院周围转悠，以找到下手的时机。

在此期间，前述布瓦西埃夫人请求工人们鼓动她丈夫去散步，而她一整周都在那个姐妹家里制作布包。

圣体日第八天，他们在祭礼期间密谋，因为之后他们就要去偷东西，他们待在前述布瓦西埃的房中，不打算参加任何仪式。

正因此阁下才会想要为了正义大发慈悲，消除莱斯库瓦家这些人的傲慢，他们总是把别人骗得团团转，也正因此阁下才会将前述布瓦西埃的妻子关入医院，他将尽其所能支付一小笔费用，好让她摆脱那些糟糕的同伴，鉴于她从未与他抱怨过。

而她父母所想要的就是把女儿带回去，顺便带回女婿所能给予的钱财。①

阁下，

莱斯库瓦夫人，巴黎居民，属圣塞维林堂区，在我这里做

---

① 军备图书馆"巴士底狱档案"，11988 号手稿，第 137—138 页（1758 年）。

告解已有十二三年，她的女儿，荣军院军人布瓦西埃的妻子，身陷悲惨境遇，这令她悲痛至极，因此来找我写信给阁下，请求阁下怜悯她的遭遇。我目睹了她的痛苦，无法视而不见，尤其是我还了解她的品性，知道她为人温和、作风端正，我有幸给阁下写信，陈述事件真相，或许能让情况朝有利于这位饱受折磨的母亲的方向转变，她的女儿错就错在为了免受丈夫虐待逃出夫家，回到父母那里寻求庇护，出于这一考量，她的父母建议她回到夏特莱监狱，直到令她无法得到安宁的密札被叫停，为此，我斗胆恳求阁下给予她您的恩惠，她过去和现在的良好品行足以说明她配得上这一恩典。

请您好心授予她我所请求的恩典，以回馈她乖顺、善良的品性。

我有幸怀着应有的敬意成为阁下您谦卑而忠实的仆人。

Fr. 米拉尔

代替莫贝尔 ①

致警察总监阁下

阁下，

弗朗索瓦兹·莱斯库瓦，残疾军人让·巴蒂斯特·布瓦西埃的妻子，现拘留在小夏特莱监狱，再次恳求阁下怜悯，下令将她释放。她知道她丈夫指控她偷走价值一万八千法郎的财

---

① 军备图书馆"巴士底狱档案"，11988 号手稿，第 155—156 页（1758 年）。

物，包括价值五千利弗尔的股票和价值五千利弗尔的银具、银币，他用尽一切办法让裁判官相信他的话。但事实是，请愿人只是在为了自救不得不离开丈夫家时，拿了四百利弗尔和价值相当的银具，好让自己在找到落脚的地方前，能够维持一段时间：那些银具在她准备脱手的时候被发现，于是便归还给了她的丈夫，因此相比起结婚时她带给他的东西，她所犯的错误微乎其微，布瓦西埃有一阵子生意状况不好，请愿人的父母还给了他第二份嫁妆，扶持他的生意。如今，请愿人的父亲已无力承担她在监狱的日常开支，仅房间费每个月就要花掉四十五利弗尔，这种仁慈的援助已经难以为继。所以，如果继续被扣押，请愿人将不得不面临要睡在杂草上、眼看着自己与那些可悲之人为伍的残酷处境。因此，请愿人寄希望于阁下一贯的正义和公正，恳请阁下了解事情真相，释放请愿人，让她摆脱痛苦折磨，她将终生为阁下的保全祈祷。[1]

那位名叫弗朗索瓦兹·莱斯库瓦的女士于此前 7 月 8 日偷走请愿人价值超过八千利弗尔的财物，有金的、银的，还有其他物品，其中部分属于家住圣日耳曼郊区格勒奈尔街的一位染匠，她做了两套男装，就这么穿着逃了出去，也没有回父母家，而是起了个假名，住在一位姓巴蒂斯特的女士家，那位女士以生活放荡闻名，离开巴蒂斯特家后，她在各种地方租过

---

[1]　军备图书馆"巴士底狱档案"，11988 号手稿，第 174 页（1758 年）。

配备家具的房间，有圣梅里街、圣德尼门、圣日耳曼昂莱，还有夏约附近，她破坏丈夫的衣柜拿到的那些钱，大部分都花光了。阁下，所有这些，还有其他一些事情，都有充分证据证明，巴黎民事官先生从 7 月 1 日起直至今日所做的所有预审也都能证实以上内容，因此，请愿人冒昧提出的这些完全属实，他认为有理由请求您出于仁慈听听他非常谦卑的请求，下令将他的妻子，前述弗朗索瓦兹·莱斯库瓦关入萨尔佩特里埃教管所，这是她应得的惩罚。[1]

致警察总监阁下

阁下，

让·巴蒂斯特·布瓦西埃，残疾军人，在荣军院长筒袜手工工厂任办事员已有约十二年，有幸敬告阁下，他的妻子弗朗索瓦兹·莱斯库瓦提请收回将她监禁在萨尔佩特里埃教管所的国王命令，他恳请阁下不要听信她的请求，在做出任何怜悯前述莱斯库瓦的决定之前，请先写信给前述荣军院长官德·拉赛尔伯爵先生或总监萨尔蒂先生，了解那些用来指控她的事实，或者了解一下巴黎夏特莱民事官阁下在请愿人的请求下对前述莱斯库瓦做出的三次判决，自从在她父母的建议下被拘留之后，她还未显示出任何悔改的迹象，她的父母每天都和她在一起，靠她从丈夫那里拿走的八千利弗尔为她提供她想要的一

---

[1] 军备图书馆"巴士底狱档案"，11988 号手稿，第 182 页（1758 年）。

切，而这已经是第三次了。

请愿人希望不要释放她，他将一直支付监禁所需的费用，直到她真正出现悔改的迹象。

他将终生为阁下的健康和保全向上天祈祷。

让·巴蒂斯特·布瓦西埃 ①

致警察总监阁下

1760 年 9 月 18 日

阁下，

残疾军人让·巴蒂斯特·布瓦西埃有幸请求阁下千万不要听信弗朗索瓦兹·莱斯库瓦和她父母的请求，不要收回将前述女士监禁在萨尔佩特里埃的国王命令，她的放肆行为与日俱增。

前述监狱的神甫德·玛勒巴先生告诉请愿人她一点长进也没有，不应该释放她，也不应该让她的父母或者别的人影响她，这样她才能自我反省，让她在外面走动、让她与父母串通一气，无异于将请愿人暴露在想要割断她喉咙的危险中，还有他发现的那些带着他妻子鬼混的人的喉咙，阁下，所有这些理由都在上帝的天平上称量过，绝不是请愿人出于怨恨而产生的想法，也不是他对妻子的恶意，这些理由促使他寄希望于阁下，请您批准他谦卑的请求，在经历巨大损失之后，在为诉讼手续花费钱财，无法专心工作之后，请愿人恳求阁下结束他的

---

① 军备图书馆"巴士底狱档案"，11988 号手稿，第 185 页（1758 年）。

痛苦，他将终生向上天祈祷阁下健康永驻。

让·巴蒂斯特·布瓦西埃[1]

致警察总监阁下

阁下，

尼古拉·莱斯库瓦和他的妻子让娜·瓦尔韦，巴黎市区水果商贩，怀着谦卑之心冒昧呈告阁下，他们将女儿中的一个嫁给了本市荣军院一位名叫让·巴蒂斯特·布瓦西埃的残疾军人，希望如同他曾经许下的诺言，她能在婚后得到爱护和善待，他只要活着一天，便能和她过着信徒般的生活，然而很快前述莱斯库瓦和瓦尔韦就眼看着自己所谓的希望落空，结婚六个月后，用他们承诺并给予的嫁妆成家立业六个月后，女儿告诉他们她一直受到丈夫虐待，这也是他们在两人家中所见。

他虐待她，挥霍她的嫁妆，让她沦落到一无所有的境地，她不可能长久地与他生活下去，因为与他一起生活就必然意味着要面临丧命的危险，意味着接受自己死在残忍的、忘恩负义的丈夫手中，听到她这些有理有据的控诉，他们无法不带走女儿，保护她，拯救她，在他们接走她、保护她、供养她四年[2]后，她的丈夫又想要讨回妻子，发誓不会再像以前那样对她，

---

① 军备图书馆"巴士底狱档案"，11988 号手稿，第 186 页（1758 年）。

② 这一部分的几封信中，涉及的时间和钱数并不总是前后一致，原文如此。——译注

与她一起过有道德的生活。她的父母寄希望于他能践行承诺，便同意把女儿再次托付给他，还又给了他价值总计四千利弗尔的银币、家具和银具作为嫁妆，以便他们重新建立家庭，拿这笔钱谋生活。

因为不安和警惕，妻子始终保持着在她自己看来，甚至在所有人看来都那么得体的举止，得益于妻子的行为，也得益于她的新嫁妆，他开始重振家业，可是刚有起色，他就又开始不停地虐待妻子，剥夺她的生活所需，而她则不停地向父母诉苦，后者不断劝诫她要始终保持耐心，怀着对上帝的爱，容忍一切。就这么过了八年，她与这个没有人性的人经营生活、消磨岁月，他总是连生活的必需品都不给她，还不断威胁要杀了她。忍受了八年之后，她在没有征求任何人意见的情况下，从家中逃了出来，躲在一位同样爱惜名誉的年长的洗衣女工家，她只带走了几件属于她的银具，考虑到没有衣服穿，也没钱买衣服、购置生活必需品，她便去金银器商贩那里想要卖掉那些银具，有人目睹了那次买卖，跑去告诉她的丈夫，他将它们全部拿走带回家，赌咒要亲手把妻子关起来，拿来献祭。为了防止他将那野蛮的打算付诸实践，她提请诉讼，要求判他们彻底地、永久地分居，却接到命令，被送进小夏特莱监狱，她一直待在那里，直到获得释放，获准回到父母家中等待法官判决。在此期间，她那残忍的丈夫让人逮捕她，并将她监禁在萨尔佩特里埃，她如今还被关在那里，一个月来只有哭泣和哀诉。为了获得自由，她和父母恳请阁下下令将她释放，他们将终生为阁下的健康祈祷上天。[①]

致警察总监阁下

阁下，

让·巴蒂斯特·布瓦西埃，残疾军人，荣军院长筒袜手工工厂办事员。他谦卑地恳请阁下千万不要听信他的妻子弗朗索瓦兹·莱斯库瓦一方提出的任何请求，他的妻子被监禁在萨尔佩特里埃已有一年半时间，却没有显示出任何悔改的迹象，还是想要和她的姐妹生活在一起，后者是个放荡的女人，因为行为不端，人们不得不把她关起来，但因为一位有身份的人介入，她已经被释放了，她说她的保护人们能让人撤销监禁她姐妹的国王命令。

阁下，请愿人一直仰仗您的公正，请您为了他的生命和荣誉，让她一直被监禁在萨尔佩特里埃，毕竟她也不想变好。

阁下，请愿人将终生为阁下的健康向上天祈祷。

让·巴蒂斯特·布瓦西埃[②]

于巴黎，1762 年 5 月 29 日

先生，有幸收到您写给我的信，针对信上内容，我请来残疾军人布瓦西埃，向他传达了就他妻子被监禁在综合医院一

---

① 军备图书馆"巴士底狱档案"，11988 号手稿，第 195 页（1758 年）。
② 军备图书馆"巴士底狱档案"，11988 号手稿，第 208 页（1758 年）。

事，您和圣弗洛朗丹伯爵先生的意见，我认为他非常不希望她得到释放，他还给了我一封陈情书，我有幸将它呈递给您，上面声称这个女人的父母提出要负担她的生活，但其实远没有能力养活她；而他，从事着只能让他勉强维持生计的微薄工作，他说他既不会也不愿意什么都不给他的妻子。

先生，请允许我有幸怀着忠诚之心成为您谦卑而忠实的仆人。

拉塞尔 [①]

1762 年 10 月 28 日

先生，圣弗洛朗丹伯爵让我同意释放莱斯库瓦女士，没有收到这一命令，我感到很是惊讶。

有人告诉我，现在在荣军院长筒袜手工工厂做办事员的她的丈夫请求德·拉·塞尔先生为他再次延长妻子的监禁时间。我向您担保，先生，这个无赖是在利用长官先生的轻信。您上一次来拘留所这里的时候，我已向您证明那位女士的丈夫有多么恶毒和卑鄙。我们的姐妹们可以说出她们所听到的事情，这完全是为了替这位女士辩护。

考虑到圣弗洛朗丹先生和阁下您曾给予我的承诺，我认为没有必要将此事上报。

---

① 军备图书馆"巴士底狱档案"，11988 号手稿，第 211 页（1758 年）。
此处写作 Laserre，其他地方写作 La Serre。——译注

希望您不要收回释放她的命令，对此，我将感激不尽。

先生，请允许我怀着敬意，成为您谦卑而忠实的仆人。

德·M.库松 [1]

阁下，

尼古拉·莱斯库瓦和他的妻子拜倒在阁下面前恭请阁下不要忘记他们的女儿，残疾军人巴蒂斯特·布瓦西埃的妻子弗朗索瓦兹·莱斯库瓦，她丈夫通过虚假的陈述博取荣军院长官先生的保护，从而获得国王命令将她关进萨尔佩特里埃，她被关已有两年。确实，他每天让她处于绝望处境，这迫使她做出不够慎重的决定，要摆脱丈夫的残暴，她突然间抛下这个全天下最残忍的丈夫，还拿走了一些财物，后来这些又都回到她丈夫手中。

阁下，这个错误并不至于就要永远剥夺她的自由，将她关在一个专为那些犯下可怕的放荡罪行的人准备的地方，她一直以来都是个诚实的女人，相反，她的丈夫从未表现出丝毫诚实的迹象。

出于以上情况，阁下，得不到庇护的请愿人们只能寄希望于您，请阁下施予他们您面对那些向您请求公正的可怜人时所慷慨给予的恩惠，释放他们的女儿，允许请愿人带她回家，这是一对目睹女儿的悲惨境遇、陷入绝望的父母含泪想请求您给予的恩惠，他们将怀着无比真诚的心意为阁下的健康向上天

---

[1] 军备图书馆"巴士底狱档案"，11988 号手稿，第 216 页（1758 年）。

祈祷。①

致警察总监阁下

阁下，

尼古拉·莱斯库瓦有幸呈告阁下，他的女儿、残疾军人布瓦西埃的妻子弗朗索瓦兹·莱斯库瓦被监禁在萨尔佩特里埃已经三年，他怀着希望相信您会施予她您的仁慈，放她自由，在这希望的鼓舞下，他恳请您想想那个被关在监狱里的可怜女孩。

敬请阁下让她回到父母身边，他们会定期向您汇报她的行为，会和女儿一起为您的保全和福祉祈祷。

尼古拉·莱斯库瓦和他的妻子②

马德莱娜·蒂盖

致警察总监贝尔丹阁下

阁下，

夏尔·蒂盖，国王农场③办事员，现居圣马丁郊区长筒袜

---

① 军备图书馆"巴士底狱档案"，11988 号手稿，第 218 页（1758 年）。

② 军备图书馆"巴士底狱档案"，11988 号手稿，第 222 页（1758 年）。

③ Les fermes du Roi. 柯尔贝尔于 1681 年建立总农场（ferme générale）制度来集中国王税收和领地。——译注

商普鲁塞尔先生家，他的妻子马德莱娜·蒂盖未经请愿人同意，每日挨家挨户上门兜售服饰脂粉，还以收取担保物的形式向别人放贷，不仅如此，她还维持着诸多不正当关系，鉴于她的放荡行为均得到证实，阁下，您曾于三年前下令逮捕前述女士，一起被逮捕的还有那位叫涂尔吉的男人，他们被关进轻罪监狱，释放后她遭到流放，如今躲到了很远的地方去。

之后，她认为可以去与一位叫果蒂萨尔的放贷人汇合，他们过上了同居生活，两人之间有不正当关系；于是不久前，1758 年 7 月 2 日，她与戈蒂贝尔先生一起被迪普伊先生逮捕，送入主教领地。鉴于以上陈述，他请求阁下下令将她转移到医院，以防这个邪恶的女人造成任何可能的危险，毕竟她已让全家人名誉尽失，阁下的仁慈让他斗胆寄希望于您的善举，他将为阁下向上帝祈祷。

夏尔·蒂盖 [①]

致国务大臣圣弗洛朗丹伯爵阁下

阁下，

蒂盖之妻马德莱娜·皮庸被监禁在萨尔佩特里埃已有十四个月，她的亲人和朋友有幸谨告阁下，他们冒昧呈给阁下几封附有证明文件的陈情书，请求您下令释放前述女士，在向警察局提出撤案后，警局就再未收到任何针对该女士的控诉，她受

---

① 军备图书馆"巴士底狱档案"，12017 号手稿，第 78 页（1758 年）。

到监禁只可能是因为她的丈夫，用心险恶的税卡征税员蒂盖，他不支付她的监禁食宿费，拒绝为她提供援助，后来他还同慈善医院 ① 结成同谋，为他继续极端放荡的生活提供便利，这就是为什么请愿人们请求仰仗阁下一贯的公正和正直，请阁下放她自由，或者，如果她犯了什么罪的话，请将她转移到夏特莱，好让诉讼程序进行下去，他们将终生为阁下的健康祈祷、祝愿。②

蒂盖妻子的父母多次递上请求书，请求释放他们的女儿，理由是这位女士受到监禁只可能是出于某种显而易见的私愤，是她丈夫对她提出的不实指控。

根据贝尔丹先生任期时留下的命人针对这一事件搜集来的信息，可以了解到，她因为信用不良和在抵押借贷的生意上存在欺诈行为，于 1758 年 6 月 18 日被关进主教领地，撇开这些不谈，她还作风放荡，1753 年起与一个名叫涂尔杰 ③ 的骗子毫无廉耻地生活在一起，后者因与她一起从事欺诈被关进比赛特；后来，另一个骗子、诈骗犯果蒂萨尔取代了那个涂尔杰，她又和这个果蒂萨尔过上了同样的生活，在她丈夫的请求下，根据 1758 年 7 月 30 日国王命令将她从当时关押她的主教领地

---

① 即萨尔佩特里埃，全称 hôpital de la Pitié-Salpêtrière（萨尔佩特里埃慈善医院）。——译注

② 军备图书馆"巴士底狱档案"，12017 号手稿，第 110 页（1758 年）。

③ 此处写作 Turgès，上文写作 Turgis。——译注

转移到她现在所在的萨尔佩特里埃时，她正与他睡在一起。

从我就上面提到的请求书让人搜集来的新信息可以得出，那些关心蒂盖妻子的人，还有那些声称是她亲戚的人，似乎都只是请愿者，那些所谓的亲戚没有一个公开承认过自己的身份，也没有一个人在请愿书后签名。我们只知道蒂盖妻子的母亲小拉尔芒因为欺诈被监禁在医院，并在该医院中去世，还有她的一个姐妹是有名的妓女，给自己起名叫"基督"。而且，她的丈夫，前述蒂盖是个非常诚实的人，十年来一直任税卡办事员，工作本本分分，有鉴于此，对于他提出的不要释放她的请求，我们理应予以考虑。[①]

---

① 军备图书馆"巴士底狱档案"，12017 号手稿，第 114 页（1758 年）。

第二章　父母和孩子

档案似乎显示出父母—孩子的关系中存在一个"关键"时刻：在家庭生活的这一阶段，更容易出现求助于密札制度的现象，在与下一代发生冲突时，父母更愿意仰仗行政当局的权威。根据1728年和1758年的统计数据，我们得出不同年龄段被要求关押的子女人数的分布情况：

不满17岁	6人
17—19岁	13人
20—22岁	20人
22—25岁	26人
26—28岁	15人
29—31岁	7人
超过31岁	6人

将女孩和男孩的数据分开看，虽然绝对数值上会有明显差异，但分布规律并不会发生变化；将1728年和1758年的数

据分开讨论也是同样的情况，充其量，后面这一年中，年龄较大的梯队数值上有所减少（超过 28 岁的有 2 人，而 1728 年超过 28 岁的有 11 人），而年龄较小的梯队人数更多（12 比 9）。但这些变化都是假设层面的，毕竟我们所能掌握的文件不多。但我们还是可以得出，孩子在 22—25 岁时，父母与子女的关系进入"关键阶段"。或许是因为在这一时期，孩子对父母的依从已经相当薄弱，父母感到不再能立刻动用他们的权威，不再能按照他们的意愿实施惩罚或驳斥，但他们又认为自己始终有权利掌控孩子的行为，因为在某些方面，他们仍然要为此负责，而就算他们不对孩子的行为享有绝对的主权，那也是某种权威。中世纪之后，西方社会代际间的彼此磨合出现了诸多形式的困难，在此我们可以举一例说明。自十六世纪起，结婚年龄的显著推迟必然是造成我们所涉时代的代际问题的决定性因素之一：对于青春期的躁动，如果没有为它提供专门的活动，那也就阻断了它通向成人生活的路径；相应地，许多父母没有能力对子女施加权威，又拒绝给予子女自主权，那么通常也很难供应他们的需求。于是，孩子长到 20—25 岁的这一阶段就成了家庭的考验时期，代际间的共存变得比任何时候都要折磨人，它所提出的问题和问题的解决办法都不可能完全停留在家庭的范围之内。要求孩子的依附，却无法提供相应的反馈来让这种依附显得可以接受。至于孩子的独立，他们也无法为获得这种彻底的割断而承担必然伴随的经济风险（结婚的时候，遗产继承的时候）。

父母不可能也不愿意让司法机制介入他们与子女的关系：司法机制繁重又漫长，要花很多钱，还常常有损名誉，而说到底，它又真的能处理它所要制止的那些琐碎的纠纷吗？而父母也没有武器来彰显"家长"（paterfamilias）的权威。寻求行政机关的介入也就不难理解了。因此，可以说家庭的权威在君主制原则的权威中获得了庇护。但并非以复制或延伸的形式。正是在家庭生活最具冲突性、动荡最激烈、处理起来最困难的这一问题上，代表家庭权威的那些人转向国王，请求他动用他的权威。皇家职能部门在这一问题上所表现出的不仔细和不慎重随着时代的推进愈发明显起来。代表国家权力的形象并不是在家庭等级最强的地方才能发挥最大的作用：当家庭经济和家庭体制呈现出无法解决因家中有已过婚龄的年轻人而造成的内部问题时，便会出现中间人、担保人、俗权之类国家权力的象征对父权的介入。

利益冲突

但必须更准确地考察这些冲突是以怎样的形式呈现出来的。就 1728 年来看，有 28 起监禁请求是由父母双方共同提出的；有 57 起涉及的是没有父母的孤儿，或失去父母一方的孩子。1758 年，8 起请求由双亲共同提出；有 25 起案件中，父母至少有一方是不在的。在这样的情况下，我们很容易想到利益冲突：当父母需要交还受监护的财产，或上一次婚姻中所生子女向继父母或第二次婚姻中所生孩子寻求权利时，这些冲突就会爆发出来。有些文件明确显示出这一点。当事人为了应对别人针对他而请求到的密札，强调周围人那些自私的、不诚实的算计。路易·贝拉弗瓦讷接到禁令，并被威胁要将他关起来，就提出抗议，说他母亲在赌博中输尽家产，指望他供养自己，害怕他会结婚。文森·贝拉尔起草了一封请求书，请求收回针对他的国王命令：他的母亲死后，父亲拒绝为他提供哪怕"最紧迫的经济救助"，"也让小儿子遭受同样的严酷处境"，他想要"为女儿谋福利"，他"爱上了一位女性，是她让他对孩子们有了这种极其不合理的情感"，而他，文森·贝拉尔，从父亲的箱子里拿钱，也是为了去完成他的法律学业（他的母亲临终在床时，他的父亲让他母亲剥夺了他的继承权）。玛格德莱娜·布朗歇的父亲以姘居为由请求将她关起来，这个"可怜人"给警察总监写信，说明她父亲"已经再婚，婚后生下多个孩子，这使得他对第一次婚姻中所生子女表现得冷漠，甚至想尽办法要让她们消失，好享用她们母亲留下的财产，他不仅拿走了最终本该归给她们的钱，还有她母亲收起来的自有财产"。但也许除去这些明确提到的——它们的前提是存在一定的财产和某种社会身份——许多发生在底层家庭的冲突也有相似的原由；或许，父母中的一方所控诉的小小的家中盗窃事件，在行为人眼中，只是拿回了自己的合法财产；而且，我们可以设想，那些针对道德问题的告发背后隐藏着想要摆脱某个孩子的考虑，因为这个孩子的存在可能会成为再婚的阻碍。再婚和孩子的成年很可能构成某种特别棘手的处境，而监禁似乎为此提供了一种解决办法。

有人可能认为孩子结婚——或者至少是有结婚的意愿——这一生命阶段会成为激化家庭危机的因素。但除了几乎极少数的特例——一般都是相对宽裕或地位优越的家庭——情况并非如此；相反，"糟糕的婚姻"这一观点不会作为动机出现在那些来自小市民的请求中。那姘居呢？它在1728年的请求书中出现的次数要远远多过1758年（20比4），并且出现在针对女儿的控告中要远多过针对儿子的控告（1728年是15比5）。

但有一点很明显，除了一两个特例，女儿婚姻外的同居生活并不构成父母请求监禁她的唯一理由，甚至也不是主要理由。无法容忍的丑闻几乎都是那种人们所谓的"定性的"姘居：要么是与某个已经结婚的男人（玛丽·乔瑟夫·柯克雷尔、玛格德莱娜·布朗歇、安娜·于贝尔都是这样的情况），要么是有了私生子。它总是众多罪名中的一部分，而且不一定是最严重的因素：一般意义上的放荡，各种私通（和一切有卖淫嫌疑的行为），各种欺骗，暴力，这些占据了更重要的位置。

从档案中可以得出，这里并不是一种聚焦婚姻的家庭"政治"（或许贵族阶层会呈现出这样的特点，但小市民阶层肯定不是这样的），更应该说这是针对被公认为"不端行为"且遭到唾弃的一系列迹象的总的反应。在父母与子女之间、年轻人与老人之间、家庭内部可能发生的整个冲突面上，经济纷争、肢体暴力、家庭地位、在邻里中的声誉、个性上的矛盾，要远比婚姻的问题，远比"好的"婚姻与"可耻的"姘居之间的差别，占据更大的位置。有人请求把子女关起来，有的是因为他们没有在该结婚的时候结婚，有的是因为他们有损家庭的名誉。也有人因为孩子生活混乱而将他们关起来。

混乱

把"混乱"（dérangement）这个概念与十九世纪时常用来教化穷苦阶层的词"挥霍"（dissipation）放在一起比较很有意思。挥霍所指涉的行为基本都具有时间性："挥霍无度的"工人从来不考虑未来，一领到薪水立刻花光；他不节约，既不去考虑可能的疾病，也不担忧时刻威胁着他的失业、衰老、子女教育。针对挥霍，得教导人时间的延续性，积累一笔笔小收入，总之，要教导生活节俭。而混乱所指的通常是空间维度的行为。似乎这些行为要比任何其他行为都更容易给父母敲响警钟。未来几乎只会呈现出一种形式，那就是可能突然发生的不幸事件：犯罪、死亡、破产，有时还有——但不常见——孩子的劣行给别人的家庭造成的麻烦。而孩子与父母之间冲突的敏感点反而集中在家庭空间的边缘上。

这一空间几乎很难划定：它当然涉及居住的地方；还涉及邻里、街区；涉及名誉的辐射范围，更宽泛地说，涉及所有能够听到人谈论涉案之人的地方，涉案之人可能悲剧地、带着威胁或可耻的谴责回到的地方。值得玩味的是，关押请求的署名处，签在直系亲属——如果他们还在的话——旁边的不是血缘关系上亲近的人，而主要是那些属于这一空间的人：同屋住户、紧挨着的邻居、属于同一街区的人，他们曾经接纳过嫌疑人的事实给予了他们在请求书上签名的权利。

至于那些"混乱的"年轻男性，他们在这一空间的不同区域里行事，来来往往，进进出出。有的在自家门里犯下丑事，住在小酒馆，或是谁都能认出他的风月场所。但更多的是"不归家"、"在外留宿"、游荡、各地乱窜、独自或与人一起流浪。首先他们都是不安分的人。安托瓦讷·柯特就是众多例子中的一个。十年间，他"除了在各地乱跑，什么正事都不做，抛弃了待他温柔的母亲，[……] 他被三个队长招募，[……] 一直在流浪，凭着明显的借口在夜晚四处乱窜"，他当了仆从，去了鲁昂，回到巴黎，又去圣德尼，以逃兵罪名被捕；释放后，他又到过凡尔赛、巴黎、波蒙、桑利斯。但不是所有离家缺席都会呈现为不停跑遍全国这样的方式。经常夜不归宿——即便发生在男孩身上——也是应受谴责的行为。十九岁半的埃德姆·乔瑟夫·埃利"沉浸在放荡之中，[……] 没人知道他晚上在什么地方过夜"，他的父亲和母亲"没法搞清楚他晚上藏在哪里，[……] 很是担忧"。

而从女孩的情况来看，很少出现完全意义上的流浪，尽管也有人和情人或士兵跑到各地兜兜转转，比如玛丽·弗朗索瓦兹·库歇。几周或几个月"不归家"就足以构成父母提出关押请求的动因。在女孩那里，可以与男孩的不稳定性和他们可疑的生存方式相提并论的，肯定是她们层出不穷的新冒险。"卖淫"这个词经常被用到。但它很有可能导向错误的结论：有时使用它是在以一种夸张的方式指出女孩有一个或多个婚外关系；而在另外一些案件中（好像父母在谈论这些真实发生的事情时会有所保留），必须明白，当涉及频繁出入不良场所或与名声恶劣的女人为伴，那就是确确实实的卖淫。但家里最无法忍受的是女儿在离家不远的地方行事——同一个街坊，或同一个片区——有众多不正当关系、保护人一个接一个地换，还有不断出现的情人。周围的人不会看不见丑闻，居民们会感到愤慨。而如果女孩平日里的男性友人或客人是驻地士兵，那就会达到丑闻的顶点。

　　监禁动机的另一极是孩子在家庭空间内部的举止。许多档案中都能看出，家就像战场，是极端暴力和野蛮行为发生的地方。两个主题反复出现，而且两者之间常常相互关联：一方面是辱骂、吼叫、威胁、殴打，另一方面是偷窃、抢夺，通过诡计或暴力强取钱财。这些钱通常都不是什么大数目，因为大部分时候，涉案的都是穷人。最常出现的情况，是通过威胁强取少量钱财或一些衣物。小流氓在家中散播恐惧，打人，拿钱。对于男孩来说，酗酒被认为是此类行为的常见原因。喝醉了回到家中，偷钱继续买醉。孀妇巴尔比庸就以此为由控诉她年近二十五岁的儿子：他"经常饮酒，用可怕的言辞咒骂，打破、毁坏家里的一切，请愿人不满这种混乱，他就威胁要杀了她，要么用他的卡钳，要么用刀"。路易·亨利，二十一岁，"夜晚在外面游荡"，"常常留宿外面，有时过了十一点或半夜才回父亲家，已经醉得没有理智，他辱骂、背弃上帝，威胁要杀死自己的姐妹"；"没有人知道他［……］哪来的钱投身放荡生活"；"他在做学徒的师傅家中多次实施偷窃"；他"拿走父亲家中的财物，父亲责备他的时候，他回嘴说看看他和父亲谁力气大"。

女孩的案例中则很少提到暴力。大多是以威胁或偷盗（有时是和情人共犯）的形式出现，甚至有时还会被怀疑谋杀。但似乎女孩所能带来的危险与其说是家庭麻烦，不如说是她在外面给家庭的良好声誉造成损害。

除了差不多三四个例外，在涉及女孩的案件中，几乎不会提到工作问题。相反，从那些被要求关押起来的男孩的情况来看，学徒期的"混乱"更频繁地出现在他们的生命中。学徒期会成为敏感点有几个原因。因为对于家庭来说，年轻人的劣行意味着他们投入的花销打了水漂。因为这一时期是对学徒是否诚实和他的个人价值的考验。因为学徒在外面体现的是家庭的名誉。因为父母有义务不停地补救他可能造成的危害和犯下的劣行。比如，皮埃尔·日尔曼·贝朗杰被母亲送去一个假发制造师那里当学徒，却每日赌博、偷窃、酗酒；后来她把他接回家中，教他制造缝纫用品，但他"每天偷盗家中财物，要是他再住得久一点，家里一定会破产"；于是，她将他送到一个缝纫用品商那里，他在那儿偷了六百利弗尔，她必须偿清。同样的事情在他想要加入军队和后来应召入伍的时候都有发生。

　　大部分的档案都呈现出同一种脉动：躁动、暴力、偷盗、威胁母亲（殴打母亲似乎并不常见）、撬开父亲的钱箱、偷偷卖掉商店里的货品、半夜喝醉了才回家，男孩在家里显得多余，但一离开家就意味着踏入一个充满危险的地方，最糟糕的事情也可能会发生，于是家里人又想方设法把他们领回去，好重新施加管教。至于女孩，她们离开家也没用，要么和已婚男人在别的地方定居，要么过上半卖淫的生活，她们给家庭造成的麻烦是招致了坏名声、闲言碎语还有丑闻。这既不完全是内部矛盾（不像父母反对结婚、拒绝工作、利益纠纷之类的事情），也不是简单的断绝关系（如果明确是要断绝关系，或许反而容易接受些），这是一种来来往往，在忽远忽近之间、消失与回返之间维持平衡的运动。错误的出走行为和闹得沸沸扬扬的回家的举动。相比起吉尔·布拉斯①的冒险或德·格里厄②固执的激情，这些年轻人中的大部分更容易让人想到的是皮埃尔·拉朗德③那样的持续的"混乱"，他"让整个屋子一直陷在恐惧之中"，学徒期还没结束就回到父亲家中，"没有表现出丝毫的服从，跑到各种地方喝酒，［……］醉心于懒散、游荡的生活，流连小酒馆，消遣，［……］早上出门，到晚上才

---

① 法国作家勒萨日的小说《吉尔·布拉斯》(*Histoire de Gil Blas de Santillane*) 中的主人公。——译注
② 法国作家普雷沃的小说《德·格里厄骑士与玛侬·莱斯科的故事》(*Histoire du chevalier Des Grieux et de Manon Lescaut*) 中的主人公之一。——译注
③ 下文信件部分的一个涉案者。——译注

回来，还常常夜不归宿"，还卖掉父亲的衣物和他自己的鞋匠工具。

"门槛上的冲突"

　　档案中所涉及的基本都可以被称为"门槛上的冲突"。成年的门槛，家的门槛；独立与不独立之间的门槛。从符合逻辑的角度来看，这会引起两种截然相反的反应：彻底逐出家门（彻底摆脱孩子，再也听不到人谈论他们）或完全地重新收复（还是希望孩子能悔过地、顺从地回到身边）。通常情况下，人们更期待后一种结果。家庭提出监禁请求，但我们都知道它会有一个期限，毕竟通常这些家庭都需要为监禁支付一笔食宿费；而反过来，行政部门会留心清理掉那些不付钱的被监禁者（确实必须考虑那些"被遗忘的"情况，这并不罕见：家里忘记支付食宿费，被监禁者就留在那里，没有人留意）。在这里，监禁被认为具备让人悔改、引导被关押者改过的功能。惩罚本身就是教育。而由于父母既是密札的受益者，又是提出释放请求的人，这种释放就显得不是建立在心理和精神"评估"的基础上，而是建立在某种良好行为的"契约"之上。男孩或女孩表现出悔过的迹象，保证按照要求行事，有时甚至写信证明自己的诚意；行政部门可能会通过表明被监禁者今后会行为端正，来促成这种和解。对孩子施加的传统惩戒方式是监禁的范本：处罚，悔改，保证会听话；而父母这边是原谅和遗忘。

动身去岛上

另一种极端的情况是请求把孩子送去岛上。这类请求表现出完全的、彻底的决裂的愿望：人们一点也不了解这些岛屿；在那里很难写信寄出，事实上也没人回得来，而对于家庭来说，还有另一个好处，就是不用支付监禁所需的食宿费。需要注意的是，由父母提出这种请求的案例并不多（1728年8例，1758年4例；总共有2例涉及的是女孩），并且不是所有都能达成。不难看出，大多数案件中涉及的是人口众多的贫苦家庭，其中有些是由旁系亲属提出这种决绝的请求，要么违背母亲的意愿，要么是因为没有人能支付监禁的食宿费。发配去岛上与底层民众的想象形成了高度的共振：看不见但又切实存在的岛屿是一个"非地"（non-lieu），在那里，标示错误的记号悄悄地消失。它是这整个惩罚系统的界限，当人们忍无可忍，当无数次改正的承诺都没有兑现，它就会作为最后警告被提出来。这其中存在着某种非常轻微的矛盾之处，但它并不在于道德纪律的修正和被放逐者——其中多数都回不来了——的改正构成了行政长官最常提到的——即使不是最常提到的，也是最现实的——顾虑之一。似乎人们"更在意的是在那里教训那些很可能会永远留在那里的人，而不是在这里改造那些有朝一日会从监禁所被释放出来的人"。

拉代西拉德岛行政长官鲁索·德·维勒汝安于1753年写道：

　　阁下，我有幸收到您的来信和针对那些家庭的不良分子所下达的几份命令，陛下同意将他们送来拉代西拉德岛，我将完全遵照陛下的决定，并尽己所能让那些被驱逐的年轻人改正他们的错误，我会看紧他们，不会有丝毫疏忽，我将坚定地引领他们，好让他们能够反省自身。阁下，这是非常必要的措施，我还要向您说明我们以最低的费用在接收他们的地方建造了棚屋……

　　行政长官会定期请求发放关押犯人所需的经费，并同时为犯人一般来说很好管理而感到惊讶：

　　阁下，总的来说，这些年轻人自从在岛上住下来后，就完全没有什么值得我控诉的不端行为了，我为他们制定了散步和行为的规范……他们向我保证会做到最好，我会紧盯着他们的。

　　1765 年 7 月，拉代西拉德岛容纳了 45 名"不良分子"，到了 1766 年，人数达到 54。根据他们的行为举止和行政长官对他们改正自身的期望，这些"不良分子"被分成三级。但对于他们的家人给予的少得可怜的关心，鲁索·德·维勒汝始终感到震惊。

　　这就是那 45 名"不良分子"，我将他们分成三级，既然第一等级的人和第二等级中的一部分表现良好，我认为他们可以回到社会秩序之中，但如果他们的家人一直对他们这么残忍，阁下，我无法想象他们要怎么生存下去，毕竟他们中很少有人能从家人那里得到救助，至于第三等级，我觉得他们不会得到任何物质资源来支撑改正自身的期望。所有这些年轻人在这里都过着悲惨的生活，军队的配给和国王的支持是不够的，这常常还不涉及情感的问题。

家庭的名誉

父母对孩子"混乱状况"的敏感反映出家庭单位对外呈现出的表象是多么不确定和脆弱。大多数时候，父母和孩子之间的"危机"由两个同时存在的不可能性决定：父母不可能切实控制年轻人，或者在经济上支持他们让他们来去自如，供他们"居住"——广义上的"居住"；同样，他们也不可能摆脱孩子，不认可他们的身份。在家庭之外，父母能够在多大程度上行使他们的权力？除了法律责任的联系，他们还认为自己要对孩子负什么责任？

在这些细节丰富的暴露家庭生活之无序的文件中，我们惊讶地看到"名誉"作为理由一再出现。更让我们惊讶的是，这些文件最终涉及的是将家庭成员关进圣拉扎尔监狱或救济院这样的地方，而我们至少可以肯定的是，这些地方在当时没有什么好名声。不难发现，无论是在各类小人物——没钱的商贩、小手艺人、临时帮佣——还是在大资产阶级和贵族阶层那里，都能看到"名誉"的话术。

当然，有必要考量一下，在人们向国王和代表他的官员们诉说并请求恩惠时，他们所想要的东西。密札本身的特点就决定了一个旧货商家庭必须援引家族的名誉来将酗酒、大吵大嚷的儿子关起来。如果不去强调一个众所周知对所有具有影响力和在某个阶层中有点"地位"的人来说都至关重要的范畴，难道要拿一些那么微不足道的事情去请求君主的仁慈吗？但也不必就此得出结论，认为这种求助或多或少只是受迫于那些约定俗成的表达形式。对于那些使用现成的表达进行求助的人来说，"名誉"一词具有明确的意义。借由这个词，父母试图做到的正是通过权威来稳固、承认和让孩子们承认他们与孩子之间非法定的权利和义务。这里似乎是对家庭自我意识的探寻和确立，并试图通过政治权力赋予其有效性。

1. 正是这一特殊的视点引出了与司法的关系问题。极少有人会为了不让犯人或家庭蒙受惩罚的耻辱，在明显触犯法律的行为发生后提出监禁请求。得益于行政上的监禁，一个轻罪犯人可以免于常规司法程序，这是国王施予广大民众的恩惠。本书收入的文件中只有几份表明是为此提出的请求。相反，一个家庭无论所属阶层多么卑微，只要家中孩子的行为有朝一日可能会发展成某种明显违法的行径，家人都认为自己有权利、有义务提醒职能部门，并请求将这个孩子监禁起来：这样，家庭的耻辱才有可能终结。因为提前采取措施，才得以避免司法程序。父母们应该努力做到的，不是阻碍司法程序的进行，而是避免它开启。这是关乎名誉的事。

不过，这种算计在行政部门能够接受的范围内；更有甚者，它受到行政部门的明确批准。警察总监被部分地传达了这一精神。这不仅在于放弃某些轻罪的司法诉讼，加速它们的处理进程，同样在于为司法增添一层预先的干预。创立巴黎警察总监的"1667年决定"中就有这样的话："警察旨在保障民众和个人的安宁，［……］旨在根据每个个人的情况和义务执行传唤。"一个世纪之后，瓦泰尔（Vattel）在《万国律例》（*Le droits des gens*①）中写道："警察旨在依据君主和行政长官的考量，将一切维持在秩序之中［……］君主凭借明智的警察制度让民众习惯于接受命令和服从。"然而，为了达到这一目的，就不能等着无序的状态发展到会引起司法行动的地步。必须在涉及司法之前就介入那些看似微不足道的麻烦、罪行发生之前骚动的迹象，以及所谓的"可以免责的轻罪"。

家庭范畴的名誉和行政管理范畴的公共秩序所构成的两条路径最终导向的是同一个结果：借由那些在司法机器——对于国家来说，这一机器是沉重的、不确定的，毕竟相对的独立性有时会让它停滞不前；而在父母看来，它又是危险的、代价高昂的，并且常常带有侮辱性质——之下或在它的缝隙里运转的机械，持续不断地修正个体，尤其是躁动的年轻人的行为。密札程序就可以被视为这两种顾虑之间的博弈和调整。家庭请求监禁——如果司法必须介入的话——可能会令他们蒙羞的孩

---

① 译自拉丁语 *jus gentium*，在这里，gens 并非"人"的意思，而是"国家"、"民族"（nations）的意思。——译注

子，并且为了让这种名誉受损的威胁显得不容忽视，他们不断强化那些让这种可能性变得越发确凿的无序行为。而警察局根据街区或城市的良好秩序与安宁进行调查和评估。监禁的请求最终能否达成取决于两个诉求的交汇：家庭的名誉作为公共秩序不可或缺的一部分得到认可。而家庭成了父母之于孩子的非司法权威的来源，无论孩子成年与否，父母的权利都受到当局的认可，当然前提是家庭内部的荣誉感要与集体秩序的规则相吻合。

在贵族阶层，人们有可能出于基于名誉的傲慢去要求普通法之外的特例。至于底层民众谦卑的名誉，我们知道——密札制度的实施正是我们了解这一点的工具——它切实存在，作为真正意义上的名誉而存在，它同样应当受到认可，但前提是它必须在国家行政管理所认可的秩序原则中极其精准地找到自己的位置，而这些原则非但不可能出现司法的例外，还要确保司法的有效执行所必需的稳固基石。

2. 但也不必就此认为害怕司法和它令人蒙羞的结果就是父母表达对名誉的担忧的唯一方法。他们同样坚称，在令人棘手的父母与子女的关系中，他们是好父母：这是关乎尊严的事情。做"好父母"就是要爱子女，尽管后者会带来麻烦和折磨：皮埃尔·日尔曼·贝朗杰的母亲"温柔地爱着自己的孩子"，尽管后者给她造成了"种种苦痛"；柯特的母亲对他的儿子满怀"柔情"，一次又一次向他展现"母亲的温柔"。还要在子女最初出现越轨行为的时候表现出耐心和宽容；甚至有些过于亲切的父母会允许自己被虚假的悔过欺骗。而很多父母也会表示他们没什么好抱怨的，他们是在完成应该履行的责任：他们尽了应尽的努力，想让孩子回归美德的正轨；他们给孩子提供有益身心健康的建议，他们"以诚实劝诚"并"怀着慈爱之心"。而现在他们的耐心之源已经耗竭，他们的爱意被请求监禁时所体验到的悲伤笼罩：他们"眼中含泪"，"被最强烈的痛苦刺穿"。在这些悲怆动人的言语面前，对那些有待关押的孩子的形象刻画必然呈现出某种怨恨：他们是"淘气鬼""流氓""伪君子""无赖""骗子""坏蛋"；我们想要惩罚"那个我们所能想象的最可耻的家伙"。最好的父母和最可耻的下一代之间的这种戏剧化的对立，会让人怀疑所刻画形象的准确性和所表达情感的真诚性。

父母的伦理

无论如何，这些文本都不应该被当成对深刻情感的真实表达来读。更确切地说，它们所反映的是存在某种父母良好行为的固定模式和框架：人们认为的为了能被当作好父亲或好母亲所应说的话。就这一点而言，对比 1758 年和 1728 年的文献会有很有意思的发现。资料的不完整又一次让我们无法形成确定的观点。但似乎我们可以从两组资料中看出一些差异，这些差异呈现出某种整体的变化。

1728 年，父母强调他们的情感、爱意、温柔。1758 年，他们更强调他们为孩子提供的良好教育：一位继父提请注意，对于眼见着要让家庭蒙羞的十五岁和十七岁的顽劣女儿，"出于对她们的温情，以及考虑到对她们的母亲的思念，他一直尽力为她们提供良好的教育"；一位葡萄酒行脚商在为儿子"提供教育"方面"从不吝啬"，并且他"用尽全部温柔想让他回归正轨"。勒·佩里耶，巴黎市民，"直至今日都毫不吝惜"钱财，为他的非婚生女让娜"提供一切可能的教育"，他甚至"两次将她送去学习裁缝手艺"。这让我们形成这样一种印象，从 1728 年至 1758 年，表达对孩子的爱意开始朝着完成社会身份应尽责任的方向转变，而这一责任就是教育的责任。父母是好父母不仅仅在于他们爱孩子，更在于把孩子教育好。从行政部门的视角进行自证，并且表明自己实在无能为力，这是一种战术上的考量吗？非常类似。但这种考量本身也体现出父母的某种程式化的表达，请求者想要借此获得当局的支持。不过，1758 年（相邻的 1756—1760 年，也能得出同样的结论），25 岁以上被要求监禁的孩子人数减少，而 20 岁以上的人数却有所增加。因此，我们可以假设——当然有待多方验证——家庭伦理逐渐重新聚焦在教育的义务上。对孩子的爱首当其冲地呈现为教育任务的达成，而在行政部门眼中，只有正确地完成它们才能为父母提供佐证。

对此还可以补充一点，相比 1728 年的档案，1758 年的档案中关于通过监禁让涉案者改正行为的表述要更加清晰和常见。因此，在更早的资料中出现的那些善与恶的场面、好父母面对疯孩子的场面在晚一些的资料中某种程度上发生了转变。家庭悲剧的强度并未减损，但它或许显示出某种更明显的训导的挑战。似乎当这些人请求国家出面了结父母与子女之间的事务时，他们不再强调前者的无能为力和后者危险的癫狂，而是悄悄地暗示某种任务的划分：父母应该好好教育、培养、监督子女，但这些任务一旦完成，如果还无法取得成果，如果孩子辜负了他们如此巨大的努力，那么他们请求国家的介入也就合情合理了。不要忽视父母想要逃避可耻的司法公诉这一目的，但这也涉及延长教育的努力，让它得到应有的发展，但孩子自己的顽固令他们的努力落空。于是，在监禁请求中似乎越来越频繁地出现"不良嗜好""生性""危险癖好""坏根"之类的词。它们当然不会比1728年频繁出现的"无赖""卑劣""流氓"这些特质更准确、更客观、更不情绪化，但它们表明关注点和理由本身的变化。正是出于父母的教育所不能容的某种例外的特质，父母才会寻求政府的介入。请求监禁不仅仅是为了规避常规司法程序：必须让父母的教育得到完成。似乎人们想要给监禁请求增加一个辅助功能：教育和纠正的功能，在这里，国家取代了家庭的职能。后者为了促使公共权力加入他们的利益博弈，尽可能将养育和良好教育的话语加入关于名誉的话语中。孩子的劣行被看作家庭名誉的污点，而家庭作为公共秩序的元素，理应得到政府的关注；既然孩子的良好举止是家庭和国家共同利益的一部分，那么维持它就成了二者共有的挑战。

这让我们形成了这样的印象，家庭名誉所诉求的不再只是名声不被孩子玷污，它在于一种更正向的东西：对这些孩子的教育。针对这里引用的档案通过非常碎片化的方式所暗示出来的这种变化，我们可以引用若贝尔神父（l'abbé Jaubert）的《人口减少的原因》（1767 年）作为佐证。其中，作者思考了家庭教育与政府管控机制之间非常紧密的交叠：行政官员可能要负责对父母在子女所犯过错中应当承担的责任做出判决；父亲可能会在家里遵循非常明确的规则改正孩子的行为，同时又不让自己因此"更被当作畏惧的对象，而不是爱的对象"，而依然能够潜入儿子心中，成为彼此的朋友和知己，但离开家庭寻求教育的年轻人则可能要服从警察的命令；而警察"了解他们的住所，留心监督他们的行为，为他们指明道路，如果他们没有经常出现在自己的视野里，还要去查看他们是否与那些犯罪的、危险的同伴频繁往来"，等等。①

家事混乱

让·阿里斯

致警察总监的阁下

安托瓦奈特·保利娜·瓦朗西埃，巴黎商人克劳德·瓦朗西埃的女儿，恭请阁下知悉，几年来，让·弗朗索瓦·阿里斯一直在向请愿人提亲，他的父母克劳德·阿里斯和让娜·米

---

① Abbé Pierre Jaubert, *Des causes de la dépopulation et des moyens d'y remédier*, Paris, Chez Dessain, 1767, p. 157—168.

亚尔同为巴黎商人，现居天鹅街，请愿人的父亲因生意需要于
1728 年赶赴英格兰伦敦，请愿人也陪同前往；前述小阿里斯
出于对请愿人的爱前往伦敦与她汇合，他们在那里当着请愿人
父亲的面并在他的许可下，于 1728 年 8 月 23 日，在葡萄牙大
使阁下的教堂里、在神甫的主持下，接受婚姻所可能要求的一
切圣事，大使阁下出席并见证了他们的婚礼。婚礼结束后，前
述小阿里斯和他的妻子回到巴黎，不久之后，阿里斯的父母盛
怒之下，不惜将孩子们送进可怕的监狱，理由仅仅是他们不顺
从自己。去年 12 月 31 日，请愿人在亲人和朋友的请求下得到
释放，而鉴于小阿里斯自从 12 月 27 日就一直被关在那个骇人
的监狱里，就因为他没有遵从父母的意愿，而他的父母又很知
道（为了满足自己的野心）怎么抓住阁下的信仰，向阁下呈上
有关小阿里斯的生活和品德的证据，而事实上他不应受到任何
惩罚，相反，他具备一个诚实之人所应有的所有品质，请愿人
在一场得到认可的婚礼后发现自己怀孕四个月，毁掉他们无异
于也将是上帝对前述阿里斯父母的惩罚。出于这样的考虑，请
求阁下不要在意前述阿里斯父母的冒失，下令将他从主教领地
释放，请愿人和她的丈夫将终生为阁下宝贵的时日祈祷。①

  兹证明，就我们所知家住巴黎圣犹士坦堂区天鹅街的商人
克劳德·阿里斯和让娜·米亚尔的儿子让·弗朗索瓦·阿里斯

---

① 军备图书馆"巴士底狱档案"，10998 号手稿，第 48 页（1728 年）。

是个才能和品行均无可指摘的男孩，众所周知，他具备诚实之人皆应具备的言谈举止，值得称赞，对父母的生意多有助益，既然我们应召在执法官员面前证明此证明书的真实性，我们之后也会在每次传唤时到场，只要我们认为恰当，我们都将保证我们所言属实。

[十六人签名] ①

致警察总监阁下

安托瓦奈特·保利娜·瓦朗西埃，布卢瓦的商人之女，同为巴黎商人之子的让·弗朗索瓦·阿里斯的妻子，谨请阁下知悉她与丈夫被判由洛奈警长和勒克莱尔先生押往主教领地执行关押，理由是她与让·弗朗索瓦·阿里斯在未得后者父母同意的情况下结为夫妻，他的父母想以婚礼在葡萄牙大使的支持——大使乐意让他的教堂中的神甫为他们行婚礼圣事——下于伦敦举行为由，破坏他们的婚姻。

请愿人斗胆希望阁下好心愿意倾听这场婚姻为什么会以这样的方式进行。

安托瓦奈特·保利娜·瓦朗西埃于 1724 年认识她的丈夫。并且两人从初识便相爱，他们一年的时间都在筹划结婚事宜，双方父母都同意他们在这段时间所做的功课。

但请愿人的父亲在 1725 年年底突然陷入的混乱局面让她丈

---

① 军备图书馆"巴士底狱档案"，10998 号手稿，第 49 页（1728 年）。

夫的父母态度发生了转变，从那时起，他们就开始给儿子介绍别的结婚对象，但他们的儿子一直都不愿意接受任何其他人，他们两人在这一期间彼此许下婚姻的承诺，至今仍然有效。请愿人父亲的悲惨遭遇让他不得不暂时离开，逃去别的国家，而她出于对父亲的温柔爱意，决定也去见父亲，在那里定居，她没有将此告知她的丈夫，但他们还是得以汇合，她的丈夫在她到达列日一带后两个月得知她离开的消息，他找到她，并且用某种方法迫使她和他结婚，他们与她父亲一起旅行去伦敦，在那里他们根据本来准备呈现在阁下面前的婚礼章程结为夫妻，他们于上一个 8 月 23 日完婚，当时请愿人发现自己怀孕三个半月。

她的丈夫劝说她与他一起回巴黎工作，如今他所提出的这些请求成了请愿人一切痛苦的来源，她被丈夫的父母搅得不得安宁，他们利用阁下的虔诚，决定用那些可怕的污蔑之辞对付她，而她在名誉方面分明无可指摘。阁下只需翻阅所附证明书中内容，便可得知她一直以来都是个讲理、乖巧的女孩。

请愿人斗胆相信能够得到阁下的怜悯，相信阁下能够庇护她不受他父母粗暴的迫害，并下令释放她和她的丈夫，让他们能够一起生活，一起诚实地操持生意，不受制于他人，不向父母索要任何东西，我们将终生为阁下的福祉和健康祈祷。

让·弗朗索瓦·阿里斯

阿里斯的妻子瓦朗西埃 [1]

---

[1] 军备图书馆"巴士底狱档案"，10998 号手稿，第 52 页（1728 年）。

　　兹证明，我们熟识安托瓦奈特·保利娜·瓦朗西埃已有近十四年，她是织物商克劳德·瓦朗西埃的女儿［字迹模糊］据我们所知，她一向是个讲理、乖巧的女孩，我们都受益于她的才能和品行，对此实在没有什么好指责的，如果需要的话，我们愿意接受传召，在执法官员面前为她过去和现在的行为提供有力的证明，并宣誓我们所言属实。

［十二人签名］①

致警察总监阁下

　　丝绒商② 克劳德·阿里斯与妻子让娜·米亚尔住在天鹅街，两人恭请阁下知悉，他们育有两个孩子，费尽心力为他们提供良好的教育，而其中一个，二十六岁的让·弗朗索瓦·阿里斯，不仅没有回馈他们的付出，还任由自己被托瓦奈特·瓦朗西埃③ 带坏，她是嘉布遣会修士④、丝袜商人瓦朗西埃的女儿，他如今逃亡去了荷兰，他们把前述请愿人的儿子引诱去他们那里，致使他在那里放纵了四年，他从父母那里拿了一张价值三百利弗尔的汇票去国王秘书若弗兰先生家，并在拉

---

① 军备图书馆"巴士底狱档案"，10998 号手稿，第 51 页（1728 年）。

② 此处写作 ferandier，应为 ferrandier，意为销售或制造真丝或羊毛纺织品的人。——译注

③ 前文写作 Antoinette Valancier，此处写作 Toinette Valancier。——译注

④ Capucin。嘉布遣会（Frères mineurs capucins）是天主教方济各会的一支，因其会服带有尖顶风帽（capuche）而得名。——译注

昂动了那儿的商人勒格洛先生四百二十五利弗尔，然后与瓦朗西埃一起去了荷兰，又从那里前往英格兰，六个月离家的放荡生活之后，他们不久前回来了，两人一直生活在一起，并且准备一起离开。请愿人夫妇为了防止可能酿成的耻辱和灾祸，想要终止他们的儿子与前述瓦朗西埃之间的混乱生活，为此，他们向坎康普瓦街的洛奈警长提起控诉，后者建议他们寻求仰仗阁下的权威，以获得将他们关入比赛特并将瓦朗西埃送入医院的国王命令，请愿人夫妇将为阁下的健康和福祉祈祷。

父亲克劳德·阿里斯

母亲让娜·米亚尔①

致警察总监阁下

巴黎工厂主、商人克劳德·阿里斯和他的妻子让娜·米亚尔谨请阁下知悉，他们以不服从为由申请的将儿子监禁在主教领地的命令已经下达，后者于去年 12 月 27 日受到监禁，如今，这个儿子对过去所犯过错表现出真诚的悔过之意，并在随信附上的写给请愿人夫妇的信中保证他将与到目前为止所做的一切做个了断，将来，他再不会让人失望，请愿人夫妇斗胆请求阁下释放他们的儿子，让他回到家中，他们怀着希望相信他会在各方面令他们如愿，这将对他们的生意至关重要，他们将

---

① 军备图书馆"巴士底狱档案"，10998 号手稿，第 58 页（1728 年）。

始终为阁下的健康和福祉祈祷。

父亲克劳德·阿里斯，母亲让娜·米亚尔 [①]

　　我亲爱的父亲、母亲，

　　来信是为了请你们相信我对你们怀着谦卑的敬意，并祈求你们愿意原谅一个不服管教的儿子，你们的儿子已经认识到自己的错误，我亲爱的父亲、母亲，我请求你们好心让我获得释放，我将摈弃一切令你们不悦的事情，为了证明我会让你们感到满意，我将抛下你们不喜欢的那个人，从今以后，我只按照你们的意愿行事，只与你们一起出门。因此，亲爱的父亲，请求您大发慈悲原谅我，给予我我所期待的宽宏，亲爱的父亲、母亲，我将始终怀着全部的敬意做你们听话的仆从和儿子。

于主教领地，1729 年 1 月 23 日 [②]

致国务大臣莫尔帕伯爵阁下

　　阁下，

　　二十六岁的让·弗朗索瓦·阿里斯和托瓦奈特·保利娜·瓦朗西埃，两个商人之子，谨告阁下，应男方请愿人双亲克劳德·阿里斯和让娜·米亚尔向洛奈警长提起的控诉，警察总监下达命令于去年 12 月 27 日将他们监禁在主教领地，去年

---

① 军备图书馆"巴士底狱档案"，10998 号手稿，第 62 页（1728 年）。
② 军备图书馆"巴士底狱档案"，10998 号手稿，第 63 页（1728 年）。

8 月 23 日，小阿里斯与安托瓦奈特·保利娜·瓦朗西埃结为夫妻，婚礼当天完成，当时请愿人女士怀孕已近四个月。

如今鉴于男方请愿人的父母想要破坏这场未经过他们同意在伦敦在葡萄牙大使支持下——大使很愿意婚姻圣事在他的小教堂里一位神甫的主持下举行——缔结的婚姻，但他们又不能对安托瓦奈特·保利娜·瓦朗西埃行使他们的权力——她已于去年 12 月的最后一天获得释放——他们便请求国王命令，将他们的儿子关在一个不能与任何人交流的地方，迫使他不得不同意废除婚姻。

但两位请愿人始终深爱彼此，他们请求仰仗阁下，希望阁下怜悯他们因为担心再也无法相见而已然感受到的极度痛苦，希望阁下给予他们庇护，不要下达关押男方请愿人的命令，他从未做过任何可耻之事，阁下只需翻看随信所附的由巴黎商人签署的证明书便可得知。

两位请愿人已经陷入最为可怕的悲惨境地，一个被关在监狱的角落里，除了监狱提供的面包，没有任何给养，另一个只能去打扰一些人，他们考虑到她能带给他们的收获，而为她提供生存所需，他们两人一同恳求阁下的宽宏，相信阁下定会给予男方请愿人自由，让他们可以靠自己的劳作生存。他们将终生为阁下的健康和福祉祈祷。

[无签名] ①

---

① 军备图书馆"巴士底狱档案"，10998 号手稿，第 65 页（1728 年）。

致莫尔帕伯爵先生

让·弗朗索瓦·阿里斯这个二十六岁的年轻人在偷了父母的钱财之后前往英格兰，并在那里与瓦朗西埃结为夫妻，听说瓦朗西埃的父亲是个嘉布遣会修士，很久之前就离开修道院，前往巴黎做买卖，但他担心妻子不能保守这个对他来说如此重要的秘密，就与女儿一起去往伦敦。大约五个月前，他将女儿嫁给前述阿里斯，这一婚姻并未得到阿里斯父母的许可，婚礼是在葡萄牙大使的教堂神甫的主持下进行的。

鉴于阿里斯的父母有意终止儿子的婚姻，并且担心他们会返回异国他乡，我于1728年12月27日下达国王命令，逮捕前述阿里斯，将他送入监狱。

莫尔帕伯爵先生，恳请您命人颁布明确的命令，以批准我所下达的命令。①

路易·贝拉弗瓦讷

致总警长②先生

贝拉弗瓦讷一家前来祈求您的权威，恳请您为他们下达国王命令，将他们的孩子贝拉弗瓦讷先生关进圣拉扎尔或吉斯

---

① 军备图书馆"巴士底狱档案"，10998号手稿，第69页（1728年）。

② 此处写作 Commissaire Général de police。——译注

城堡①，因为他生活放荡、行为恶劣已经到了名誉尽失的地步，如果阁下没能好心救他们脱离苦海，他们一家的名誉必将毁于一旦。

路易·贝拉弗瓦讷先生二十七岁，刚成年时就受到禁令，从那以后，便由一位兄弟替他保管财产，他只能享受收入所得。如今，他与一位名叫杜瓦奈特·路易松的女性——嫣妇勒布兰——从事不正当交易，并欺骗他的家人他想要与她结为夫妻，请愿人们相信了他的话并同意了婚事，以为那是个过着良好生活、品行端正的女人。但正如他们所得知的消息，她的行为不规矩到了极点，帕朗警长先生那里就收到过很多针对她的控诉，她有好几个孩子，都是放荡行为的产物，其中一个她如今养在身边。

请愿人希望阁下允许他们有幸得到阁下的庇护，为这个苦难深重的家庭提供支持。他们尽了一切努力，百般劝诫，他还是放任自己与前述杜瓦奈特·路易松一起放浪形骸，像夫妻那样生活。他甚至厚颜无耻地告诉他的家人，他要认前述杜瓦奈特·路易松的孩子作自己的孩子。先生，假如您好心愿意写信给为那孩子签发领洗证书的圣叙尔比斯堂区神甫先生，就能知道请愿人们所提出的控诉完全属实，瓦讷鲁先生本人也知道这封陈情书的内容，如果阁下认为合适的话，他可以就此向阁下进行汇报。一家人眼睁睁地看着前述路易·贝拉弗瓦讷不顾他

---

① Château de Guise. ——译注

们的意愿毁掉家庭的名誉，那该是一件多么不幸的事，而如果
阁下也不顾他们的请求，没有为他的行为设限，那么这不幸将
更加深重。请愿人将全部希望寄托于阁下的仁慈，他们将终生
为阁下的健康和福祉祈祷。

[四人签名，字迹模糊] ①

受到控诉的贝拉弗瓦讷先生是生活在诚实人中间的坏
胚；他与鲁瓦松② 小姐的放荡行为尽人皆知，两人之间的苟
合造成大量丑闻。水果商里弗夫人对此很是了解，她向我
证实鲁瓦松小姐是个行为放荡的女人，她的父亲，佩皮尼昂
总督先生的秘书官，曾经忍无可忍请求下令将她关在某个修
道院。

1728 年 6 月 17 日，瓦讷鲁 ③

致总警长阁下

先生，

二十七岁半的路易·贝拉弗瓦讷谨呈阁下，他得知他的
母亲鼓动亲人们一起骗取阁下信任，让您决心签发密札将他监
禁起来，这一切完全出于他母亲的报复和个人利益，因为她的
生活所得完全依赖于向他要求的赡养费，而她拿他的财产去赌

---

① 军备图书馆"巴士底狱档案"，10999 号手稿，第 230 页（1728 年）。
② 前文写作 Louison，此处写作 Loison。——译注
③ 军备图书馆"巴士底狱档案"，10999 号手稿，第 231 页（1728 年）。

博、挥霍，致使他陷入贫穷的困境，也可能是因为他在 1726 年请求先生对她下达的命令和处罚，以上这些迫使请愿人请求仰仗先生的公正，他在此告知您他的母亲和家人为了阻挠他与塞伯兰 ① 夫人结合设下圈套，尽管针对这桩婚事，他已经经由民事官先生的一再要求而获得了他们的同意，相关文件随信附上。

出于以上原因，请愿人将全部希望寄托于先生的公平和正义。②

婿妇贝拉弗瓦讷及其全家请求：

将路易·贝拉弗瓦讷监禁于吉斯城堡，监禁所需食宿费用由家人承担，押送事宜依据阁下的指令执行；

路易·贝拉弗瓦讷自从成年并解除监护后，就一直举止不端，行动不守规矩，肆意挥霍钱财；

他用尽各种诡计借钱；

大约八年来，他一直试图与一名妓女结婚；

而他的家人不允许他这么做；

为了激怒家人，他加入法兰西警卫队；

他的恶劣行为迫使［字迹模糊］他的队长将他关入比赛特六个月；

他们以为六个月的拘留让他有所改正，将他释放出来；

---

① 上文写作 Leboulin，此处写作 Sébolin。——译注
② 军备图书馆"巴士底狱档案"，10999 号手稿，第 234 页（1728 年）。

　　他故态复萌，与一位年轻寡妇开始放荡生活，两人有了一个孩子，那个寡妇现在又怀孕了；

　　他再次应征加入队长德·勒维先生的警卫队，在那里待了十四个月；

　　最后，他们收到他的辞呈，并由德·贡塔德先生下令批准。

　　请求书由他母亲和两位叔伯签署。

　　长期以来，这个年轻人惹是生非、诈骗、放荡，是出了名的，我认为应当下达监禁命令。①

文森·贝拉尔

> 贝拉尔先生 1727 年 12 月 7 日
> 于格勒诺布尔致信巴黎佩兰先生

先生，

　　我请求您作为我最好的朋友之一，帮助我报复我长子偷盗、欺骗和忘恩负义的行为，您知道我那个儿子的，因为有人为他说情，他长期以来行动都被限制在瓦朗斯，直到最近的假期才在一位警卫的看管下回来。我想要在圣诞节前让他被最高法院接管。本月 5 日至 6 日，他偷走我所有金银首饰逃跑

---

① 军备图书馆"巴士底狱档案"，10999 号手稿，第 239 页（1728 年）。

了，鉴于他很有可能会去巴黎，毕竟他就是在那里沾染上了那些将他彻底腐蚀的恶习，我恳请您——我相信我的请求是正当的——如果您觉得合适的话，给警察总监先生做工作，请他下令逮捕我的长子，以便我可以收回我的财产，并让他受到惩罚——如果我可以的话。他可能是乘坐邮车、大型马车或公共马车走的；他昨天，也就是 6 号才离开这里：因此我认为如果他在里昂停留的话，这封信应该能赶在他抵达巴黎前寄到您手中，那么如果您愿意留心的话，他一到就能被捕。我请求您尽全力逮捕他，甚至追回金银首饰，剥夺属于他的所有东西，我将为您所提供的一切做出报偿。我相信，以您的善意和一贯的尽责，在您的帮助下，警察总监只要留心，一定能在巴黎抓到这些流氓。希望您能为我的不幸考虑，这不幸是巨大的；您知道我曾有过这样的不幸，我不只这么一个儿子，而我为了他在巴黎花费如此之多，还指望他能够在我生命最后为我的生活提供支持，可他却做了这样的事情，在我为了他工作，尽我所能为他提供所有财物和便利时，他却毁了我，也毁了他自己；他就是个野蛮人，是刽子手，理应受到严厉的惩罚。我把他的体态特征告诉您，他可能会改变穿戴，用金色假发或别的东西来伪装，但面部和身材不会改变。愿上帝听到我的祈祷，不要顾虑为他保密，好让我们不要找不到他。我授权您，将他关在监狱，直到他归还从我这里拿走的所有东西。不要听信他，他就是个骗子，不可信，没有理智，您曾经对他表现过善意，您比任何人都要了解他，他的暴躁和虚

荣，他精神的放荡，除了惩罚，他不配得到任何其他的关注，
我如同相信自己一样信赖您，我永远是您绝对谦卑和忠实的
仆从。

贝拉尔 [1]

贝拉尔先生 1728 年 1 月 15 日
于格勒诺布尔致信佩兰先生

先生，

有幸收到您本月 7 日寄来的信。尽管我的儿子背信弃义，
如果他能够从善，走上诚实之人应走的道路，我还是会感到高
兴，对于我这个已经被他害得破产、不堪重负的父亲，如果
他还有一点良心，就会把钱还给我，让我好补足存款、偿还
债务，不至于陷入绝境，如果他还有良心的话，他就会因为眼
看着我饱受折磨，不得不面临查封和抵买房产而痛心，还会在
我所剩无几的生命中帮助我，弥补他曾经对我造成的破坏，毕
竟我无法抵抗他亲手对我实施的重击，既然他想要我死，那最
好一下子要了我的命，而不是让我受到深深的伤害，让我和全
家人一起遭受折磨。他应该知道这笔钱大部分都不属于我，它
属于很多我认识的人，还有那些为了生意把钱托付给我、放
在我这儿的人，他为什么还这样不顾理智，跑去巴黎赌钱、吃
喝，可能还会做些更加糟糕的事情，是我对他的要求太严厉、

---

① 军备图书馆"巴士底狱档案"，11000 号手稿，第 32—33 页（1728 年）。

太过分吗？我对他说的都是为了他好，为了他的利益考虑，他还能找到比我好的朋友，比我更相信他、对他怀有希望，而且不会对他实施报复也不想利用他的人吗？我应当受到同情，他也是，我将终生祈求上帝怜悯他；但我也祈求上帝怜悯、同情我，让他给您写信，让他把所有钱给您，祈求他对我的责任和他仅剩的本分被激发出来，尽快把钱还给我，拯救我，让我免受那些把钱放在我这里现在却丢了钱的人以及其他债主要对我实施的追责起诉，让我不要被身上的重负压垮。他拿走我的存款后，我差点死掉，就现在的处境来说，那样对他也没有好处，因为要是我不得不放弃对他的爱意，于他更是损害。我怀着对您的信赖以朋友的身份与您说这些，因为您是唯一知道我这些秘密不幸的人，因为您会好心地为我和他的利益考虑，让他能够暂时站在我这边，让他在现在这样的处境下，立刻为我伸张正义。我迫不及待想从您这里得到新的消息，我将永远是您绝对谦卑和忠实的仆从。

贝拉尔 [①]

贝拉尔先生 1728 年 2 月 19 日
于格勒诺布尔致信佩兰先生

先生，

有幸收到您本月 13 日寄来的信，得知您在星期二深夜见

---

① 军备图书馆"巴士底狱档案"，11000 号手稿，第 31 页（1728 年）。

到了我的儿子，并尽可能与他交谈；他告诉您他给我写过信，那是假的，他就是个骗子，惯犯，千万不能相信他，所以我有幸在上一封信件中向您说明了这一点，不用对他宽容，也不用在意他说的话，因为他想做的就是继续放荡的生活，欺骗所有人，花光我的钱，然后就去祈求施舍，或是做些更糟糕的事情。他陶醉在可能想象到的所有罪恶中，他对我简直是混蛋，在我信任他的时候，在我所做的一切只是为了他好，为了在职业生涯的最后对家人做出妥善安排的时候，他偷走我的财产，还有别人的钱，之后还拒绝在我最迫切需要帮助的时候伸出援手；我尽心尽力教养他，希望他成为一个诚实的人，而如今却受到他狠狠的惩罚，所以，先生，我恳请您帮帮我，像您承诺的那样，迫使他把我的钱交给您，趁着这些钱还没沉入泥沼，我请求您让人立刻逮捕他，不要有所顾虑，要求他还钱，对此我不瞒您，我到处［字迹模糊］，我会走上一条崎岖的道路，而他也会受到影响，他将不得不放弃放荡的生活，去学习改正自身。没有妥协的可能；让他尽快把我的钱给您，既然他不想好好活着，既然他还要继续折磨我，那我就凭着比他还要可怕的想法，用合适的方式，一直跟着他，直到踏进棺材，请您不要相信他会从善，也不要指望他言而有信，您认识他很久了，而我更了解他，他被罪恶掌控，永远也不会脱身，放弃他吧，帮帮我，我不再考虑他，不再在意他，我就指望您了，指望您在信中对我的承诺，若非如此，我可能已经另寻他法；您要是抛弃我，赦免这样一个骗子、狡猾之人、无赖，那我岂不是要更加不幸，要是他已到达，您就让人逮捕他，您就能控制他，让他还我钱了，希望您能考虑我所遭受的苦难，先生，我将不惜所有感激之情，成为您并终生做您谦卑而忠诚的仆从。

贝拉尔 [1]

　　阁下，

　　上月，2月14日，我斗胆请求仰仗您的公正，向您控诉我的儿子文森·贝拉尔在去年12月4日至6日 [2] 晚上用假钥匙凭借残忍手段对我实施的偷盗行为，他还偷走了别人的钱，我把它们和我的钱放在一起。他让我陷入悲惨境地，令我无法追踪他的行迹，只能寄希望于阁下的公平和仁慈，而且我担心他会通过狡猾的手段和欺骗让您延缓实施命令，这样就能有时间继续他的放荡行为，继续挥霍钱财，阁下，我还要斗胆进一步向您发起控诉，请求阁下考虑一位不幸父亲的祈求，他和他的全家都已经被他儿子的放荡和挥霍压垮、破产了，为了这个儿子，他用尽所有恰当的方法让美德重新出现在他身上，但都没能成功。真希望有罪的人是我：可我什么也没做错，也无法伪造错误，不得不怀着极度的痛苦将我儿子的罪恶公之于众，让您了解其中的一部分。恳请阁下相信我有幸给您写下的这些

---

① 军备图书馆"巴士底狱档案"，11000号手稿，第29页（1728年）。
② 其他信件均为5日至6日，此处为4日至6日。——译注

东西，它们都是绝对真实的，原谅我斗胆怀着一贯的尊敬成为阁下谦卑而忠实的仆人。

贝拉尔，格勒诺布尔最高法院检察官

于格勒诺布尔，1728 年 3 月 11 日 [①]

致警察总监埃洛尔特阁下

阁下，

　　巴尔特勒米·贝拉尔，格勒诺布尔最高法院检察官，谨请阁下知悉，1727 年 12 月 5 日至 6 日晚，他不幸遭劫，他的儿子文森·贝拉尔从他那里偷走了价值八百利弗尔的金、银，还有一枚嵌有六颗钻石的戒指，然后逃往巴黎，第二天他就四处写信，包括他在巴黎的朋友佩兰先生，他请求后者恳请阁下动用权威，下令逮捕他那个已经抵达巴黎的儿子。

　　佩兰先生因为相信他有关儿子的陈述而接下了这一使命，他认为有必要先做个决定，为此，他在上一个 1 月与这个儿子进行了沟通，向他指出他让他的父亲和他自己陷入了怎样残酷的绝境；这个儿子向他保证，他将给父亲写一封信，只要父亲愿意原谅他，并回信作为保证，他就立刻回格勒诺布尔，并且把钱还给父亲。

　　佩兰先生将这次见面的情况告诉请愿人，请愿人作为一位善良、温柔的父亲，焦急地等待着儿子的信；但正如他所预

---

① 军备图书馆"巴士底狱档案"，11000 号手稿，第 23 页（1728 年）。

料的，他的儿子是个骗子，而且没有人性，他没有收到这样的信，意识到这所谓的信只是为了不受打扰地继续放荡和挥霍，他又于 2 月 14 和 28 日分别写了两封信给佩兰先生，随信附上这两封信，他在信中又一次请求仰仗阁下的公正，请求阁下下令让他的儿子被逮捕，终止这个可悲儿子的放荡、挥霍行为，让这位已经 70 岁的可怜父亲和他的家人能够在那场盗窃的浩劫之后，从悲惨处境中恢复重建。请愿人及其全家，还有那些将部分钱财委托给他的人，将终生为阁下的健康和福祉祈祷。

> 替请愿人传达命令、传递信件的佩兰，
>
> 维莱里街挂毯商莫尔先生家①

文森·贝拉尔，格勒诺布尔人，33 岁，

民法学士，

请求撤销为他父亲颁布的国王命令。

他表示，在他母亲去世后，他父亲出于贪婪，不仅拒绝为他提供饮食、身体养护等最紧迫的经济救助，还拒绝供他读书。

请愿人被迫离开父亲的房子，前往巴黎，在各律师和检察官处工作了十个月。

他的父亲也让小儿子遭受同样的严酷处境，后者也

---

① 军备图书馆"巴士底狱档案"，11000 号手稿，第 25 页（1728 年）。

离开了父亲的家，父亲霸占了一位叔叔留给这个年轻人的遗产。

父亲的计划是通过损害两个儿子的利益，来为女儿谋福利。

父亲作为检察官，非常富有，在亲戚和格勒诺布尔城里的人中享有声誉，可以支配他们，让各种人支持他的请求，这些人要么因为对他有所求，要么害怕他会阻挠他们自己的案子，都不敢反抗他，毕竟所有案子都要经他的手，而请愿人就成了这种优越性的受害者。

此外，他的父亲爱上了一位女性，是她让他对孩子们有了这种极其不合理的情感。

他承认他拿了无意间在父亲书房发现的价值两千的钱，这是他所犯的错误，其中一千五百用来继续法律学业和获得文凭，但这是颁布监禁命令的唯一理由，而他对这笔钱的使用足以证明他的举止没有任何可疑的地方，他的好胜心让他始终[字迹模糊]。

最后，还是要提请注意，请愿人母亲去世前一小时，他的父亲迫使她剥夺他的继承权，将绝大部分财产都归于自己，父亲对他几乎没有一丝温情，让他离自己的进步之路越来越远。

他呈交了三分证明书，为自己的良好品行辩护，并说明他在法律学习上付出的艰辛。

[在空白处：]

我写信给皮勒沃先生，请求暂缓执行 1728 年 9 月 4 日命令。

[以上是对儿子写的一封长长的请求书的总结。] ①

★

克洛德·乌斯

致警察总监阁下

阁下，

让·乌斯，巴黎市民，家住圣洛克堂区圣奥诺雷街，携妻子克洛德·莱斯佩，谨请阁下知悉，他们有个儿子，名叫克洛德·乌斯，已年过二十四岁，他们把他安置在鲁昂的雅克·费奈先生家已经三年多了，到了那里之后，他就"做了很多荒唐事"，把费奈先生给他买东西的钱拿去赌博，其中一次，一下子就损失了一千九百利弗尔，请愿人们已经支付了一千一百利弗尔，在那之后，他又造成一千两百利弗尔的损失，正因此，他在请愿人们和其他一些人的请求下受到传唤，请愿人的荣誉和正直人尽皆知，他们都很担心这个儿子的品行会让他们蒙受耻辱，担心他的这项恶习会拖累别人，他们只能仰赖阁下，请求阁下下令监禁他，他们将为阁下的健康向上帝祈祷。②

---

① 军备图书馆"巴士底狱档案"，11000 号手稿，第 39 页（1728 年）。
② 军备图书馆"巴士底狱档案"，11013 号手稿，未编页码（1728 年）。

致警察总监阁下

阁下，

让·乌斯，圣洛克堂区的巴黎商人，与妻子克洛德·莱斯佩及其全家，肯请阁下允许他们接回如今关在比赛特监狱的儿子，您当时应他们的请求下令将他关在那里，他们如今还要请求您施予他们这一最及时的恩典，让他们能够拥有一个对他们如此有益的机会，可以带他离开，毕竟他们与生俱来的角色要求他们尽快带他离开，不然的话，他就可能会被交给别人，他们寄希望于阁下的恩典，他们将终生为阁下的健康祈祷。[1]

弗朗索瓦·鲁瓦

致巴黎市警察总监埃洛尔特阁下

文森·鲁瓦和卡特琳娜·加朗比，家住图尔市圣桑福里安郊区的商人，恭请阁下知悉，他们有一个差不多二十九岁到三十岁的儿子，名叫弗朗索瓦·鲁瓦，他从十八岁起就给他们制造了孩子可能给父母和全家人带来的所有痛苦，六年来，他入伍三次又做过三次逃兵；他花掉他们六千法郎都不止，全都拿去做些疯狂、愚蠢的放荡勾当，致使两位请愿人破产，让他们无法养育其他孩子，六个月前，他还逃跑了，这更让他们

_____

① 军备图书馆"巴士底狱档案"，11013 号手稿，第 141—142 页（1728 年）。

的悲惨境遇达到极点。为了避免任由他这样下去可能发生的事情，前述请愿人做了最后的努力，并最终用钱为他取得了请假许可；前述弗朗索瓦·鲁瓦身体不好，在这样的状况下，他根本无法好好效忠陛下，而且这段时间以来他的无能给他们造成了一切可能的耻辱，他跟每位家人都大吵大闹过，实在没有能力从事任何职业，而他不工作，请愿人们无法承担他的开支，尤其他们还有一大家子要养。鉴于此，阁下，请求您好心下令将前述弗朗索瓦·鲁瓦监禁在比赛特，好让他在那里忏悔自己的错误，请愿人将终生为阁下的保全祈祷。[①]

图尔总主教阁下

阁下，

我有向弗勒里主教阁下提到，我有幸接到您的要求，让我下令将弗朗索瓦·勒鲁瓦[②]关入医院，弗勒里主教阁下对此表示同意。我不断收到这一命令，但我无法执行，除非您乐意告诉我这个放荡的年轻人现在在巴黎还是在外省；在外省的话，我就委派您选出的官员执行此一逮捕，所产生的费用将由他的家人支付，转移费也是，除非他们认为不再需要将这个年轻人送到我要对他实施当场逮捕的这座城市，通过这样的方式，他们可以避免这笔将会被我转到国王账下的花销。我的效忠之

---

① 军备图书馆"巴士底狱档案"，11019 号手稿，第 157 页（1728 年）。

② 前文写作 François Roy，此处写作 François Leroy。——译注

心，您是完全了解的，它让我……①

　　先生，我刚刚得知，您曾出于善意应总主教阁下要求下令关进比赛特监狱的图尔的勒鲁瓦先生，又一次加入皮埃蒙特军团。这令他可怜的母亲陷入绝望。总主教阁下来函通知我，他还会就此给您写信，如果可以的话，请您将他留在他所在的地方，他说这将是无与伦比的善意，因为这个无耻之徒花掉了他母亲一大笔钱，致使她将悲痛而死。既然我还能安慰自己相信您对我仍有一丝善意，我便向总主教阁下祈求，我敢向您保证，这世上没有人比我更愿意成为阁下谦卑而忠实的仆人。

德·佩瑟神父

图尔，1733 年 11 月 6 日

　　既然我还能指望埃洛尔特先生记得我的名字，那么我请求您向他保证我对他怀着极其谦卑的敬意。②

致警察总监阁下

阁下，

夏尔·沙昂，巴黎酿醋师傅，恭请阁下知悉，他受亲属图

---

① 军备图书馆"巴士底狱档案"，11019 号手稿，第 163 页（1728 年）。

② 军备图书馆"巴士底狱档案"，11019 号手稿，第 166—167 页（1728 年）。

尔商人文森·鲁瓦和他的妻子所托，谦卑地向阁下提出请求，阁下曾下令逮捕他们的儿子弗朗索瓦·鲁瓦并将他关进比赛特，他被监禁在那里已有十四个多月，如今他们请求阁下下令允许他在前述比赛特的天井活动，并恳请您下令给管事先生，说明不能放前述鲁瓦出去，并且任何军官都不可征召他入伍，即使他自己愿意也不行，还请您给予他生活所需，为他在里面安排适合的工作，让他可以像那些干活的人一样，接受您所给予的优待，请愿人们将终生为阁下的福祉祈祷。①

针对根据 10 月 18 日国王命令，因精神紊乱被关在医院的弗朗索瓦·鲁瓦，图尔的总主教阁下在所附信件中请求对他实施长期监禁。他指出，有证据表明，他又一次应召入伍，但假如他得到释放，是不会去军队报到的，他会害自己丢了脑袋！

我也希望阁下能居中调停，促成上述请求。②

图尔的弗朗索瓦·鲁瓦并没有入伍，但皮埃蒙特军团的一位队长在得到阁下的当面许可后见了他；我不记得这位队长叫什么了，但记得没有召他入伍，获得国王命令之后，比赛特从未发生过这样的事，如此，即使确有其事，他所得到的也只可

---

① 军备图书馆"巴士底狱档案"，11019 号手稿，第 168 页（1728 年）。
② 军备图书馆"巴士底狱档案"，11019 号手稿，第 170 页（1728 年）。

能是空头支票，偶尔，犯人会通过已经离开比赛特的人把军官请来：在突然收到一封将他交给一位军官的国王命令时，我在有关弗朗索瓦·鲁瓦的文件边上提到了阁下的意向，在我有幸向您做出汇报之前，他不会得到释放。

1728 年 11 月 23 日

海尼耶 ①

让·巴蒂斯特·卡尔纳维耶

给德·森弗雷先生的陈情书

在让·巴蒂斯特·卡尔纳维耶做出一系列可怕的放荡和混乱之事后，这来自奥尔良的诚实的一家写信给所属财政区 ② 时任总督德·巴朗丹先生，他曾于 1758 年 11 月 22 日获得密札，将让·巴蒂斯特·卡尔纳维耶送入比赛特，由他家中三人支付食宿费。

三人中最富有的已经去世，而他的继承人不愿再承担这一费用；稍微没那么穷的那个声称自己没有办法，而另一位，孀妇巴瑟维尔，至今一直靠做裁缝维持全家的生活，只能勉为其难支付她那一部分，而如今另外两人背弃，她实在无力凑齐全部费用。

---

① 军备图书馆"巴士底狱档案"，11019 号手稿，第 171 页（1728 年）。
② Généralité，法国大革命前的概念。——译注

她谦卑地恳求总检察官阁下，考虑到前述让巴蒂斯特·卡尔纳维耶 ① 臭名昭著的可耻行为，以及她的处境令她无法独自一人承担他在比赛特的全部食宿费，将他关入世俗监狱 ② 或转移到殖民地，这样他定居在奥尔良的清白的家人就不用眼睁睁看着他为自己曾经的和获得释放后可能有的行为而遭受惩罚，他们就不用为此而感到痛苦。

在总检察官阁下下令让他上船前，他们还会继续支付他的食宿费。③

于比赛特，1763 年 6 月 17 日

让·巴蒂斯特·卡尔纳维耶，无业，已婚，四十一岁，奥尔良人，属圣维克多堂区，根据 1758 年 10 月 5 日凡尔赛颁布的国王命令，于当月 24 日从奥尔良被转移到比赛特监禁，菲利波签署国王命令，将他收监，在收到陛下新的命令前，他都会被监禁在那里，由他的家人支付每年一百二十利弗尔的监禁食宿费。

1761 年 1 月 30 日，圣弗洛朗丹伯爵先生下令将这笔费用降至一百利弗尔。

---

① 此处写作 Jeanbaptiste Carnavillier。——译注
② Pain du roi（国王的面包），指旧制度时期国家为穷苦的士兵和犯人提供的食物供给，mettre au pain du roi 意为关入世俗监狱，即专门用来关押穷人的监狱，由国家提供犯人的食宿开支。——译注
③ 军备图书馆"巴士底狱档案"，11990 号手稿，第 224 页（1758 年）。

该费用一直以来都由让·巴蒂斯特的父亲，家住勃艮第街大路圣母院①对面，属大路圣母堂区的奥尔良香料商日尔曼·卡尔纳维耶先生支付，直至去年 8 月 24 日，在那之后，我就没有收到过他的食宿费，前述香料商称，他和他所有家人都陷入悲惨境地，无法继续承担这笔支出，并且出于这一原因，他们同意释放前述让·巴蒂斯特·卡尔纳维耶。

鉴于此，我从该被监禁者的饮食中减去了红酒和额外的部分，之前也是因为那笔监禁食宿费才为他提供这些的。

他被收监于此已有五年。他总是行为稳当，而且因为他是第一次被监禁在这里，而且所犯罪行也比较普通：偷窃罪，我认为可以释放他，但监禁的食宿费还是需要结清。

海尼耶②

可耻的姘居

玛格德莱娜·布朗歇

致警察总监的先生

皮埃尔·布朗歇，塞扎讷-布里市市民，现居巴黎，不得不向您揭露他多年来悲惨、不堪的生活，这都是他的女儿玛格德莱娜·布朗歇和一个姓奥东的批货商伙计造成的，后者尽

---

① Notre-Dame-du-Chemin. ——译注
② 军备图书馆"巴士底狱档案"，11990 号手稿，第 226 页（1758 年）。

管已经结婚，还是与他可怜的女儿生了五个还是六个孩子，这种有罪的生活迫使奥东的妻子离开巴黎，以躲避丈夫每日的虐待。请愿人想尽一切办法要将女儿带离这种可耻的生活，两年多来，他都在不停地找回女儿，但她每次一回家就又去与前述奥东汇合。请愿人所述没有一句不是真话，正是这些让他不得不谦卑地恳请阁下下令监禁前述玛格德莱娜·布朗歇，好让她能够为自己带来的麻烦稍作忏悔，也好还请愿人一个公道，他将终生为阁下的健康和福祉祈祷。

父亲布朗歇

［背面：报告于 1727 年由马拉瓦讷证实。］①

从巴黎，1723 年 3 月 4 日

先生，同样也是我最亲爱的父亲，我向您保证，只要想起我对您的责任，想起亲爱的母亲对我的种种善意，只要看清我的整个人生，我就陷入一种可悲的心境；我无法自我安慰，因为我曾给您带来那么多悲伤，一直在加剧您的不幸，我以后也不会为我所过的日子而欣慰，在您的身边，我会感到温暖，但同样，我的生活也会变得懒散，只有上帝能支撑我度过痛苦，我请求他的恩典，并将终我一生与您保留对彼此的那份仁慈。亲爱的父亲，以上帝的名义，请不要拒绝给予我我所向您请求的祝福，还有您一直以来对我表现出的温柔，我不敢奢求知道

---

① 军备图书馆"巴士底狱档案"，11000 号手稿，第 161 页（1728 年）。

您宝贵的近况，这是我所不配获得的恩典，但我还是希望院长先生能常常带给我一些消息。我也将承担起对先生，也就是对院长的兄弟的责任，他以朋友的身份来到我面前，他的出现将支撑我走过苦难，我请求您替我向最亲爱的母亲表达我谦卑的敬意，我最亲爱的父亲，我怀着尊敬和顺从之心侍奉您，成为您谦卑而忠诚的女儿。

玛格德莱娜·布朗歇 ①

夫人，

我有幸再次请求您的好意，烦您代为请求您的先生原谅他的女儿；她认识到自己有罪，知道自己有着浪子的本性。如何与一位悲痛的父亲沟通这样的事情，对此您做出的所有您认为合适的安排，没有人会觉得有什么不好；但说到底，这样拖延下去是不应该的，要是在她摆脱现状的计划中，您没有及时伸出援手，您在上帝我们至高无上的主宰面前也将变得有罪，犯下前述女士可能犯下的过分之罪。您的先生为了方便，送她去蒙米拉伊，觉得她在那里应该会改过自新，能够开始工作，我不清楚这是否合适，还是说应该让她回到父亲家中，毕竟在家里，她更有可能担心会引起家人的失望。还请您好心留意这件事。随信附上前述女士的信件，信中她表达了顺从的意愿，但在决心服从前，她请求她的父亲给她写一封信。再说，您应该

---

① 军备图书馆"巴士底狱档案"，11000 号手稿，第 163 页（1728 年）。

是知道的，她没有什么依靠；因此，这件事就看您想要怎么做了。请求您尽快回信给您忠实而谦卑的仆人。

格拉法尔，圣梅达堂区助理司铎

于巴黎，1723 年 3 月 13 日 ①

先生，

针对您的女儿玛格德莱娜·玛格丽特·布朗歇的放荡行为，我向您提起请求，对此，我相信您不会介意，您的女儿与本堂区一位姓奥东的职业批货商伙计姘居，后者已经结婚，他的妻子现在在布列塔尼的南特。这是他们生下的第三个孩子，最小的孩子近日刚刚受洗。先生，我希望您以上帝授予您作为父亲的全部威严，纠正这一混乱，并希望您能够愿意向我展示您在这件事上的意愿。先生，您应该明白建立秩序是必要的，秩序没能建立起来，这让我感到震惊。至于刚刚得知这些的我本人，您完全可以相信若有幸收到您的回复，我是不会放任不管的，但在此之前，我不会采取行动，等待您的回信，我愿成为您谦卑而忠实的仆人。

格拉法尔，圣梅达堂区助理司铎

于巴黎，1723 年 3 月 4 日 ②

---

① 军备图书馆"巴士底狱档案"，11000 号手稿，第 164 页（1728 年）。
② 军备图书馆"巴士底狱档案"，11000 号手稿，第 167 页（1728 年）。

致警察总监先生

玛德莱娜·玛格丽特·布朗歇 [1]，塞扎讷-布里市市民皮埃尔·布朗歇和已故玛德莱娜的成年女儿，根据国王命令，此女从 1 月 18 日起便被监禁在轻罪监狱，该命令是在她父亲布朗歇先生的请求下下达的，这位父亲非但没有给予她应尽的公正，甚至为了避免她即将对他提起的正当诉讼，通过虚假的陈述欺骗阁下的虔诚之心，获得针对她的密札。

请愿人谨呈阁下，她自从被彻底抛弃，在巴黎九年来未曾从父亲那里获得过任何救济，她在奥东先生的关照和帮助下学习皮货店里的工作，她与奥东先生生有一子，如今已近八岁，可以说她为了抚养、教育自己的孩子，怀着荣誉和尊严与前述奥东先生生活在一起。

1723 年初，请愿人似乎托圣梅达堂区助理司铎格拉法尔先生写信给她的父亲，请他将她接回身边，大概是在第二封信之后，父亲同意了这件事，她在父亲身边待了九个月，始终遵从他的意愿，在这期间，她的父亲可能说明了他会按自己的意愿支配她母亲的财产，也就是通过这次说明，他让女儿损失了五千多利弗尔，没有把母亲去世后应该给她的八千利弗尔给她，而是只给她七十利弗尔作为年金——她的母亲嫁给前述布朗歇的时候带来价值一万六千利弗尔的嫁妆，他们婚后生了请愿人和她的妹妹——在这所谓的说明之后，他让请愿人当着公

---

[1] 此处写作 Madeleine，前文写作 Magdeleine。——译注

证人的面签署了一份文件，而她直到不久前才得知文件内容。她的父亲前述布朗歇虐待她，还将她赶出家门，以至于她只有在她认为合适的时候才能露面，为此，她似乎不得不去库洛米埃做帮佣，先是在皮杜小姐家，接着是细木工孀妇富尔奈尔家，然后是拉金丝工普里厄尔先生家。1725 年突如其来的面包价格上涨令她失去了生活的基本条件，在这样的状况下，她多次写信给父亲，求他寄些吃食，或者告诉她他想让她做些什么，但她没有收到任何回音，生活的迫切需求迫使她不得不回到前述奥东那里，从那以后，她就一直住在他那儿，在他那儿工作，这一点她的父亲并非不知情。

这个不幸的可怜人谦卑地恳请阁下知悉，她的父亲前述布朗歇已经再婚，婚后生下多个孩子，这使得他对第一次婚姻中所生子女表现得冷漠，甚至想尽办法要让她们消失，好享用她们母亲留下的财产，他不仅拿走了最终本该归给她们的钱，还有她母亲收起来的自有财产。

出于以上考虑，阁下，请您施予她您的善意和仁慈，释放她，好让她将证据呈到阁下面前，对于最终结果，她将完全服从，获得释放后，她还将恳请阁下让她父亲在她母亲的遗产一事上还她公正，不然，她将不得不提起合法诉讼。她寄希望于阁下的公正和慈悲，为此，她将更加虔诚地祝愿、祈祷阁下健康永驻。①

---

① 军备图书馆"巴士底狱档案"，11000 号手稿，第 174 页（1728 年）。

答玛德莱娜·玛格丽特·布朗歇呈给警察总监阁下的陈情书

前述布朗歇女士声称父亲对她不公，因担心她准备对他提起诉讼，而请求关押她的密札，但她不得以此为由要求释放。

针对他应归还给她的托管财产，他已在一位由她本人选中的塞扎讷辖区检察官的建议下，与她达成和解，根据和解内容，她欠她的父亲一百六十利弗尔和七个苏。

而假如她的利益受到损害，她完全可以提起诉讼。

她说在巴黎的九年里从未受到父亲任何资助，这是骗人的。他多次给她寄去供给，他都留存了收据，这些也在和解协议中有所提及。

她在巴黎只待了九年，也是假的，请恕冒昧，而这么说只可能是为了让人相信第一个玷污她的就是那个姓奥东的人，她在陈情书中说她和他育有一个孩子，已经八岁，这也是骗人的。

她明确指出了离开塞扎讷的时间和她所承认的孩子的年龄，我们会认为怀上奥东的孩子时，她已经在巴黎住了很久，我们请求警察总监阁下让布朗歇先生免于解释他女儿离开的原因。

确实，1723 年初，布朗歇先生收到圣梅达堂区助理司铎格拉法尔先生的信，信已随函呈上，信中告知布朗歇先生他的女儿生活混乱，仍旧与前述奥东生活在一起，而后者已经结婚，并与这位当时正居布列塔尼的南特的女士办理离婚①，为了将女儿从放荡生活中解救出来，布朗歇先生立刻出发带她回家，以为她终于能够回归正轨，她在家中住了九个月，吃住都和其他孩子一样。

但她却撒谎说，她在家中受到虐待，被赶出家门，前述布朗歇先生恳请阁下恩许他说明事件的真相。

布朗歇先生给了她与给其他孩子同等的善意，尽管她曾让他名誉扫地，尽管如此，她还是始终保持着放荡的性情，家中友人和一些正直之人将她安置在库洛米埃秉性诚实的皮杜小姐家中，但过了三个月，她在那里也待不下去了，因为她为了重返巴黎，从皮杜小姐那里偷偷拿走了两百利弗尔。

布朗歇先生不知道她是不是先去了细木工孀妇富尔奈尔家，然后去了拉金丝工普里厄尔先生家，可以肯定的是她又回去与那个和她生有一子的人生活在一起，这一点她自己也承认了，而那个男人，正如我们之前所说，已经结婚并正与妻子办理离婚，如果前述布朗歇先生能够知道她在巴黎的十年都做了些什么的话，或许还会发现更多情况，但还有什么比这些更能证明她的纵欲和放荡呢。

她为了博得同情，编造谎言说她的父亲待她不公，这样做一点用也没有，因为他正是基于她的那些企图，为了让她和她

---

① 当时的法国虽然没有相关离婚法案，但已有离婚的案例，只是手续漫长，且成功案例非常少。——译注

妹妹觊觎父亲财产的企图落空，才将财产藏起来。

　　塞扎讷辖区法庭最近将对她妹妹和他之间的一场诉讼进行判决，他希望这一事件能让大家明白，她非但没有因为前文提到的那场和解而遭受任何损失，反而获得了好处，但布朗歇先生作为塞扎讷有头有脸的家庭的一分子，皇家司法官[①]的儿子，要不是［纸张损坏］，也不会拿他女儿那些严重的放荡行为来惹您厌烦，他认为他应该爱惜自己的名誉，应该谨慎，不让自己合理的怨愤爆发出来，他怀着这样的想法，满心欢喜地以为把她带回家里就能让她反省自身，反省她那些不规矩的行为，他将她安置在一个诚实的环境里，但这个可悲的女儿离开了那里，变本加厉地重新开始她的纵欲生活，又与那个她承认曾和她有过放荡行为并结出可耻果实的男人混到一起，当他得知这些之后，他再也不允许自己保持沉默。

　　出于以上所有考量，他希望阁下不要在意那个不知廉耻的女人的控诉，她请求获得自由，只是为了继续纵欲的生活，让她的家庭蒙羞。

布朗歇[②]

---

① Prévôt royal，旧制度时期的初级司法官员，有权对不属于法警和司法总管管辖范围的一审案件进行审判。——译注
② 军备图书馆"巴士底狱档案"，11000 号手稿，第 176 页（1728 年）。

特雷兹·布瓦瑟莱

致警察总监埃洛尔特阁下

阁下，

弗朗索瓦·布瓦瑟莱，鞋匠伙计，家住圣梅达堂区利奥圣马塞尔郊区里昂街，携妻子路易兹·贝雷，谨呈阁下，他们二十六岁的女儿特雷兹·布瓦瑟莱从九年前起开始纵身混乱生活，混迹在形形色色的堕落之人中间，行为举止极其放荡，三四年前还带坏了一个姓柯舒瓦的人，他的妻子尚在，但饱受虐待，而这都是因为前述这位布瓦瑟莱女士，她令他们的家庭陷入混乱，她与前述柯舒瓦生下一个孩子，他们感到他们的放荡行为束手束脚，一个是受到妻子的困扰，另一个是父母，请愿人们①决定摆脱他们，并约定好见面地点以便汇合，柯舒瓦带走家里所有东西，搬去除了她没有人知道的地方，她准备去找他。以上所有陈述以及更多事实，与前述布瓦瑟莱夫妇一起签署信件的堂区神甫和邻居都是知道的，在这里充分展开就过于冗长了，请愿人夫妇已经被他们女儿的放荡举止搅得痛苦不堪，因为担心事态恶化，他们谦卑地请求阁下下令在前述特雷兹·布瓦瑟莱躲起来之前将她监禁。他们将终生为阁下的健康和福祉祈祷。

弗朗索瓦·柯舒瓦，路易·柯舒瓦，

弗朗索瓦·布瓦瑟莱

---

① 怀疑此处有笔误，按上下文这里应为被控告的人，而不是请愿人。——译注

我有幸向警察总监阁下证实上述请求书内容属实，柯舒瓦和特雷兹·布瓦瑟莱的行为已经造成公共丑闻，因此我请求〔字迹模糊〕监禁前述布瓦瑟莱。于巴黎，1728 年 10 月 2 日。

N. 多玛尔，圣梅达堂区神甫 [1]

致罗西尼奥尔先生，

警察总监先生处

先生，

我执意再次请求您考虑将布瓦瑟莱女士送入萨尔佩特里埃，相信这不会令您厌烦，她又在街区引起了新的丑闻，星期日晚，那个姓考舒瓦 [2] 的人和前述布瓦瑟莱在一起时被人发现，他们被暴民暴打了一顿。我认为不应拖延，应当尽快实施惩罚，以制止街区民众，并警戒那些可能会效法的人。在此向您表达我最诚挚的敬意，您谦卑而忠诚的仆人。

格拉法尔，圣梅达堂区助理司铎

先生，对于我的助理司铎给您写的信，我来信佐证，并恳请您终止他所提到的丑闻，针对此事，我已于今年夏天签署了一份请求书。

多玛尔，圣梅达堂区神甫 [3]

---

[1]　军备图书馆"巴士底狱档案"，11000 号手稿，第 226 页（1728 年）。

[2]　前文写作 Cochois，此处写作 Cauchois。——译注

[3]　军备图书馆"巴士底狱档案"，11000 号手稿，第 227 页（1728 年）。

致警察总监阁下

阁下，

家住巴黎里昂街的鞋匠伙计弗朗索瓦·布瓦瑟莱与妻子路易兹·贝雷，即特雷兹·布瓦瑟莱的父母，恭请阁下知悉，前述特雷兹·布瓦瑟莱关在综合医院已有近六个月，这其中的原委、过程，阁下都知道，正是阁下下达命令将她监禁在如今她所在的地方。鉴于她处境悲惨，也值得同情，可以说她要被臭虫吃掉了，请愿人夫妇向阁下提请援助，他们谦卑地恳请阁下为他们下达命令，释放他们的女儿前述特雷兹·布瓦瑟莱，条件是，她将在父母的指导和照看下，表现得比她之前任何时候都要好，他们将在教义的指引下，为阁下的保全、福祉和健康祈祷。①

玛德莱娜·夏佩

致警察总监阁下

阁下，

弗朗索瓦·萨法尔和他的妻子玛德莱娜·贝洛，即年二十一岁失去父母的孤儿玛德莱娜·夏佩的外祖父母，谨呈阁

---

① 军备图书馆"巴士底狱档案"，11000 号手稿，第 229 页（1728 年）。

下，尽管他们为她提供了良好教育，她还是总是放任自己投身不良嗜好和纵欲生活，致使如今怀孕近七个月，前述请愿人非常谦卑地恳请阁下好心施予他们仁慈，将前述玛德莱娜·夏佩关入医院，以终止她的纵欲生活，让请愿人们不再为此失尽体面，他们将怀着感恩之心为阁下的保全祈祷。

萨法尔 ①

致警察总监阁下

阁下，

海货官 ② 弗朗索瓦·萨法尔和他的妻子玛德莱娜·贝洛，谨请阁下知悉，两年半前，您出于仁慈为他们下达命令，监禁他们二十一岁、没有父母、年轻只知放荡的外孙女玛格丽特·M. 夏佩。被关在医院的这两年半时间里，她几乎一直在反思，为她的过错感到非常懊悔，向外祖父母和监护人请求原谅，考虑到已经是时候让她成家，他们请求阁下施予仁慈将她释放，他们将终生为阁下珍贵的保全向上天祈求。

萨法尔 ③

---

① 军备图书馆"巴士底狱档案"，11003 号手稿，第 200 页（1728 年）。

② Officier à la marée. 暂未查到与此完全对应的官职。但十七世纪，在法国，海货贩卖者是皇家官员，这一官职是为猎捕海货而设立的，负责向零售海货的妇女征收应上缴的钱款。——译注

③ 军备图书馆"巴士底狱档案"，11003 号手稿，第 206 页（1728 年）。

纪约特先生将对该请求书内容进行准确核实并在 1728 年 5 月 12 日及时汇报于我。

先生，

请愿人们无法提供任何人为他们针对外孙女所提出的事情作证，但鉴于他们都确实是正直之人，其中外祖父曾是堂区俗人执事，我们可以相信他们就此事所说的内容。据他们所言，玛德莱娜·夏佩确实品行糟糕，浸淫在放荡生活中，为了便于跑去巴黎那些不良场所，她从外祖父母家出逃，外祖母好几次找到她，想让她回归自己的职责所在，回到外祖父、监护人，还有一位住在他们家的弟弟身边，她父亲那边的亲戚只剩下一位生活极其放荡、品行恶劣的叔伯，做裁缝的薪水三十利弗尔就是这个女孩的全部财产，而她不再工作。外祖母想让她去一位稳婆家完成分娩，但她不听；有人猜测她现在人还在麻雀街上的一家不良场所。

纪约特 [1]

我亲爱的嬷嬷，请您将这封请求书寄回给我，并告诉我是根据哪条命令将这个女孩监禁在萨尔佩特里埃的。

1730 年 10 月 24 日

玛德莱娜·玛格丽特·夏佩，二十一岁，居住在巴黎，于

---

[1] 军备图书馆"巴士底狱档案"，11003 号手稿，未编页码（1728 年）。

1728 年 6 月 30 日，根据下达到贡比涅的密札，被送入我处，未说明监禁时间。在新命令下达前，此信将一直有效。信上签名为"路易"，下方"菲利波"，由所属岛上[①]下级法警海尼耶先生根据阁下的命令送达，在此期间，所属岛上下级法警纪约特先生于 1728 年 7 月 30 日带来 1728 年 6 月 13 日国王命令，这是第一次。因为生活不检点。以上为我处记录摘要。

巴伊[②]

弗勒里主教大人阁下

玛德莱娜·玛格丽特·夏佩因生活放荡，在她家人的请求下，根据 1728 年 6 月 30 日命令，被送至医院。

鉴于她的家人请求带回她并愿意照顾她，我认为可以予以释放。[③]

玛丽·乔瑟夫·柯克雷尔

致警察总监阁下

阁下，

尼古拉·柯克雷尔，巴黎饰带制造师傅，家住圣尼古拉德

---

① 这里应指塞纳河上的一些市镇。——译注
② 军备图书馆"巴士底狱档案"，11003 号手稿，未编页码（1728 年）。
③ 军备图书馆"巴士底狱档案"，11003 号手稿，未编页码（1728 年）。

尚堂区新圣马丁街，谨向阁下呈告，他二十岁的女儿玛丽·乔瑟夫·柯克雷尔因为纵欲、放荡，曾与一位已婚男性有不良勾当，而被关入医院，后来您下令将她释放，让她加入圣体圣血节的瞻礼队伍，但鉴于这个可怜的女孩重又和同一个男人开始他们的放荡行为，而请愿人无法教导她，又担心她的放纵可能造成的一系列困扰，他谦卑地请求阁下好心下令逮捕她，将她终身监禁在前述医院。

他将和全家一起为您的健康和福祉祈求上帝。这将是她第三次因为同样的原因受到监禁。

> 戴·尚，贝努瓦·麦耶，尼古莱·麦耶，
>
> 孀妇加代，柯克雷尔 [1]

尼古拉·柯克雷尔请求先生再次将他二十岁的女儿玛丽·乔瑟夫关入医院：

据他所说，她曾因与已婚男性马松先生发展不正当关系受到监禁，释放后仍然过着这样的生活。

圣尼古拉德尚堂区神甫先生和布朗夏尔警长证实上述陈述属实。

强制带来，1728 年 8 月 7 日。

---

[1] 军备图书馆"巴士底狱档案"，11004 号手稿，第 240 页（1728 年）。

1728 年 9 月 17 日关入医院的国王命令。^①

先生，

我得知了该请求书内容。并从多位街坊处获悉，她曾因举止放荡被关入医院。这些邻居还告诉我们，获得释放后，她并没有停止与一位名叫马松·萨拉赞的已婚男性发生不正当行为，除了邻居说的这些，在此请求书下方，我还注意到圣尼古拉德尚堂区神甫先生的一份证词，据此判断，我认为曾经发生过将她关进医院的事情。

布朗夏尔警长

1728 年 8 月 2 日 ^②

弗勒里主教大人阁下

尼古拉·柯克雷尔请求逮捕他的女儿，并将她送进医院。

他说他的女儿二十岁，已经因为可耻的不正当关系被关过监狱，与她发生关系的人名叫马松，已经结婚，她毁了他整个家庭，获得释放后，她又继续起同样的放荡生活。请求书得到圣尼古拉德尚堂区神甫先生和布朗夏尔警长证实，我认为她不可能去除自身的放荡，因此应该再次逮捕她，重新将她送进医院。^③

---

① 军备图书馆"巴士底狱档案"，11004 号手稿，未编页码（1728 年）。
② 军备图书馆"巴士底狱档案"，11004 号手稿，未编页码（1728 年）。
③ 军备图书馆"巴士底狱档案"，11004 号手稿，未编页码（1728 年）。

安娜·于贝尔

致警察总监阁下

阁下，

于贝尔，锁匠，居住在圣安德雷德萨尔街，属圣塞味利堂区，恭请阁下知悉，他不幸生了这样一个醉心放荡和罪恶的女儿，三年多以前，她便与一个名叫皮埃尔·马吕里耶的人混在一起，请愿人的女儿安娜·于贝尔已经生过孩子，而请愿人直到三个月前才得知此事。前述马吕里耶和前述于贝尔夜间撬开请愿人房门实施偷窃，让请愿人受了六个月的折磨，但还不满意，前述于贝尔还撬了角街马雷夏尔家的门，这让请愿人感到生命安全得不到保障，整日被自己的女儿和前述马吕里耶威胁要亲手结束他的生命，并且已经好几次受到他们攻击，在这样的情况下，请愿人请求阁下施以援手，谦卑地恳请阁下将他的女儿前述于贝尔监禁起来，她现在正与前述马吕里耶住在圣德尼斯德拉查特教堂对面一座房子的五楼，背阴面，一个名叫塔贡的汽水制造商家。

请愿人寄希望于阁下公正的仁慈，他将终生为阁下的健康和福祉祈祷。

［该请求书上：］

我，具名人，巴黎主牧师，西岱岛圣玛丽玛德莱娜堂区神甫，证实安娜·于贝尔与皮埃尔·马吕里耶过着可耻的生活，她生下他们罪恶的果实已有四个月，我曾多次去她家想要终止这一丑闻，但都徒劳无功。

　　于巴黎，1728年2月4日

　　　　　　　　　　　　　　　　　　杜阿迈勒 [1]

安娜·卡特琳娜·塞莱

　　　　　　　　　　　致警察总监阁下

　　阁下，

　　加布里埃尔·塞莱，锁匠师傅，家住芒特，和妻子安娜·夏洛特·穆伊德布雷，谨请阁下知悉，他们将女儿安娜·卡特琳娜·塞莱嫁给芒特皮革制造师傅皮埃尔·格朗贝尔已经四年半，但从那时起，他们就过上了糟糕的家庭生活，他们好几次花光家里所有钱，还是请愿人夫妇补贴了他们；这两人已经分居，各自醉心于纵欲的生活，差不多六个月前，请愿人的女儿前述塞莱去了巴黎，和一个叫佛克鲁瓦的木匠住在一起，佛克鲁瓦是个鳏夫，住在巴黎市渔船路糕点师傅马丁家，与前述塞莱有不正当关系。

　　鉴于这一不顾羞耻的行为对家庭名誉造成致命的损害，而请愿人夫妇用尽一切方法，无论阻止还是关照，非但无法纠正

----

① 军备图书馆"巴士底狱档案"，11013号手稿，第149页（1728年）。

她的行为，将她引上正途，反而更糟，因为担心出现更棘手的问题，他们谦卑地请求阁下提前下令先将他们的女儿前述安娜·卡特琳娜·塞莱关在医院，同时等待监禁她的国王命令，长期监禁她直到她的纵欲倾向得到纠正，他们将终生为阁下的保全祈祷。

G. 塞莱 [①]

流浪之耻

巴尔布·布隆代尔·迪彭谢尔

致警察总监的先生

阁下，

勒内·迪彭谢尔，锁匠，家住圣安托万郊区那不勒斯街，现谨告阁下，他有一女，名叫巴尔布·布隆代尔·迪彭谢尔，年二十九岁，行为极其不端，甚至在很长一段时间里与一个男孩生活在一起，骗人说他们是夫妻，还生有一个孩子，他们住在香水制造师傅加洛瓦先生家，位于西岱岛圣玛丽玛德莱娜堂区灯笼街，六周前，和她鬼混的那个男孩死了，鉴于她，前述巴尔布·迪彭谢尔，不愿意回归正轨，仍然夜不归家，寄住在加洛瓦先生家，后者出于仁慈，为了让她反省自身，仍然留宿了她，以上所述，该堂区神甫可以证实，前述勒内·迪彭谢尔

---

① 军备图书馆"巴士底狱档案"，11028 号手稿，第 165 页（1728 年）。

请求您同意逮捕她，让她在萨尔佩特里埃监狱度过余生，他将终生为阁下的健康和福祉祈祷。

皮埃尔·加洛尔，玛丽安娜·达佩尔

我证明上述请求书所述内容属实，监禁现居本堂区的前述巴尔布·迪·彭谢尔[1]将是一大善举，于巴黎，1728 年 5 月 5 日。

迪夏奈尔，主牧师
兼圣马德莱娜堂区神甫[2]

★

马尔克·勒内·卡伊

致警察总监阁下

最高法院辩护人让·雅克·卡伊和妻子玛丽·玛德莱娜·迪·普瓦谦卑地提出请求，称他们的儿子，年二十一岁的马尔克·勒内·卡伊将他们给予他的良好教育抛诸脑后，只与妓女和作风不端的男人频繁往来，他和他们一起投身极端放荡的生活，让人不禁担心他会造成灾难性的后果，请愿人多次劝诫儿子回归正途，过上规矩的生活，但没有任何成效，正是为了预防这些灾祸的发生，他们请求仰仗阁下的权威。

---

① 此处写作 Barbe du Ponchel，前文写作 Barbe Dupobchel。——译注
② 军备图书馆"巴士底狱档案"，11009 号手稿，第 95 页（1728 年）。

出于以上考虑，阁下，请您下令将请愿人的儿子马尔克·勒内·卡伊送进圣拉扎尔的 R. 神父监狱 ①，好让他接受管教，监禁他直到他有了悔改的迹象；请愿人们将支付他关押的食宿费用，他们寄希望于阁下的正义，毕竟阁下只有在足够公正和必要之时才会施予您的恩惠。

卡伊，迪普瓦 ②·卡伊 ③

卡伊，夏特莱前任警长谦卑地请求警察总监阁下下令释放马尔克·勒内·卡伊，根据国王命令，他被监禁在圣拉扎尔监狱，他充分利用在里面的机会悔过自新，达尔让松先生好心让他在自己身边工作，请愿人斗胆相信他会表现规矩。④

弗勒里主教大人阁下

马尔克·勒内·卡伊的父亲因他生活放荡，提出请求并获得了 1728 年 9 月 8 日国王命令，将他送入圣拉扎尔。

但鉴于他父亲请求将他带回，我认为释放他不会带来任何不便。⑤

---

① Maison des R. Pères de Saint-Lazare. ——译注
② 此处写作 Dupoys，前文写作 du Poys。——译注
③ 军备图书馆"巴士底狱档案"，11003 号手稿，第 26 页（1728 年）。
④ 军备图书馆"巴士底狱档案"，11003 号手稿，第 30 页（1728 年）。
⑤ 军备图书馆"巴士底狱档案"，11003 号手稿，第 31 页（1728 年）。

安托瓦讷·孔贝尔

致警察总监阁下

阁下，

西蒙·孔贝尔，香槟沙隆市市民，谨请阁下知悉，多年来，他的孩子之一安托瓦讷一直过着极度纵欲的生活，尽管请愿人和他的妻子尽一切所能给予他看顾，这让他们担心接下来可能发生的一系列灾祸不仅会损害他们的名誉，还会为他们带来无尽的忧伤，要是不立即对前述安托瓦讷实施逮捕，请愿人的妻子可能会死去。这让请愿人不得不请求阁下下令逮捕前述安托瓦讷，他现在人在菲斯梅，但鉴于请愿人不能将前述安托瓦讷带回沙隆市，因为那会为他本人和其他孩子招致丑闻，毕竟孩子们都已经有了各自的家庭，请愿人决定将前述安托瓦讷带去巴黎。

阁下，这便是请愿人怀着深深的敬意有幸恳请阁下庇护的原因，他谦卑地请求阁下下令将前述安托瓦讷送入轻罪监狱，让他接受管教，直到他认清自己的纵欲行为，表现出规矩的言行。

阁下，请求人将为您和您尊贵的家庭祝愿、祈祷。

西蒙·孔贝尔[1]

---

① 军备图书馆"巴士底狱档案"，11004 号手稿，第 197 页（1728 年）。

1728 年 3 月 27 日

圣马丁监狱

先生，

我有幸将这封来自沙隆市的请求书交到您手中，事关一位名叫安托瓦讷·孔贝尔的二十二岁生活放荡的青年，随请求书附上有关此事的信件，其中几封是他的兄弟于本月 24 日写给我的，鉴于从未见过表述如此清晰、说理如此充分的请求书，我命人当着公证人，并在法官的现场认证下，将委托书交予前述安托瓦讷的父母，上面写明了这个年轻人纵欲和混乱的本性，但鉴于他的家人在菲斯梅抓到他并送去了巴黎圣马丁监狱，看守得知由我负责此事，告诉我在没有入狱登记的情况下，不能将他收监，为了不有损最高法院的声誉，而且没有您的命令，我也无法行事，在此请求您签署命令。

要等到委托代理手续完成才能办理入狱登记。我与这个生活放荡的年轻人谈过，他向我承认他确实是从父亲那里拿走了一沓钱和一只平底大口杯，但仔细反思之后，他还是将它们交到了圣埃蒂安奥唐普尔堂区神甫手中——请他代为归还给父亲。他还承认可能卖掉了从父亲那里拿走的一支蜡烛和一双女士拖鞋，而对于其他被控告的事情，他没有承认。

请允许我怀着诚挚的敬意成为先生您的［字迹模糊］。

西莫奈 ①

---

① 军备图书馆"巴士底狱档案"，11004 号手稿，未编页码（1728 年）。

220

于沙隆市，1728 年 5 月 24 日

先生，

尽管未能有幸与您相识，我还是斗胆请求您好心接受我谦卑的敬意。

您费心给穆莱先生写信，回应他写给西莫奈先生的信，现在，穆莱先生已将您于 1728 年 5 月 16 日写的信传达给我。要劳您前去查看您所说的那个年轻人是否乘坐菲斯梅的马车抵达，我深感不安。如今他在圣马丁德尚监狱等待他的命运。

先生，我有幸向您表示，作为这个年轻人的兄弟是我的不幸，我没能遵循您在信中所说的流程，我的父亲没有到场。

我和我的家人一起恳请您的帮助，恳请您拯救我们。请求您好心愿意再次叮嘱圣马丁监狱的看守，在我们遵循您所提到的流程前看住他。

我要预先提醒您，我这个兄弟行为恶劣，不顾其他人的意见，行放荡之事，也就是说任由自己被激情驱使，他在许多乡村人家，甚至沙隆市的人家偷盗，能拿什么拿什么，从衣物到在市里某个市民家找到的银杯，八个月来，他从我父亲那里偷走了所有他能偷的东西，到头来还吹嘘要去乡村乱窜，吹嘘要让所有人都谈论他，甚至说要让人把自己抓起来，以此羞辱他的家人，我向您发誓，这个年轻人已经精神失常。

可否不要让他被夜间巡逻队当成流浪汉抓起来，我请求您好心给予我您的回答。

孔贝尔，收税人，税收、仓库和书记室管理员

我向您重申，如果释放这个年轻人，整个家庭都将蒙受耻辱。

我们会付清看守人员的费用，但也请看守人员好心为我的兄弟提供面包和水。

若能有机会感激您的善意，我将深感荣幸。①

西莫奈

罗西尼奥尔先生将携国王命令将年过二十三岁的安托瓦讷·孔贝尔从圣马丁监狱转入比赛特监狱。根据他父母的委托书执行。②

玛丽·安娜·勒菲比尔

致警察总监阁下

阁下，

让·勒菲比尔，巴黎教区农奴档案保管室办事员，携妻子路易兹·玛尼谨向阁下表示，她们不幸生了这个如今近二十三岁的长女，她生活混乱，并且永远不可能改正，去年 11 月 2 日，她从父母家中逃了出去，没人能找到她；因为认为她会继续放荡的生活，我们请求阁下的援助，下达国王命令将她关入医院几年，

---

① 军备图书馆"巴士底狱档案"，11004 号手稿，第 194 页（1728 年）。
② 军备图书馆"巴士底狱档案"，11004 号手稿，未编页码（1728 年）。

让她反思自己的错误，我们将终生为阁下的福祉和健康祈祷。

J. 勒菲比尔，L. 玛尼

　　我们于 1728 年 1 月 18 日找到上述女士，她与一个名叫比朗的人住在同一间房中，是他建议她逃到圣德尼街旁边的波旁街，住在四楼走廊尽头的圣索佛尔家，还建议她改名换姓，让人称呼自己勒·布朗小姐。①

玛丽·弗朗索瓦兹·勒·诺尔芒

致警察总监阁下

　　阁下，

　　布吕努瓦居民梅达尔·勒·诺尔芒，该地堂区神甫乔瑟夫·马若拉尔，以及在此请求书后签名的居民们，谦卑地恳请阁下好心下令将前述梅达尔·勒·诺尔芒的女儿，年仅十八岁的玛丽·弗朗索瓦兹·勒·诺尔芒关入医院，这个作风不良的女人与多名男性有过放荡行为，近一年来，她沉湎于各种罪恶之事，犯下数次小规模的偷窃罪行，从父亲的邻居和附近其他人家偷鸡和布料。而且，她逃过了父亲和布吕努瓦居民们的注

---

① 军备图书馆"巴士底狱档案"，11018 号手稿，第 356 页（1728 年）。

意，三个月来，没有人发现她，也没人能找到她，直到上星期一 1728 年 9 月 20 日，她在本地几个地方被她父母抓住，送进布吕努瓦监狱，如今她还被关押在那里，并威胁说，等她出去了，要烧了父亲和邻居的房子。

正是出于上述原因，请愿人请求仰仗阁下的权威，以避免这个自暴自弃的人可能造成的各种不幸，她的父亲和继母还要照顾其他几个孩子，现在已经几乎到了要去乞讨的绝境。阁下，前述请愿人们将终生为阁下的健康和福祉向上天祈祷。

签名：堂区神甫马约尔 [1]；博维诺，柯莱，

H. 加洛讷，富尔尼耶，佛里昂，纪夏尔，

弗朗索瓦·梅尔格雷，丹戴尔，迪维尼埃尼，

检察官帕斯卡尔，米歇尔·帕斯基耶，

纪尧姆·科佐 [2]

洛朗·米歇尔·勒瓦瑟尔

致警察总监阁下

阁下，

洛朗·勒瓦瑟尔，鲁昂面粉商，谨呈阁下，因为轻信十九岁的儿子，请愿人将价值九千利弗尔的货物寄给他，他却和那

---

[1] 此处写作 Mayort，前文写作 Joseph Majoral。——译注
[2] 军备图书馆"巴士底狱档案"，11019 号手稿，第 31 页（1728 年）。

些卖淫、放荡的女人一起消耗、侵吞货物。

请愿人在得知儿子的放荡作风后，前来巴黎保护他的财物，也就是他儿子手中所剩无几的那些。他乘驿站马车以最快速度赶到巴黎及市郊找他。他得知儿子的住所，但他儿子每天都换地方，警惕请愿人也就是他的父亲希望他做出的改正。因此，他希望阁下愿意为他下达命令。

父亲勒瓦瑟尔，叔父杜马鲁 ①

先生，访问比赛特的这几天，我见到了您的儿子，因生活放荡从 1728 年 12 月起就被关在那里的洛朗·米歇尔·勒瓦瑟尔。

鉴于此次惩罚已经足够，我认为您应该协调他的释放事宜，或者至少将他转去一个条件更好的监室，我不想不提前告诉您就提出此事。先生，我将全心全意为您服务。

埃洛尔特
于巴黎，1729 年 8 月 25 日 ②

路易兹·玛格丽特·帕仁

致警察总监阁下

阁下，

---

① 军备图书馆"巴士底狱档案"，11019 号手稿，第 335 页（1728 年）。
② 军备图书馆"巴士底狱档案"，11019 号手稿，第 336 页（1728 年）。

皮埃尔·帕仁，巴黎标尺制造工，家住圣安娜街，属圣洛克堂区，斗胆谦卑地恳求阁下，就他的长女路易兹·玛格丽特·帕仁一事施予他仁慈，四年半以来，她生活极其混乱，简直骇人听闻，她多次偷盗，与那些作风放荡的男男女女频繁往来，还威胁要让那些与她有不正当关系的卫兵杀了我，我用尽一切办法想阻止所有这些混乱事情的发生，已经无法忍受了，阁下，鉴于她始终继续那些放纵行为，我不得不求助于您，谦卑地恳请您出于您的善意将她终身监禁起来，或者把她发配到岛上，我与全家将更加虔诚地为阁下的健康和福祉祈祷。

我们，具名人，皮埃尔·帕仁（路易兹·玛格丽特·帕仁的父亲）、皮埃尔·马亚尔（她的叔父）、让·科菲尼埃（她母亲那边的表亲）和让·帕仁（父亲那边的堂亲），特此证明上述陈情书真实有效，上述内容无丝毫夸张之处。[1]

让娜·塞西尔·佩赞

致警察总监阁下

家住圣日耳曼欧塞尔街的羊皮纸制造商米歇尔·佩赞和妻子玛丽·埃莱娜·亚丹，有幸谨呈阁下，他们不幸生了让娜·塞西

尔·佩赞这样一个女儿，她二十一岁，沉浸在可怕的放纵中，为了方便和遇上的随便什么人一起纵欲，她离开父母家，和形形色色的人在巴黎游荡。请愿人们被这世间最深切的痛苦淹没，曾经由苏西警长向您呈上一封请求书，苏西警长很清楚他们女儿的劣行，也清楚他们的控诉是公正的，他对请求书做出回应，但不知放在您办公室的什么地方，现在，正是出于这一原因，请愿人们不得不呈上第二封请求书，恳请阁下考虑到他们可悲的女儿的放荡行径，为他们提供援助，他们谦卑地请求阁下在收到苏西警长关于前述塞西尔·佩赞恶行的汇报后，好心为他们下达国王命令，将他们的女儿关入医院，她现在与一个裁缝学徒住在一间公寓里，这将是阁下对他们最大的仁慈，为此，请愿人将怀着感恩之心为您的福祉和健康向上帝祈祷。

玛丽·埃莱娜·亚丹，帕索，J.布达尔，

朗弗勒，文桑·里翁，埃蒂安纳·洛莱特，

F.勒·米雄，M.里维埃 [1]

埃德姆·乔瑟夫·埃利

致警察总监贝尔丹阁下

阁下，

---

① 军备图书馆"巴士底狱档案"，11025号手稿，第210页（1728年）。

乔瑟夫·埃利，莫贝广场市集红酒商贩，携妻子谨告阁下，有埃德姆·乔瑟夫·埃利这样的儿子，是他们的不幸，对这个十九岁的儿子，他们毫不吝惜地为他提供教育，为了让他承担起自己的责任，他们耗尽柔情，已经没有可能纠正他的行为了，眼看着儿子非但没有过上规矩的生活，反而日复一日沉浸在放荡之中，他们深感痛心，他和众多放纵之人频繁往来，没人知道他晚上在什么地方过夜，请愿人没法搞清楚他晚上藏在哪里，这让请愿人们很是担忧。

正是出于这一点，请愿人们不得不求助于阁下的权威，恳请阁下下令将他监禁在比赛特，去年就为了惩罚他，为了防止他破坏家庭的名声，将他关在那里，为此，请愿人们将为阁下的福祉向上天祈祷。

埃利（父亲）

陈述属实，父亲、母亲、本堂区教民都是诚实的人，配得上警察总监先生的善意。

普乐尼奥，圣埃蒂安迪蒙堂区神甫

请求书由圣埃蒂安迪蒙堂区居民维利、Md. 夏佩利埃，辩护人菲利普·托马·莫雷尔（认为儿子埃利是个流浪汉），主要租客梅格莱共同签署。①

---

① 军备图书馆"巴士底狱档案"，12000 号手稿，第 36 页（1758 年）。

1756 年 5 月 15 日

夏邦先生

先生，

随信附上那个姓埃利的人呈给您的请求书，请求将他的儿子关入比赛特。我没能及时针对这个年轻人的品行向您汇报并做出说明，因为他的父亲和母亲决定让他去做泥瓦匠的工作，他们叫停我，好让他们确认他是否如他们所愿有所改变。但他们又一次控诉儿子开始了混乱的生活，他完全离开了父母家，不再回来睡觉，他躲在莫贝广场的货摊上，晚上和像他一样的流浪汉一起度过，整日什么事情都不做。

这些事情以及陈情书中提到的内容，都由很多人向我证实。因此，先生，我认为应这对父母的要求下达命令，没有任何不妥。

我愿怀着深深的敬意成为您谦卑的仆人。

勒迈尔警长①

玛丽·玛德莱娜·埃贝尔

致警察总监阁下

阁下，

---

① 军备图书馆"巴士底狱档案"，12000 号手稿，未编页码（1758 年）。

安娜·菲利普·佛尔，洗衣女工，现居奥尔姆码头沃广场 22 号一位水果商女士家，属圣保罗堂区，有幸谨向阁下陈述，她养育了姐妹中一位的五个孩子，他们很小的时候就失去父母成了孤儿，但尽管她给他们做出了好的榜样，为他们提供教育，她还是痛心地看到她的外甥女 M. M. 埃贝尔纵情放荡生活，几年来言行极其混乱，完全没有名声可言，听不进任何告诫，常常半夜甚至凌晨一点大吵大嚷地回来，对于她的姨妈和养育她的全家来说，她就是最大的痛苦之源，鉴于他们已经无法让她做出改变，他们不得不求助于阁下的公正，恳请阁下在了解事情的真相后，逮捕她并根据国王命令将她关进医院，以防止她可怕的行为所造成的不幸，请愿人养育几个孩子已经耗尽一切，无法支付任何开支，也付不起关押的食宿费，她是这个悲惨家庭的唯一经济来源，只能寄希望于阁下一如既往的仁慈和公平，她将为阁下的健康和福祉祈祷。

安娜·菲利普·佛尔；叔父路易·佛尔；

姐夫萨瓦尔；

兄弟路易·埃贝尔，兄弟 J.-B. 埃贝尔；

姨妈玛丽·库当；

兄弟弗朗索瓦·埃贝尔 [①]

---

① 军备图书馆"巴士底狱档案"，12000 号手稿，第 15 页（1758 年）。

1758 年 4 月 4 日

我亲爱的朋友埃贝尔，

我第一时间就拿起笔询问你的健康，我真是太担心了，我给你寄了两封信，你却没有回应，你的信让我注意到你在生我的气。给你写了两封信还得不到回应，我很难过。我不知道是不是因为我跟你要钱，你要知道在给我父亲的信中，我也向他们要了钱，我亲爱的朋友，即便给我寄三利弗尔或六利弗尔，像我这样的穷军人，处在这样的状况里，也是需要的。我想你会让我高兴的，求你了，发发慈悲给我这份快乐吧，我从心底里拥抱你，我亲爱的朋友，再见，我求你收到信后，如果你能理解我的焦虑，就尽快回复我吧。我亲爱的朋友，我求你可怜我，对我永远忠诚，比你所能的还要忠诚，因为我，我也对你忠诚，仁慈的天神在上，我对你忠诚，我想你也该一样待我。最后，我要从心底深处拥抱你。再次请求你发发慈悲，我亲爱的朋友，一收到信就给我回复，好消除我现在的忧虑。

你永远谦卑、忠诚、正当的朋友。

蒂博

地址如下：

蒂博，圣奥梅尔二营卫兵团士兵。[①]

1758 年 7 月 20 日

---

① 军备图书馆"巴士底狱档案"，12000 号手稿，未编页码（1758 年）。

先生，

安娜·菲利普·佛尔，洗衣工，她将姐妹中一位的五个孩子抚养长大，他们很小的时候就失去父母成了孤儿，她认为没有办法，只能向您递交请求书，请求将其中一个外甥女，二十四岁的玛丽·玛德莱娜·埃贝尔关进医院。这个女孩很不幸地沉湎于放荡生活中，名叫蒂博的卫队士兵是她最亲密的情人之一。这位士兵去了佛兰德地区，这让女孩的家人们以为他们的告诫会对女孩的精神产生作用，四个月来，他们一直试图让她表现出良好的举止，但都是徒劳。

如今，鉴于前述 M. M. 埃贝尔的行为越来越糟糕，遇见什么人都投怀送抱，他们认为没有什么理由再拖延她应得的惩罚。

我听取了女孩的叔父、姨妈、兄弟、姐夫妹夫的证词，所有人都作证她已经放纵到了极点。

在这样的情况下，我认为应该将前述 M. M. 埃贝尔关进医院，但愿她能在那里接受教义，从中获得教育，能够用更高的法则纠正自己的行为。

（警方报告）[1]

致警察总监阁下

阁下，

安娜·菲利普·佛尔，玛丽·玛德莱娜·埃贝尔的姨妈，

---

[1]　军备图书馆"巴士底狱档案"，12000 号手稿，第 24 页（1758 年）。

曾请求阁下好心将她的外甥女安置在萨尔佩特里埃监狱，并于1758 年 8 月 7 日获得阁下命令，如今她谦卑地恳请阁下，考虑她本人和全家的期望，将她的外甥女从监狱转移到姐妹救济会 ①。以上是她对阁下的期望，她也会为阁下的健康和福祉向上天祈祷。

安娜·菲利普·佛尔 ②

玛丽·诺埃尔·勒布尔

致国务大臣圣弗洛朗丹伯爵阁下

阁下，

让·勒布尔，又叫拉朋代，是热斯夫雷公爵阁下的仆从，住在圣旺地区，他谨呈阁下，他有个名叫玛丽·诺埃尔·勒布尔的女儿，十九岁，四五年来一直沉迷于放纵生活，连教堂都不怎么去，现在她和法国警卫队的一个士兵在一起，丢掉了请愿人竭尽所能为她提供的教育，也不顾他的劝解，为了将她从混乱中解救出来，他做了一切努力，不仅一无所获，反而让她丧失了对父亲的尊重，因为害怕会有更糟糕的事情发生，请愿人在别人的建议下求助于阁下，恳请阁下发善心，下达国王命令将她关进医院。他请求阁下公正的仁慈，并将终生祈祷阁下

---

① 　Communauté des Filles du Saveur. ——译注
② 　军备图书馆"巴士底狱档案"，12000 号手稿，第 31 页（1758 年）。

健康永驻。

> 让娜·布尔迪，拉·古莱特，
>
> 热内维耶芙·特鲁耶，弗朗索瓦·孔普万，
>
> 于斯塔什·孔普万，加布里埃尔·迪布瓦，
>
> 库冯，P.迪迈，勒·梅里埃尔 [1]

我，具名人，塞纳河畔圣旺堂区神甫，特此证明，以上请愿书中所提女士居住本堂区期间，所操言行只能令她的家人蒙羞。

> 于圣旺，1758 年 10 月 14 日
>
> 库隆 [2]

先生，

执行您下达给我的命令时，我让勒布尔先生及他的家人在他呈给您的针对女儿玛丽·诺埃尔·勒布尔的请求书上签名，我证明陈述属实。

五年来，这个女孩言行恶劣至极，尤其德·萨谢尔先生在圣旺暂住苏比兹亲王家期间，很多年前她就在没有其他人陪同的情况下，与亲王家的仆从往来。此后，来自科隆布、库尔布瓦和阿涅尔的御前卫士也都先后和她有染；后来她又转向法国警卫队。她的父亲多次让她回家；他想要她反省自己，她看起

---

① 军备图书馆"巴士底狱档案"，12014 号手稿，第 171 页（1758 年）。
② 军备图书馆"巴士底狱档案"，12014 号手稿，第 172 页（1758 年）。

来听进去了，保证会做出改变，可是第二天就又走了。她在大街小巷拉客。前述勒布尔堪称公认的绝对诚实的人，几天前，从一些可靠的、有信仰的人那里得知了他女儿的事迹，得知她现在既不诚实，也没有廉耻之心。

普吕利埃尔 ①

致警察总监贝尔丹阁下

安托瓦讷·吉尔贝尔，法国圣德尼地区客栈老板，请求阁下费心翻阅圣弗洛朗丹伯爵转交您的那封陈情书，内容关乎释放吉尔贝尔的表亲玛丽·诺埃尔·勒布尔，她被圣德尼骑警队逮捕，并于 1758 年 12 月 21 日被监禁在萨尔佩特里埃，这一切都是应他父亲的请求，完全归因于后者的坏脾气，和想要讨好现任妻子的意愿，也就是前述表亲的继母，他的请求没有任何合情合理的基础。请愿人愿为她的行为和品格担保，请愿人的妻子和全家都有目共睹。并为阁下向上帝祈祷。②

致国务大臣圣弗洛朗丹伯爵阁下

阁下，

圣德尼客栈老板安托瓦讷·吉尔贝尔，圣莫尔小酒馆老板尼古拉·特雷莱尔。前者是圣莫尔本地人玛丽·诺埃尔·勒布

---

① 军备图书馆"巴士底狱档案"，12014 号手稿，第 173 页（1758 年）。
② 军备图书馆"巴士底狱档案"，12014 号手稿，第 175 页（1758 年）。

235

尔的表亲，后者是她的叔父，他们非常谦卑地恳请阁下知悉，让·勒布尔，前述玛丽·诺埃尔·勒布尔的父亲，为了讨好她的继母，一个不折不扣的恶毒后母，不知羞耻地罔顾事实，利用他人的虔诚，好让人逮捕自己的女儿，为此他还放上了家人的签名，但这些签名完全是伪造的，而正是这些签名为他赢得了逮捕女儿的最高命令，该命令于 12 月 22 日由骑警队在圣德尼执行。他的女儿被关进医院，和那些无耻之徒一起遭受惩罚，而请愿人们向阁下保证这个不幸的姑娘是无辜的，他们将一封证明书呈交给您，很多曾经收留过她的人都在证明书上签名，愿意提供有利于她的证明，她那个不称职的继母无恶不作，而她住在圣旺的父亲过于顺从继母，忘记了与第一任妻子的血肉，这就是她全部的不幸。

请愿人们深感痛心，请求阁下怜悯这个可怜的受害者，具名人吉尔贝尔和其他人一起再次提出请求。他们将为阁下的健康向上帝祈祷。①

阁下，

我有幸向阁下汇报，玛丽·诺埃尔·勒布尔生于塞纳河畔圣旺，于去年 12 月 22 日在圣德尼被逮捕，继而送入医院，而这没有任何合情合理的缘故，只是因为她的父亲让·勒布尔和他的第二任妻子缺乏正直的品格和情感。

---

① 军备图书馆"巴士底狱档案"，12014 号手稿，第 176 页（1758 年）。

这个没有人性的父亲将他第一次婚姻所生长子发配到岛上，还希望能够摆脱如今受到监禁的女儿，好心安理得地占有孩子们微薄的财产。

鉴于这个女儿没有什么地方是应当受到谴责的，圣旺的小酒馆老板、前述女孩母亲那边的叔父尼古拉·特雷赛尔[1]，和圣德尼的客栈老板、女孩的表亲安托瓦讷·吉尔贝尔，愿意为女孩担保，求助于阁下的权威和公正，请求您释放前述玛丽·诺埃尔·勒布尔，我有幸将他们提供的完整证据呈给阁下。我有幸怀着诚挚的敬意成为阁下谦卑而忠诚的仆人。

德尔德，圣德尼岛堂区神甫

圣德尼岛，1759 年 6 月 21 日 [2]

夫人，

请您千万原谅我没能有幸在这新年伊始向您表达我的敬意；诸多事情妨碍了我，最晚我会在这一周告诉您原因，希望届时您愿意原谅我。

向您请求帮助是上天对我的恩宠，我相信您会同意我的请求，去警察总监先生的秘书夏巴讷先生那里，关照将我所管辖堂区的一个女孩从综合医院释放出来一事，她被监禁在那里已经一个月了。她的一个亲戚愿意在家中收留她，并如呈给

---

[1] 上文写作 Nicolas Trerel，此处写作 Nicolas Tresel。——译注

[2] 军备图书馆"巴士底狱档案"，12014 号手稿，第 180—181 页（1758 年）。

德·圣弗洛朗丹先生的请求书中所述为她的行为作担保，我也在证明信中为担保人的生活和品行作证。

夫人，希望您能给予我您的仁慈，并相信我愿意怀着诚挚的敬意成为夫人您谦卑而忠诚的仆从。

库隆，圣旺堂区神甫

1759 年 1 月 21 日

★

玛丽·图西讷·勒·布朗

致警察总监阁下

阁下，

让-巴蒂斯特·勒·布朗，工地伙计，住在木材商雷米·罗比奈·德·格勒南先生家，和他的妻子谦卑地请求阁下倾听他们的陈述，由于确信他们的女儿玛丽·图西讷行为错乱，他们决定将她关押起来，为此，他们谦卑地恳请阁下授权逮捕她，将她送进萨尔佩特里埃，尽管他们还要养育其他九个孩子，他们还是会支付一笔监禁的食宿费。他们将终生为阁下的保全祈祷。

维耶莱（勒·布朗的妻子），

维耶莱（母系叔父），

巴丹（父系表亲）

---

① 军备图书馆"巴士底狱档案"，12014 号手稿，第 183 页（1758 年）。

　　我，具名人，圣尼各老堂堂区临时神甫，证明请愿人们理应如愿，有人向我证实他们在情愿书中所提均为事实。

于巴黎，1758 年 6 月 6 日

诺梅尔，教士

　　我证明前述请愿书内容属实。

洛勒，教士 [①]

　　我见到了玛丽·图西讷·勒·布朗的父母，他们向阁下呈交了一封针对他们女儿的请求书，随信附上。

　　我得到一致证实，这个十九岁的年轻女孩五年前就开始卖淫。她先是去了蒙蒂妮家，她的父母从那里接她回家；她又一次从家里逃了出去，一度被人供养，之后又对遇见的随便什么人投怀送抱；如今，她住在蒙马特街街角一个叫莫雷尔的汽水制造商家，她在那里拥有一间房间。

　　因此，鉴于女孩父母双方的亲戚都同意她父母的意见，我认为，先生，如果您也认为可以的话，请您同意他们的请求，下达监禁她的命令。

　　我将怀着深深的敬意成为先生您谦卑而忠实的仆人。

---

① 　军备图书馆"巴士底狱档案"，12004 号手稿，第 35 页（1758 年）。

勒迈尔警长

1758 年 7 月 6 日 [①]

我证明勒·布朗小姐大约六年前，被一位名叫热内维耶芙·当东的女士送到我这里来，以妓女的身份在我家住了六个星期，我给了那位女士十八利弗尔，至于女孩的母亲，我给她每个星期十二利弗尔，她知道她的女儿住在我这里，完全清楚她在我这里操持的行当，就此事，我签署该证明书，并且如果需要的话，我愿意去法官面前作证。

于巴黎，1758 年 8 月 1 日

蒙蒂妮 [②]

我证明勒·布朗小姐在父母的同意下，以妓女身份在我位于玛扎丽纳街的住所生活了三个月，她的父母来看过她，在我家和她一起吃饭。这对父母曾几次邀请我去他们家，我和她还有医生达尔奈尔勒先生一起去的，就是为了让我替她找到供养者，就此事，我签署该证明书，并且如果需要的话，我愿意去法官面前作证，于巴黎，1758 年 8 月 1 日。

让娜·艾尔芒 [③]

---

① 军备图书馆"巴士底狱档案"，12004 号手稿，第 37 页（1758 年）。
② 军备图书馆"巴士底狱档案"，12004 号手稿，第 44 页（1758 年）。
③ 军备图书馆"巴士底狱档案"，12004 号手稿，第 45 页（1758 年）。

　　我证明大约六年前，玛丽·图西讷·勒·布朗小姐被她母亲和一个名叫吕加的女士带到我家，以妓女的身份住了两个星期，当时我住在圣奥诺雷屠宰场街，她的父亲和母亲来看过她，就此事，我签署该证明书，并且如果需要的话，我愿意去法官面前作证。

于巴黎，1758 年 8 月 1 日
波杜安

　　我证明大约六个星期前，勒·布朗小姐的父亲和我说他对女儿非常满意，当时她刚拿出六个金路易将哥哥从法兰西警卫队里赎了出来，他还说她愿意在任何事情上帮助他们。

波杜安 [1]

　　我证明大约三年前，在我居住在老奥古斯丁街时，勒·布朗小姐曾在我这里生活过一年，是她母亲和祖母把她送来的，她们希望我接纳她，让她成为我这里的众多居留者之一，我每个星期会给她母亲六利弗尔，她父母多次来我家看她，两人都清楚她在我这里的生活，就此事，我签署该证明书，并且鉴于证明书内容绝对属实，如果需要的话，我愿意去法官面前

---

[1]　军备图书馆"巴士底狱档案"，12004 号手稿，第 46 页（1758 年）。

作证。

于巴黎，1758 年 8 月 1 日

佩盖 ①

　　兹证明，大约一年半以前，勒·布朗小姐就居住到我们街区，我们未见到她的行为中有任何可耻之处，相反，我们看到她行事总是得体、谨慎。

　　写于巴黎蒙马特街，近大道，1758 年 8 月 2 日。

B. 莫雷尔（汽水制造商），

P. 比菲（仆从，居住在库尔当先生家），

M. 伊瑟洛（裁缝用品商），

蒂埃里（包装工负责人），

马特拉宗（邻居），

迪彭（烟草零售商），

邻居（库尔特伯爵先生家的看门人），

昂方（退役宪兵）

德拉马尔（面包店主）的夫人，

蒂卡特里（酒店老板）的夫人 ②

---

① 军备图书馆"巴士底狱档案"，12004 号手稿，第 47 页（1758 年）。
② 军备图书馆"巴士底狱档案"，12004 号手稿，第 48 页（1758 年）。

致警察总监阁下

阁下，

玛丽·图西讷·勒·布朗本月初根据国王命令被捕并送入萨尔佩特里埃，现在她有幸跪倒在阁下面前，向阁下陈述，六年前，她进入社交界，对此，她的父母从一开始就是知情的，他们甚至亲手促成了她的堕落，蒙蒂妮、波杜安、艾尔芒和艾盖① 的汇报均可为她作证，她的父母曾到这些开妓院的女性家看过她，每月都去她们家吃饭、收钱，她的母亲本人就在其中一些人家做过风尘女子，她试图停止这种放荡的生活，想要找个文雅的男人将她赎出来，而她的父母可能还想夺取她的家具和衣物，于是他们求助于阁下的权威，逮捕她并惩罚她的过错，还带着优越感从中捞得点好处。

阁下，请愿人斗胆向您保证，在她居住的蒙马特门那一带，她没有造成过任何丑闻。对于不得不向阁下揭示她父母的丑恶，她深感懊恼，阁下，在等待您释放她的同时，她将终生为阁下的福祉祈祷。

玛丽·图西讷·勒·布朗②

阁下，

您的善意不断感染着我，此刻，我便扑倒在您面前，亲吻

---

① 此处写作 Hecquet，不确定是否与上文佩盖（Pequet）指同一人。——译注
② 军备图书馆"巴士底狱档案"，12004 号手稿，第 50 页（1758 年）。

您的膝盖，恳请您为我的父母施予善意，他们对您犯下罪行，可是，这惩罚会要了我的命。若是您施予善意释放我，我会毫不犹豫地回家永久地回归正途，而不只是一时地体会您的善意，并且我会尽一切可能维持我对父母的敬意，感激您绝对的公正，阁下，请您施与他们仁慈，以抚慰我的泪水，他们的不幸就是对我可能犯下的错误的二次惩罚。他们负担着家庭，要是全家不得不在收容所里苦中作乐，那将是我最大的不幸。

我将全部希望寄托于阁下的宽宏，我斗胆向您保证，阁下，您对我父母的怜悯将给予我新生。要是得知他们在铁窗里，我该多么心痛啊。

阁下，我有幸怀着诚挚的敬意成为您谦卑而忠诚的仆人。

M. T. 勒·布朗

1758 年 8 月 8 日

阁下，正是我今早有幸在您的庭上陈述同样的请求。①

致警察总监阁下

阁下，

让·巴蒂斯特·勒·布朗，工地伙计，家住巴黎圣维克多区塞纳街，谨请阁下知悉本月 15 日，他的妻子洗衣工安娜·维耶莱在您的命令下被捕并送进医院，如今她正被关在那里。

---

① 军备图书馆"巴士底狱档案"，12004 号手稿，第 52 页（1758 年）。

请愿人不认为他的妻子有什么行为值得遭到这样的侮辱，只能将其归因为有人欺骗了阁下的虔诚之心。

确实，阁下，这些打击肯定都是请愿人的大女儿的势力所致，请愿人已经被女儿的错乱行为击垮。她也曾因为放荡受到监禁，她有一个危险且残忍的保护人，他的身份让他有幸赢得了阁下的信任，动用手段让她获得释放，不久之后，暴风雨就降临在她母亲头上。

为了用无辜者取代有罪者，为了将病弱的妻子从丈夫怀中抢走，为了把她从九个哭着的孩子身边拉走，一定有人给她安了可怕的罪名，阁下，那九个孩子都生活在可怕的贫穷中，而且大部分都正是脆弱的年纪。

据请愿人所知，这次监禁的首要原因是他的女儿和她的保护人跟一些人说请愿人的妻子促成了女儿的放荡。阁下，为了让您相信这样的诽谤［字迹模糊］有多么可怕，请愿人斗胆在这封陈情书后附上各种文件的副本，这些文件可以证明请愿人和他的妻子一直在尽力让这个女儿摆脱她离家后就一直投身的放荡生活。

文件涉及警探弗勒里先生的到庭证词、请愿人妻子的证词、贝利耶先生的信，根据这些文件所得的信息已经由罗什布里讷先生呈交给阁下，他从中得出一份完整的证明：罗多尔夫和蒙蒂妮被下令逮捕，请愿人的妻子没有任何可疑之处，从未做过今天人们用来诽谤她的那些事。

所以，阁下理应严肃对待这一指控的始作俑者。阁下若能在有人援引一些伪造文件时，不去理会他女儿对母亲过分的叫嚣，请愿人将不胜感激。如果阁下认为可以下令进行汇报，请愿人也会保留揭露谎言的权利。请愿人女儿的保护人可能是利用一些明目张胆的手段和似是而非的证据，获得了关押请愿人妻子的命令。

我们倾向于认为有人利用了一些最为严重的非法手段，在这里有必要进行回顾。在请愿人让人监禁他女儿的时候，那些人激起针对女孩父亲的谣言，声称认识他，每天都会看到他去她住的地方；因为这些话针对的是请愿人，所以这里面存在伪造的父亲身份。

在这样的情况下，我希望阁下您能召回您针对此事所下达的命令，将请愿人的妻子释放回去，对于家里大部分人来说，这位母亲都是必不可少的，她为家庭提供了最大的帮助，是她让家庭得以存在。他们将终生为阁下的健康祈祷。①

先生，

眼里噙满泪水，我扑倒在阁下的膝盖前，请求阁下释放我的母亲。得知她被监禁的时候，我就感染上了风寒，让我不得不因为重感冒回到床上，若非如此，我之前就会跪倒在您的脚边，得不到您仁慈的恩赐就绝不离开，否则，我一定会因为太痛苦而死。希望阁下您能被我的请求打动。我的母亲要照顾

---

① 军备图书馆"巴士底狱档案"，12004 号手稿，第 64—65 页（1758 年）。

十个孩子，她被您的一位警探费拉先生逮捕的时候，怀里还抱着一个正在吃母乳的孩子，他不得不离开她，对于一位母亲来说，这是多痛心的打击啊！

这将对这个可怜的无辜之人造成多大的伤害；我的父母曾就我的事情欺骗阁下，这是他们犯下的可怕错误，理应受到惩罚，这是毋庸置疑的，但伟大的灵魂懂得原谅，而阁下，您的灵魂一定承载着宽恕，我期待这份宽恕能够有效，否则，我会极端痛苦，会痛苦而死。

我有幸怀着极深的敬意成为阁下您谦卑而忠诚的仆人。

玛丽·图西讷·勒·布朗 ①

致警察总监贝尔丹阁下

阁下，

长女玛丽·勒·布朗有幸谦卑地请求阁下倾听她的陈述，她的母亲玛丽·安娜·维耶莱根据您的命令被监禁在萨尔佩特里埃以后，她无法照顾、养活七个年纪很小的弟弟妹妹，他们非常需要母亲的救助，而且鉴于他们可怜的母亲是因为受到虚假控诉而被捕，他们斗胆扑倒在阁下脚边，请求阁下考虑到上述情况，用怜悯的目光看看这七个可怜孩子的悲惨处境，他们被剥夺了母亲的救助，除了她，没有人能让他们生存下来。

请以您一贯的仁慈，下令释放他们的母亲，他们都将为阁

---

① 军备图书馆"巴士底狱档案"，12004 号手稿，第 72 页（1758 年）。

下的福祉向上天祈祷。①

[有两项逮捕玛丽·图西讷的父亲让·巴蒂斯特·勒·布朗的命令，之后又有一项命令："暂停执行这项命令，目前只执行针对勒·布朗妻子的命令。"（1758 年 8 月 11 日）]

致贝尔丹先生

先生，

鉴于您认为让·巴蒂斯特·勒·布朗的妻子玛丽·安娜·维耶莱已经受到足够的惩罚，这里，我附上您提议的将她从医院中释放出来的国王命令。

先生，我永远是您谦卑而忠诚的仆人。

1758 年 8 月 29 日

弗洛朗丹 ②

弗朗索瓦兹·维莱特

致警察总监贝尔丹阁下

阁下，

私人医生皮埃尔·维莱特和妻子安娜·雅柯丹家住无花果街，圣保罗交叉道，有个二十岁的女儿弗朗索瓦兹·维莱特，从某一刻

---

① 军备图书馆"巴士底狱档案"，12004 号手稿，第 76 页（1758 年）。
② 军备图书馆"巴士底狱档案"，12004 号手稿，第 79 页（1758 年）。

起，她就会趁夜逃出请愿人，也就是她父母的家。从没给过任何合理的理由，她所做的一切都是为了过上妓女的放纵生活，不是在这儿就是在那儿；在这期间，请愿人将她带回家中，试图用温柔的方式把她引上教义的正道。尽管如此，她还是又一次从窗户逃出。她继续着可怕的混乱，大家都害怕这个有辱家门的女人，得知她与一个名叫夏里尔的人生活在一起，他们给法庭写了信，那是个不服管的男人，和她一会儿在这里住住，一会儿去那里坐坐。请愿人，也就是她的父母请求阁下下令调查，很多诚实之人都对此事有所了解，得到信息后，还请您下令逮捕她，将她关进萨尔佩特里埃，直到上帝仁慈地让她认识到自己。尽管他们已经陷入悲惨境地，无法支付关押的食宿费，他们还是希望能够获得这一恩惠，怀着感激之心，他们将终生为阁下宝贵的时日向上帝祈祷。

父亲皮埃尔·维莱特，母亲安娜·雅柯丹，

安托瓦讷·昂里盖 [1]

家庭暴力

皮埃尔·贝雄

致警察总监的先生

雅克·贝雄，菜园园丁，家住萨尔佩特里埃后面，属圣马丁堂区，谨请阁下知悉，他有个二十四岁的儿子皮埃尔·贝

---

[1]　军备图书馆"巴士底狱档案"，12018 号手稿，第 232 页（1758 年）。

雄，行为极其错乱已经八年，过着流浪的生活，回请愿人家只是为了拿粗暴、羞辱人的话虐待请愿人，这些话实在不合适复述，其中掺杂着咒骂和渎神的话，他有时候爬窗户进来，打开衣柜，撬开箱子，把家里能偷的都偷走，因此，请愿人担心他这种恶劣行为还会有一系列更令人不快的无法避免的后果，他请求阁下出于仁慈，看看这个被压垮的父亲，将前述皮埃尔·贝雄关进比赛特，尽管请愿人已经没有能力支付关押的食宿费。他希望阁下秉持一贯的宽容施予他这一恩惠，他将终生为阁下的福祉和保全向上天祈祷。

具名人：两位女婿

［背面：］

警长普雷蒙蒂埃尔认为应该同意这位父亲贝雄的请求。

贝雄的姨妈是艾洛希夫人的乳母，她证明那是个"非常恶劣的人"。[1]

叙尔比斯·安托瓦讷·丹维尔

致警察总监的阁下

先生，

---

[1] 军备图书馆"巴士底狱档案"，10999 号手稿，第 202 页（1728 年）。

　　玛德莱娜·勒格朗，炮兵军需员安托瓦讷·丹维尔的妻子，八年前成了寡妇，她谨告阁下，出于多种原因，她对儿子叙尔比斯·安托瓦讷·丹维尔提出控诉，他从生下来就属圣叙尔比斯堂区，现在差不多二十二岁，他偷了母亲的一颗钻石、一只零钱包、半打银汤匙和叉子、大量衬衫和各种季节的床单，还趁母亲不在，撬开衣柜和五斗柜，拿走能拿走的一切，甚至本月9日，从修道院偷走了一件上衣、一件外套、一条短裤、一顶帽子和一顶病人的假发，他以前也在这间修道院穿过初学修士的罩袍，后来被修士们开除，开除的原因都写在证词里了，也正是出于所有这些原因，前述玛德莱娜·勒格朗和叙尔比斯·丹维尔的所有叔父、姨母、子侄、亲戚、朋友都谦卑地请求阁下下令将他关押在安全的地方，以防他继续犯下有辱家门的罪行，所有惩罚都是为了正义。

六个具名人 [1]

致警察总监先生

阁下，

　　丹维尔的遗孀谨请阁下倾听她的讲述，阁下——针对请愿人的控诉——大约两个半月前下令将她的儿子关在比赛特，这段时间，他一直因为年轻时的一些行为被监禁在那里，而阁下下令给东印度公司的先生，让他带走比赛特里一些可以立刻出

---

[1]　军备图书馆"巴士底狱档案"，11005 号手稿，第 164 页（1728 年）。

发的年轻人，前述叙尔比斯·安托瓦讷·丹维尔就被选中并被列在送去岛屿的名单上。鉴于请愿人没有办法去除他身上的年轻气盛，只能请求阁下同意并下令将他从比赛特除名，让他能在下星期一出发去岛上，她将终生为阁下的保全祈祷。①

皮埃尔·迪考鲁瓦

致警察总监国务委员埃洛尔特阁下

阁下，

玻璃装配工克里斯托弗·勒·姆瓦讷和妻子安娜·文森，家住圣安托万郊区罗盖特街，属圣玛格丽特堂区，现第二次请求阁下倾听他们的陈述，他们不幸有皮埃尔·德·克鲁瓦②这么个女婿，他是假发师，在夏朗东街入口处有家店铺，于1722年11月10日娶请愿人的女儿玛丽·勒姆瓦讷③为妻，他不停虐待她，拳打脚踢，还有恶毒的诅咒，让她成为世上最可悲的人，成天威胁要杀了她，这个人是个彻头彻尾的酒鬼，对上帝毫无畏惧之心，不尊重任何人，只想着怎么弄死请愿人们，在他们家中辱骂他们，破坏或损毁他们的家具和货物，

---

① 军备图书馆"巴士底狱档案"，11005 号手稿，第 170 页（1728 年）。

② 此处写作 Pierre de Corrois，前文写作 Pierre Ducauroy。—— 译注

③ 此处写作 Marie Lemoyne，前文写作 Marie Le Moyne。—— 译注

请愿人要不是寻求了帮助，甚至生命都会受到侵害①：两次向德·拉萨里警长先生提起的诉讼可以证明此人的劣行。

请愿人们每日被这个无耻之人侮辱，生命遭到威胁，他们向阁下呈交过一份请愿书，该请愿书由多位市民、商贩、曾经的堂区财产管理委员签名，并且前述克鲁瓦的无耻生活得到了堂区神甫证实，前述请愿书由德·拉萨里警长先生和您的秘书分别记录在册，并被呈交给罗西尼奥尔先生，罗西尼奥尔先生说已将该请愿书交到夏邦特里先生手中，但夏邦特里先生找不到了。

请愿人们眼见着前述克鲁瓦继续带着一贯的狂怒实施暴力，他们的生活安全得不到任何保障，只得求助于阁下的权威和公正，请求您通过密札将他监禁在您觉得适合的地方，请愿人们寻求了一切办法想让他履行自己的责任，但一点用也没有，毫无改变的可能，他们希望阁下考虑到这两封请求书的内容，同意他们为了生命安全斗胆向您提出的请求，他们将为阁下的健康和保全祈祷。

克里斯托弗·勒·姆瓦讷（父亲），

安娜·文森（母亲），

勒·贝格（兄弟），

安娜·勒·姆瓦讷（姐妹）②

---

① 此处原文是 intenter sur la vie，intenter 的意思是"提起民事诉讼"，不知道怎么翻译，怀疑是把 attenter（谋害，侵犯）错写成了 intenter。——译注

② 军备图书馆"巴士底狱档案"，11007 号手稿，第 177 页（1728 年）。

阁下，

您急召迪·克鲁瓦[1]先生和他妻子的父母来面见您，那位父亲卧病在床，而母亲局部瘫痪，无法到您这里来；至于迪·考鲁瓦[2]先生，是您所能见到的最阴险的人，对于您应当给他的那些告诫，他会认为没什么值得听从的，因为他自我感觉良好，他会向阁下做出美好的保证，然后一回去就继续谋害他可怜的妻子，抢走所有东西，那简直是把羊交给狼，他还会让那些和他一起喝酒的士兵朋友去伤害她的父母，他只和人中败类往来，只等着岳父死掉，好将可怜的岳母和家里的其他孩子扔在稻草堆上。阁下，还请您相信，要不是事态严重，我们不会如此，他可怜的妻子被他折磨，以至于永远待在绝望之中，这位勤劳、虔诚的女性曾有一年去科尔贝伊修道院，想做修女，但没有得到主的应允，她离开修道院，走入地狱之中。如果因为他们不能前来面见阁下，阁下不愿处理此事，那就还这个痛苦的家庭以和平，我们宁愿一下子丧生也不愿意在小火上慢慢熬。最好的情况还是将他监禁起来，因为我们都担心他的坏脾气和他激怒、咒骂的恶劣状态会让我们蒙羞。

我们在德·拉萨里警长先生那里提起过两次控诉。那位父亲对他进行劝告和教训，但都一点用也没有，反而被他的恶劣

---

① 此处写作 Du Corrois。——译注
② 此处写作 Du Caurroy。——译注

言语和美好承诺震惊，他曾用拐杖企图卸掉妻子叔叔的头，后来是他的岳母用手抓住拐杖才避免了那一击，正是在那之后两天，这位父亲前来提起控告。对他的控诉远不止于此，但无论如何，这个恶劣之人既不畏惧上帝，也不惧怕法律，当他不得不工作时，他就诅咒自己已逝的父母。

她发现他卖掉了住处和家具，没有给她留下任何财物就走了，要是他有办法和她分开，他一定会这么做的，尽管他曾嘲笑那些被法律分开的人，说他要杀了他们，并且说到做到，我希望阁下能够怜悯这个痛苦的可怜的家庭，我们有幸提交的第一封请求书得到众多品行良好的市民签署，署名的还有曾经的堂区财产管理委员，圣玛格丽特堂区神甫，德·拉萨里警长先生，我们定将为您的健康和福祉向上帝祈祷。

［下方：］

阁下，

不能前去拜倒在您的面前，向您保证上述所述均为事实，不能向您证明我的生命安全没了保障，让我深陷绝望，若不是担心惹您心烦，这些苦怎么也诉不尽，假如阁下不怜悯我，我将是最不幸的女人。

阁下，我将完全忠于您的意志，并成为您忠诚的仆从。

玛丽·勒姆瓦讷 [1]

---

[1] 军备图书馆"巴士底狱档案"，11007 号手稿，第 177 页（1728 年）。

致警察总监阁下

阁下，

玛丽·勒·姆瓦讷，圣安托万郊区夏朗东街入口处假发师傅皮埃尔·迪考鲁瓦的妻子，谨请阁下知悉，她的丈夫因虐待、威胁配偶根据国王命令于1728年2月20日被监禁在比赛特。

鉴于请愿人和前述迪考鲁瓦无法达成一致，也无法和睦相处，她请求释放他，并相应地，允许他们在身体和财产上进行分割，允许她获得她所请求的财产，在和解的基础上，让她带走她与他结婚时带来的全部嫁妆。

前述勒姆瓦讷①谦卑地请求阁下愿意如前所述在分割并归还她带给他的所有嫁妆的基础上，释放她的丈夫，让她能够在父母家独自平静地生活，她希望阁下好心给予她这一恩惠，她将终生为阁下的保全祈祷。②

致警察总监埃洛尔特阁下

阁下，

皮埃尔·迪考鲁瓦，圣安托万郊区夏朗东街入口处假发师傅，谨呈阁下，被监禁在比赛特后，他得知他的妻子将他遭到逮捕前阁下写给他的一封信藏了起来，没有给他，这或许让阁

---

① 此处写作 Lemoine。——译注
② 军备图书馆"巴士底狱档案"，11007 号手稿，第 184 页（1728 年）。

下觉得他是个不服从的傲慢的人，其实他们之间那些小纠纷都是因为她嫉妒他的第一个学徒，后者现在掌管整间店铺，而所有的财物都由一个年轻女人守着，她会侵吞他的钱、货物、家具，让他彻底破产。

请愿人的妻子不久前让人传唤请愿人到民事官面前，以获得分割财产的命令，获得她所请求的部分。在提出请求并取得法令之后，她还住在他的房子里，这是不符合规矩的，如果阁下不能大发慈悲释放请愿人，他将无法保护自己的利益，他保证他没有任何报复的意图。

他将终生为阁下祈祷。①

致警察总监埃洛尔特阁下

阁下，

皮埃尔·迪考鲁瓦，圣安托万郊区夏朗东街入口处假发商，谨请阁下知悉，他于1721年娶了于先生的侄女，当时她刚刚离开修道院，只有价值一千两百利弗尔的嫁妆，请愿人通过辛勤劳作让财产增加到八千利弗尔，并拥有一间配备齐全的商铺，还有三个学徒为他工作；这让他们能够不用仰仗他妻子的父母，独立生活，但不再服从于他们的意志，这一结果刺痛了他们，他的妻子执着于要让他服从自己的父母，尽管他有正当的理由从那种依赖中独立出来，她用粗暴的言语胁迫他，到

① 军备图书馆"巴士底狱档案"，11007 号手稿，第186页（1728年）。

了有点折磨人的地步，虽然没有丑闻，也没有引起轰动，但她早已放弃了自己的职责，她带着愤恨向她的父母控诉，而他们迫不及待有这么个机会能够实施计划，让请愿人回到依赖他们的状态里，他们得到他妻子的许可，以密札的方式请求将他关在比赛特的命令，经历这样一次惩罚，再加上担心会蒙受第二次折磨，他变得更加谨慎，他们的暗示对于一个二十二岁的年轻女孩来说是有魅惑效果的，可以让她做任何他们想让她做的事，他们在她的同意下取得了当月 20 日逮捕他的命令。鉴于他向阁下做出的忠实的讲述，还有那些重视名誉的正直之人就他的品行给出的证词，他希望阁下能够释放他，这将为他带来深远的影响，不仅为了他的名誉，也为了他交给三个学徒和一个二十二岁女孩照看的店铺，而他们根本不具备管理店铺的能力，可以说如今的监禁会毁了他多年劳作的成果。他寄希望于阁下的公正，释放他，他保证不会对这样一次冲突怀有任何报复情绪，他将终生为阁下祈祷。

科尔德莱（长筒袜制造师），

马蒂斯彭（长筒袜制造师），

德罗西比尔，鲁瓦耶，

杜瓦拉（木器师傅），

巴里厄（裁缝师傅），

米肖尔，巴尔德 [1]

---

① 军备图书馆"巴士底狱档案"，11007 号手稿，第 188 页（1728 年）。

★

让·迪克鲁

致警察总监埃阁下

1728 年 3 月 28 日命令

阁下，

让·迪克鲁，巴黎红酒商，家住圣日耳曼欧塞尔街，与妻子玛丽·弗朗索瓦兹·迪彭，谨向阁下陈述，有让·迪·克鲁 ① 这么个儿子是他们的不幸，他如今二十四岁，几年前开始就沉浸在如今这样的极端放荡中，总是烂醉如泥，在这样的情况下，他不仅会辱骂他的父母，还会辱骂他的兄弟姐妹，甚至虐待、威胁他们，这让请愿人们不得不多次以家长的威严训诫他，但他从来不当一回事，不放在心上，2 月 10 日星期四午后，他一如既往地喝醉了酒，他侮辱请愿人们，还咒骂他父亲，说如果父亲不满足他，不现在就给他五千利弗尔，他将打破、砸烂整个房子，鉴于一直以来，他都在偷家里的东西，请愿人似乎不得不找来圣奥诺雷城门卫兵，卫兵到达以后，好像将他带到了苏西警长先生那里，后者将他送去主教领地，将他关在那里直到有新的命令，鉴于请愿人想要终止这一如此混乱的行为，他们只得求助于阁下，谦卑地请求阁下将他监禁在圣拉扎尔监狱，让他接受改造。他们将终生为阁下的保全和健康

_____

① 此处写作 Jean du Croux，前文写作 Jean Ducroux。——译注

祈祷，并签名作为确认。

迪克鲁，E. M. 迪克鲁（姐妹和彭松的妻子），

M. F. 迪彭 ①

先生，

很久以前，我对您保证会就您儿子的情况向您给出意见，今天我就打算这么做：他刚刚领了圣餐，为此他准备了六个月，有理由相信他表现得很好，仁慈之心要求我们不能对此有别的看法。先生，如今该由您来想想要拿这个年轻人怎么办了。延长他在这里的时间已经没什么用了，因为他的思想实在有限，从表面来看，很难再有更好的进展，也无法判断他有没有改变，要看他离开这里后的表现才能知道。

先生，我愿成为您谦卑而忠诚的仆人。

卡耶，传道会牧师之一，

1728 年 9 月 18 日 ②

致警察总监阁下

阁下，

圣日耳曼欧塞尔街葡萄酒商让·迪克鲁和妻子玛丽·弗朗索瓦兹·迪彭谨请阁下知悉，上一个三月，因为对他们二十四岁的

---

① 军备图书馆"巴士底狱档案"，11007 号手稿，第 259 页（1728 年）。
② 军备图书馆"巴士底狱档案"，11007 号手稿，第 263 页（1728 年）。

儿子让·迪克鲁不规矩的行为、对他整日饮酒感到厌倦，他们向街区警长苏西先生提出控诉，后者将他送进主教领地，前述请愿人们有幸将一封请求书呈给阁下，根据请愿书内容，阁下出于善意将他监禁在圣拉扎尔监狱，让他接受管教，由他们支付监禁期间的食宿费，他们履行了自己的义务，而监禁让他的行为有了转变，请愿人有理由相信这一点，因为监狱院长和管教员都给他们写信说明情况，向他们保证并证实他完全改邪归正，愿意听从父母的意志，这让他们不得不求助于阁下，恭敬地请求阁下好心下令释放他们的儿子，前述让·迪克鲁，他们寄希望于阁下的这一恩惠，因为也没有任何理由还将他关在那里。

他们将终生为阁下的保全和健康祈祷。[1]

1728 年 2 月 24 日

先生，在将此请愿书呈于您面前后，那一家人就聚在一起，他们同意将请愿书中提到的那个言行恶劣的年轻人送进圣拉扎尔，因为他已经三年没参加圣事了。正是出于这个原因，您同意下令将他押出主教领地，但将他送去那里的低级警务人员竟然将他记入囚犯登记簿，没有我的命令，他们不能这么做，这是惯例。

德斯克莱尔先生，
替苏西警长[2]

---

[1] 军备图书馆"巴士底狱档案"，11007 号手稿，第 265 页（1728 年）。
[2] 军备图书馆"巴士底狱档案"，11007 号手稿，未编页码（1728 年）。

★

安托瓦讷·迪鲁埃

致警察总监阁下

阁下，

卡特琳娜·莫斯尼，市场区小拱廊下的海鲜商贩，已故埃德姆·迪鲁埃的遗孀，有幸谦卑地向阁下讲述，她的儿子又名瓦尔冈的安托瓦讷·迪鲁埃，现今二十七岁，过着极其混乱的生活，不再尊重请愿人，也就是他的母亲和请愿人的另一个儿子，他的兄长德·托尔西总管先生，以至于过分到威胁要杀了他们，甚至会拔出他现在带在身上的那把军刀来实施他可怕的意图，尤其在他喝了酒的情况下，而饮酒对他来说是家常便饭，在这种时候，他甚至会辱骂所有人，而且之前为了把他从混乱中解救出来，让他学习手艺而花的大价钱都白费了，他一点也不想学手艺，也不想靠自己生存，更愿意过放荡的生活，而不是工作，请愿人曾将所附控告呈给奥贝尔警长先生，她谦卑地恳请阁下逮捕他，将他送去岛上，她和她其他的孩子都将为阁下的健康和福祉祈祷。

卡特琳娜·莫斯尼（迪鲁埃的妻子，母亲）

★

---

① 军备图书馆"巴士底狱档案"，11009 号手稿，第 145 页（1728 年）。

路易·亨利

致警察总监阁下

阁下，

路易·亨利，二十一岁的锁匠学徒，三四年来一直纵欲，行为放荡，过着极其混乱的生活，无法在任何师傅那里完成学徒期：他与一帮流浪汉和一些不信教的人往来，一起夜晚在外面游荡，常常留宿外面，有时过了十一点或半夜才回父亲家，已经醉得没有理智，他辱骂、背弃上帝，威胁要杀死自己的姐妹，上月 24 日的时候，他就准备用火铲实施这样的罪行，是他父亲强行把火铲夺走的。没有人知道他不工作，哪来的钱投身放荡生活，毕竟他的父母也没有能力供养他：有人证实他在做学徒的师傅家中多次实施偷窃，他的混乱到了极致，甚至从他父亲家中盗走了他所能拿到的一切，威胁父亲，说他要看看他们两个谁更有力气。当有人威胁要将他关起来，要向行政官先生们控告他时，他竟然胆敢回答说他想去比赛特，他没有丝毫畏惧之心，什么事都不能引起他的担忧。正是因为以上原因，他的父亲和母亲在此谦卑地请求警察总监阁下引起注意。

署名：亨利 [1]

埃洛尔特先生应当派人去找锁匠学徒路易·亨利，和他

---

[1]　军备图书馆"巴士底狱档案"，11013 号手稿，第 42 页（1728 年）。

谈谈，星期二、星期三他晚上都没有回父亲家，昨天他一直到十一点之后才回去，喝得烂醉，否定上帝，威胁说谁靠近他就杀了谁，最后造成了很大的动静和混乱，以至于引来夜间巡逻队，他从窗口辱骂他们，但队长没有下令带走他，他说不能从他父亲家带走他，但如果有人把他带到外面，他们会立刻以滋扰民众为由逮捕他。①

　　　　　　　　　　　　　　　致弗勒里主教阁下

　　马兰·亨利和他的妻子请求将他们年近二十一岁的儿子路易·亨利关进医院。

　　据他们所说，他们的儿子做锁匠的工作，但他在任何师傅家都不能待满学徒期，如此已经三四年了，他与一帮不信教的人和流浪犯往来，和他们一起在夜间流浪，他常常夜不归宿，再不然就是晚上十一点或者半夜才回家；总是喝得烂醉，亵渎上帝，威胁要杀了他的姐妹——6月25日②，要不是他的父亲从他手中夺走了火铲，他就成功了；有人证实他在做学徒的地方多次实施偷窃，还拿走父亲家中的财物，父亲责备他的时候，他回嘴说看看他和父亲谁力气大。请求书由他的父亲、母亲和三位师傅签署，这三位师傅家里都遭到过偷窃。多吕先生提到，这个路易·亨利过着非常令人厌恶的生活，请求监禁

---

① 军备图书馆"巴士底狱档案"，11013 号手稿，第 43 页（1728 年）。
② 上一封信中为 24 日。——译注

他；四国学院 [1] 的副主管请求监禁他。 [2]

纪尧姆·索瓦日

致警察总监阁下

阁下，

路易兹·德·洛朗，遮面舞服制造商杰罗姆·索瓦日的遗孀，家住圣安托万郊区大道，谨请阁下知悉她有一个二十八岁的儿子，名叫纪尧姆·索瓦日，他于 1728 年 6 月 3 日从比赛特释放，那已经是他第三次被监禁在那里，在保证会做个老实人，打动了阁下一贯的公正之后，他得到释放。但就在释放的那天，前述索瓦日又对请愿人，也就是他的母亲实施暴力，甚至威胁她，动手打她，以至于她不得不抛下房子和工作，她的生命安全得不到保障，因为前述索瓦日为了便于实施暴力，重新穿上法兰西警卫队的制服，并自称是士兵。请愿人没有办法，只得向在圣安托万郊区巡逻的警卫队士官格勒戴先生控告她儿子对她实施的虐待。这位格勒戴先生调来巡逻队，逮捕前述穿着兵服的索瓦日，于 1728 年 8 月 3 日将他送进圣日耳曼德普雷修道院的监狱。

---

[1] Collège des Quatre-Nations. 由枢机主教马萨林创办，为当时法国统治的四个地区的学生提供教育。——译注

[2] 军备图书馆"巴士底狱档案"，11013 号手稿，第 49 页（1728 年）。

鉴于此，阁下，请愿人非常谦卑地请求阁下再次将前述索瓦日关进比赛特，对他实施终身监禁，以避免可能发生的不幸。

她将虔诚祈祷您健康永驻。①

先生，

有幸收到您于1728年9月18日向我下达的国王命令，我将那个被控告要用砍刀砍下母亲脑袋或手臂的纪尧姆·索瓦日送进了医院。他自称是德·库尔特迈尔先生兵团的卫兵，但因为他的举止和放荡生活，兵团已经宣布他无法当兵。前述索瓦日的母亲希望先生能好心将他送去岛上，索瓦日本人也有此意。他说他不会改变的，他就像卡美洛②一样刀枪不入，他已经习惯了。我有幸在此对先生表达我诚挚的敬意③

　　　　　　　　　　　　　［字迹模糊］德尔克万④

克洛德·卡尔博奈

　　致国王议会议员、行政法院审查官、警察总监贝尔丹阁下

---

① 军备图书馆"巴士底狱档案"，11028号手稿，第129页（1728年）。

② 圆桌骑士。——译注

③ 此处无标点，原文如此。——译注

④ 军备图书馆"巴士底狱档案"，11028号手稿，未编页码（1728年）。

阁下，

家住沃布尔① 的洗衣工寡妇卡尔博奈向阁下陈述，她长期活在痛苦之中，不幸有克洛德·卡尔博奈这么个儿子，他已经二十一岁，一年半以前，他开始放荡生活，每天醉酒，不停折磨他的母亲，对她实施各种手段，整日威胁要掐死她，要在家里放火，并已经在为此做准备了。上述陈述均为事实，皇后镇骑警队的德·拉·贝尔纳尔迪埃尔先生、堂区神甫、行会理事和当地居民也都了解情况：请愿人因为担心向司法部门提起控诉会失去自己的儿子，一直忍耐至今；但鉴于她不仅担心自己的生命，还害怕他的行为会给他们正派的家庭蒙羞。她非常谦卑地请求阁下下达国王命令，逮捕前述克洛德·卡尔博奈，将他先关在比赛特，再从那里转去殖民地。阁下，您若能给予她这一恩惠，这位痛苦的母亲生命安全将得到保障，让她的家人不用受那个可悲之人的威胁和侮辱，她和全家将终生为阁下的健康和福祉诚挚地祈祷。

沃弗② 堂区修道院院长富夏尔；

堂区财产管理委员 G.曼南；勒布朗

我，具名人，旺布尔③ 堂区执事，证明了解上述情况。

（［署名模糊］，德·孔代亲王阁下的税务代理人）④

---

① 此处写作 Vaubres。——译注
② 此处写作 Vauves。——译注
③ 此处写作 Vambre。——译注
④ 军备图书馆"巴士底狱档案"，11990 号手稿，第 197 页（1758 年）。

陈情书

先生，

我有幸接到您的命令向您汇报如下，在旺弗尔[1] 村，我针对所附请求书进行了详细查问，得知请求书中所述事件均为事实，先生，寡妇卡尔博奈有正当理由控诉儿子的劣行，她常常受到他的虐待。这个可悲的人几乎总是喝得烂醉，有理由担心这位可怜的女人无法在那个不近人情的儿子的击打下存活下来，他已经害死了父亲，根据我从当地常住居民那里得到的消息，他们亲眼看见那个儿子拿着长柄杈追着父亲在田野里跑，虐待他。

我能向您保证，先生，请求书下方签署姓名均属实，旺弗尔的居民们强烈希望摆脱克洛德·卡尔博奈，他完全有可能烧毁整个村庄。

拉贝纳尔迪埃尔[2]

于皇后镇，1758 年 6 月 11 日[3]

---

① 此处写作 Vamvres。——译注
② 此处写作 Labenardière，前文写作 la Bernardière。——译注
③ 军备图书馆"巴士底狱档案"，11990 号手稿，第 198 页（1758 年）。

玛丽·安托瓦奈特·吉夏尔

致国务大臣圣弗洛朗丹伯爵阁下

阁下，

吉夏尔夫人和家人请求国王命令将她的女儿玛丽·安托瓦奈特·吉夏尔关入医院。

她的女儿玛丽·安托瓦奈特·吉夏尔如今三十一岁，已经成年，她从本应平静的青年时期起，就暴露出暴力的倾向。还在比较小的时候，有一天，她就出于某种片刻的固执，竟到了用刀戳自己的地步，还好被及时阻止。大约十六岁的时候，她偷偷摸摸从当时已经守寡的母亲家里逃出来，与一个男人一起在一个秘密的地方生活了很多年，直到最后她母亲借助搜查找到那个隐蔽的地方，强行将她带回家，一段时间后，她又计划从母亲家跳窗逃跑，以至于人们不得不日夜看管她，六个月来，几乎每时每刻，她都不肯进食，想要饿死自己。

在这期间，她对另一个男人、一个有妇之夫产生了兴趣。而鉴于她所有的激情都被打上暴力的印记，她对这个男人的妻子产生了嫉妒，她鼓动他离开家，和她一起去遥远的地方生活，他不同意，她就威胁要杀了他妻子，烧了他们的房子，说她一点不怕自己之后会为此送命，哪怕像莱斯孔巴 [①] 那样。这样的

————————

① 玛丽·卡特琳娜·塔佩莱（Marie Catherine Taperet），1728 年生于巴黎一户普通人家，在祖父母的良好教育下长大，与建筑师路易·亚历山大·莱斯孔巴结婚。婚后，两人在家中收租，接收年轻人寄宿。其中 23 岁的亨利·蒙若与玛丽·卡特琳娜相恋。不久后，二人的事情就被她丈夫发现，但她用言语稳住（转下页）

话她对自己的姐妹和母亲说过很多次，也和很多她认识的人说她一定会死在格列夫广场上，但是她不在乎，只要她高兴。

她很容易被激怒，这一次，两个月前，被愤怒情绪席卷之后，她患上了一种精神病。家人利用她患病的机会，先是请来她所属堂区的圣安德烈神甫，接着又请圣伯努瓦斯特堂区神甫来看她，想要让她精神稳定下来，将她引回宗教之路：这两位教士完全没能发挥作用，她甚至不肯听他们说话。

最后，医生认为沐浴会对她有用，鉴于她住得不方便，不能在自己家中沐浴，家人把她带去了主宫医院，如今她还在那里。但沐浴并不能缓解愤怒；甚至家人不得不中断这件事，因为她虚弱的体格无法支撑她继续沐浴。她的母亲和姐妹每天都去主宫医院看望她，她丝毫不掩饰她只想出去实施最初的计划；而且她说这话的时候带着一种疯狂和绝望，毫无疑问，她一旦自由了，一定会那么做。

有关她的暴力倾向，她居住区域的修女曾目睹过，因此有所了解。

（接上页）了丈夫。1754 年 12 月的一个晚上，她与亨利去卢森堡公园散步、用餐，回去时，亨利刺死了她的丈夫，并很快被捕。亨利被判死刑，但在供认时尽可能排除了情妇的嫌疑。玛丽·卡特琳娜常去监狱看他，在监狱陪他过夜。但其实，她正在谋划离开巴黎，得知这一消息，亨利立刻供出自己杀人是受情妇教唆。玛丽·卡特琳娜被捕。但她当时已经怀了亨利的孩子，再加上她用各种理由拖延，直到孩子出生后六个月，1755 年 7 月 2 日，她才在格列夫广场上被执行绞刑。据当时刑人的回忆录中记载，在绞刑前，她仍试图用自己的魅力让法官放过她，但未能如愿。在她死后几天，巴黎流传着一份写在披风后面的匿名文字，据说是她葬礼上的演说。——译注

鉴于以上情况，这个女孩的母亲和家人担心这些暴力行为可能带来的一系列不幸，担心如果她受到法律的裁决，全家都会跟着蒙羞，总之，她极大程度上关乎他们的生活。因此，他们最终拜倒在阁下面前，恳请您授予他们国王命令，将前述吉夏尔监禁在萨尔佩特里埃，他们将支付关押的食宿费用。

孀妇吉夏尔（母亲），

奥诺（姐夫），

雷诺的妻子玛丽·热内维耶芙·吉夏尔（姐姐），

科朗松（姐夫），

科朗松的妻子玛丽·玛尔特·吉夏尔（姐姐）

我有幸向圣弗洛朗丹伯爵先生证明吉夏尔小姐家完全有理由请求监禁她。

雷杰，圣安德烈德扎尔堂区神甫，

萨雷，最高法院辩护人、柏林学院[1]成员（友人）[2]

于巴黎，1758 年 2 月 28 日

我请求先生大发慈悲，收回下达给请愿人的密札；玛丽·安托瓦奈特·吉夏尔保证会表现得稳定，不再走回错误的老路。

---

[1]　L'Académie de Berlin. —— 译注
[2]　军备图书馆 "巴士底狱档案"，11999 号手稿，第 146 页（1758 年）。

而且，她已经无法承受人们对她实施的惩罚了。

她的母亲孀妇吉夏尔将永远是你们谦卑的仆人。[①]

警察总监贝尔丹阁下

阁下，

热内维耶芙·安托瓦奈特·乔尔·戴瑟拉莱——孀妇吉夏尔——有幸请阁下倾听她的陈述，根据国王命令，她得以让女儿玛丽·安托瓦奈特·吉夏尔因为品行恶劣受到监禁，于本月7日被德·拉·维勒果丹先生送去萨尔佩特里埃：而很重要的是，没有人能有机会和她说话，以此确保她能在安静的环境中生活，这对她的状况有好处；要是她见到什么人，可能就达不到效果了，尤其是见到辩护人萨雷先生：因为虽然他看起来是个好人，但事实上，他就是请愿人之前在陈情书中提到的，女儿第二段恋情里的那个已婚男人，他甚至还在那封请求书上签了字。

鉴于这个女孩的恋情已经到了无人能及的地步，不让她见到迷恋的对象非常重要，这样她才能克服它，回归自己的责任。

对于自己不得不提萨雷先生的名字，请愿人深感痛苦，她自觉对他刚刚过世父亲负有责任，隐瞒了很多事情，因为担心会损害他的声誉，感激占了上风，让她没有提出她本可提出的

---

① 军备图书馆"巴士底狱档案"，11999 号手稿，第 155 页（1758 年）。

许多控诉，萨雷先生毫不犹豫地促成了她女儿的监禁，告诉她事情不会像她想象的那样，他很有影响力，她本该保持沉默，独自守住自己的痛苦：但她还是很担心，因此仰仗阁下的庇护，谦卑地请求阁下，无论谁想见她的女儿前述玛丽·安托瓦奈特·吉夏尔，都不要同意，她将终生为阁下的健康和福祉祈祷。

孀妇吉夏尔 [①]

阁下，

您为那些无法保护自己的可怜人提供的庇护，让我斗胆在今天向您呈上陈情书，请求您翻阅；我一点都不怀疑，在我身陷这种悲惨而痛苦的处境时，您会出于善意提供援助。

阁下，我有幸怀着深深的敬意成为您谦卑而忠诚的仆人。

寡妇吉夏尔

于巴黎，1758 年 5 月 23 日 [②]

糟糕的学徒

保罗·罗贝尔·夏尔邦提耶

致警察总监阁下

阁下，

外科理发师夏尔邦提耶先生和他的妻子，家住巴黎莫贝广

---

① 军备图书馆"巴士底狱档案"，11999 号手稿，第 158 页（1758 年）。

② 军备图书馆"巴士底狱档案"，11999 号手稿，第 159 页（1758 年）。

场街区穆里埃街，有幸怀着剧烈的痛苦谦卑地向您讲述，他们二十三岁的儿子 P. R. 夏尔邦提耶几年前起就纵身放荡生活，酗酒无度，以至于夜间巡逻的哨兵不得不多次将他带回家里过夜。为能供养自己的罪恶生活，他把父母家中能拿的衣服、物品全都拿走、卖掉。在所有被卖掉的东西里，有一样是他六月时偷偷盗走的新床单，阁下好心施加威信让买家还了回来。他们为圣尼古拉神学院的教士先生们实施外科手术、为他们剃须理发，直到六十四岁眼睛不好以后，那些先生允许由他们的儿子为自己剃须，而这是他们现在仅剩的可以维持生计的办法。鉴于他们太有理由担心儿子的劣行会让他们失去这项营生，对恶的嗜好会激励他偷走这些先生家的东西去买醉，而他们的警告、威胁和纠正都没能促成任何改变，甚至导致他对父亲表达出了极致的恨意，他也不参与任何圣事。正是因为这一令人不快的、可悲的处境，阁下，他们请求仰仗您的公正和权威，请求您下达密札将他关进比赛特，他们将终生为阁下的健康和福祉祈祷。

上述陈述得到神学院教士先生们证实。

> 夏尔邦提耶，科莱，德拉萨尔，
> 勒瓦鲁瓦，前述神学院代理教士，
> 帕尼耶，前述神学院教士 [1]

---

① 军备图书馆"巴士底狱档案"，11003 号手稿，第 262 页（1728 年）。

致警察总监埃洛尔特阁下

阁下，

罗贝尔·夏尔邦提耶，巴黎的外科理发师，谨请阁下知悉，七个月前，阁下下令将他的儿子保罗·罗贝尔·夏尔邦提耶关进比赛特接受惩罚。

请愿人从多人那里得知他那个儿子已经得到反省，保证以后会顺从地履行他的职责。圣尼古拉-迪-夏尔多莱先生、多莱先生、德拉萨尔先生和德·瓦鲁瓦先生建议请愿人接回儿子。因此，请愿人不得不非常谦卑地请求阁下，下令将请愿人的儿子从比赛特释放出来，将他归还给请愿人，也就是他的父亲，他将终生为阁下的福祉祈祷。

> 罗莱，德拉萨尔牧师，
>
> 勒·瓦鲁瓦，父亲夏尔邦提耶 [①]

致圣尼古拉，1729 年 11 月 24 日

先生，

我要再次为一个放荡的年轻人求助于您，他是我们的邻居，名叫 P. R. 夏尔邦提耶，大约二十六岁，他被德·拉·热内维耶夫先生逮捕，送进比赛特，他在那里度过了八个月。因为他表现出懊悔和羞耻，您好心将他释放，让他于上一个七月回到本堂区，但他的转变没能持续多久，对酒精的激情很

---

① 军备图书馆"巴士底狱档案"，11003 号手稿，第 267 页（1728 年）。

快又让他的偷窃行为卷土重来，这使得他住在穆里埃街的父亲罗贝尔·夏尔邦提耶和母亲弗朗索瓦兹·阿拉里不得不请求您再次将他关进比赛特，如果可能的话，让他从那里转去岛上，我所向您请求的是对穷苦、诚实的人的恩惠，我以深深的敬意相信阁下的仁慈，先生，我愿成为您谦卑而忠诚的仆人。

罗莱 ①

弗勒里主教大人阁下，

M. 罗莱以罗贝尔·夏尔邦提耶和他妻子的名义请求再次将他们的儿子保罗·罗贝尔·夏尔邦提耶关进医院。

这个二十六岁的年轻人自从出了比赛特，就又投入之前的由酒精和偷窃构成的混乱生活。

正是出于这样的原因，根据 1728 年 10 月 30 日命令，他被关进医院，又因为发誓会听话，在 M. 罗莱的请求下根据 1729 年 6 月 10 日命令，获得释放。我认为这一命令是正确的。②

---

① 军备图书馆"巴士底狱档案"，11003 号手稿，第 270 页（1728 年）。
② 军备图书馆"巴士底狱档案"，11003 号手稿，未编页码（1728 年）。

尼古拉·迪布伊松

致警察总监阁下

阁下，

日工苦力弗朗索瓦·迪布伊松和他的妻子克洛德·雷蒙，现居圣马丁街圣尼古拉公墓附近鞋匠师傅勒布朗先生家，他们谨请阁下知悉，他们二十四岁的儿子尼古拉·弗朗索瓦·迪布伊松从七岁起就投身放纵的生活，堕落到不愿意培养信仰，他们让他去当鞋匠学徒，他让他的师傅受尽不快，没能教会他维持生计所需的任何技艺，他应征加入小警卫队，成为士兵，在那里待了三年，放纵饮酒，沉迷于生活不端的女人，从她们那里感染了梅毒，去比赛特待了三个半月接受治疗。

鉴于他没能终止复发，继续在外面过夜，与流浪汉往来，在每个人那里寻求放荡的喧嚣，常常回家的时候，帽子不见了，衣服和布料也被拿走，咒骂、威胁说以后人人都会谈论他，鉴于他是不会改变的，而请愿人完全有理由担心如此下流的生活会导致致命的后果，要停止这种行为，请愿人只能请求仰仗阁下的公正和权威，非常谦卑地请求阁下下令将他们的儿子关进比赛特，他们将终生为阁下的保全祈祷。

> 克洛德·德·迪布伊松（叔父），
>
> 勒·布朗，布朗朵，埃蒂安纳·贝尔丹，
>
> 奥贝尔，曼托兹

［同一封请求书上：］

我，具名人，证明此人为人恶劣，为了他好，应该监禁他

直到行为得到修正。

于巴黎，1728 年 11 月 10 日

波奈，圣尼古拉德尚堂区神甫 [①]

★

路易·富盖

致警察总监阁下

阁下，

富盖先生，巴黎市民，家住格勒纳勒街，属圣犹士坦堂区，现谨请阁下知悉，他有一个小儿子，大约十四个月前被送去圣德尼街戈戴尔先生那里做缝纫用品商学徒，他频繁交往的那些人都劣迹斑斑，还不知悔改，在他们的带领下，他也陷入放纵的生活之中，因此请愿人完全有理由担心他的混乱和放荡会造成一系列极端的恶果。

正是这些迫使他求助于阁下，请求阁下允许将他的儿子关进圣拉扎尔，他将支付监禁所需食宿费，他希望阁下出于仁慈下达这一命令，让他小儿子的劣行得到制止。

富盖

1728 年 12 月 [②]

---

① 军备图书馆"巴士底狱档案"，11007 号手稿，第 167 页（1728 年）。

② 军备图书馆"巴士底狱档案"，11010 号手稿，第 329 页（1728 年）。

致警察总监阁下

阁下，

家住格勒纳勒街的巴黎市民路易·富盖，和十二位国王专供葡萄酒商之一、家住布理街 的洛朗·布尔东谨请阁下将前者的儿子、后者的妹夫路易·富盖从圣拉扎尔释放出来，他们于半年前请求您监禁他并收到您的命令。

他们将继续为阁下的健康祈祷。②

★

尼古拉·菲费

致警察总监埃洛尔特阁下

阁下，

尼古拉·菲费，锅匠师傅，携妻子玛丽·忒提，谨请阁下知悉，他们的儿子放纵、游手好闲，都二十六岁了，还不愿意在任何店铺里学习从业技能，与和他一样卑劣、放纵的人往来，请愿人们尽了一切努力，不惜一切代价，动用了众多家庭用过的办法，都没能让他回归自己的职责，如今他们已经心力耗尽，只能痛苦地眼看着他在放荡的生活中越陷越深，预感到一系列的悲剧即将发生。

在此情况下，请愿人们谦卑地请求阁下将他关押起来，然

①　Rue des Poulies. ——译注
②　军备图书馆"巴士底狱档案"，11010 号手稿，第333 页（1728 年）。

后发配去岛上。请愿人们将继续为阁下的保全祈祷。

菲费，玛丽·忒提 [1]

致警察总监阁下

阁下，

锅匠师傅尼古拉·菲费谨请阁下释放他的儿子尼古拉·菲费，儿子现在被监禁在比赛特的圣往见瞻礼室，当时，请愿人为了让他的儿子在自己同样是锅匠师傅的哥哥也就是儿子的叔叔那里做学徒，请求阁下下令监禁。他将一定继续为阁下的保全祈祷。

菲费 [2]

那个姓菲费的锅匠家儿子是个可怕的浪荡子。要么与各种层次的无耻之人厮混，要么和他们一起行卑劣之事。毕什、安德烈、德·夏洛莱的跟班奥布里，还有德·圣路易骑士和一位家住在圣路易岛的年轻侯爵，都和他有不正当关系。毕什被捕、安德烈和奥布里被逐出巴黎后，他感到害怕，求助于一个诚实的人，后者向他指出他的可悲处境，为他联系了圣叙尔比斯教堂的一位教士，但无论谁的忠告，他都没听。不仅没有好好工作，他还是从早到晚与那些卑劣的人往来。因此，有必要

---

① 军备图书馆"巴士底狱档案"，11010 号手稿，第 328 页（1728 年）。
② 军备图书馆"巴士底狱档案"，11010 号手稿，第 331 页（1728 年）。

让他的行为得到纠正，毕竟如果放过他，就也会错过不少和他同龄的人。

逮捕他之后，就能查问事实和相关文件，从他那里获得他认识的那些无耻之人的名字。海米耶先生知道不少事情，可以在查问中提出。前述菲费睡在一位厨师那里，他们住在阿让特伊街锅匠 M. 若塞家，关于他为钱行骗的事情，这里就不多展开了。它们都在相关事实和文件的陈情书中得到陈述，应该针对陈情书的内容进行查问，获得其同谋的信息。[1]

先生，

我请求您做出针对那个菲费的决定，从所附陈情书中，您将看到他有多可憎。我证明，陈情书中所记内容均是事实，这也能得到他人作证。他可怜的家人已经对此哀叹了很久。我尽我所能平复他们的情绪，说服他们，得到这份陈情书。我所呈上的事件和文件都经得起查问。

我愿真心实意地成为先生您［字迹模糊］。

特吕

1728 年 10 月 3 日

致警察总监埃洛尔特先生的秘书

罗西尼奥尔先生

———————

[1] 军备图书馆"巴士底狱档案"，11010 号手稿，未编页码（1728 年）。

1728 年 10 月 11 日

先生，

从几年前开始，拉巴图伯爵就沦落到与那些最堕落最无耻的人为伍，他的名字，您应该已经登记在案，因为他以前受到过揭发。

达尔让松先生任总检察官那会儿，他在裁判所的附属监狱关了很长时间，鉴于这个可憎之人在里面带坏那些年轻的放纵者，会让他们为他提供卖淫服务，我提醒了行政官员，但我的建议并未得到应有的采纳。

如果海米耶先生让您将这位菲费先生带来进行查问，那请不要拖延，否则将酿成大祸，毕竟他已经无药可救，卢瑟洛先生和我一同为此向您提出请求。

亚历山大先生简直肆无忌惮，我将有幸向您讲述有关他的那些您和我都关心的特殊情况。

要是西莫奈先生还有荣誉感，他就不会使用奥蒙、菲利普、莱尔伦这样的人。还请您好心别在相关文件上提到我的名字。我将衷心地成为先生您谦卑而忠诚的仆从。

特吕 [1]

---

[1]　军备图书馆"巴士底狱档案"，11010 号手稿，第 220 页（1728 年）。

米歇尔·于萨尔

致警察总监埃洛尔特阁下

阁下,

玛德莱娜·里戈,圣日耳曼郊区公主大道葡萄酒商① 米歇尔·于萨尔的遗孀,谨请阁下知悉,请愿人唯一的儿子米歇尔·于萨尔已经二十一岁,是个无可救药的放荡之徒,天性卑劣,请愿人将他送去学徒,即使在师傅家里,他也是我行我素,糕点师傅奥贝尔先生可以作证——请愿人就是将自己唯一的儿子送去他家做学徒的——她的儿子依旧沉湎于高度啤酒,过着恶劣的生活,为此,还从请愿人那里偷走了所有能偷的东西,几天前起,开始用可怕的咒骂和渎神的话来威胁请愿人,这些事情对他来说已经司空见惯,尤其喝酒之后,而他几乎每天都喝。

出于所有这些后果和原因,请愿人请求仰仗阁下的公正,为她下达命令,将她唯一的儿子米歇尔·于萨尔关进比赛特接受改造,直到前述米歇尔·于萨尔的言行得到修正,让他能够避免厄运,免于落入更严酷的裁决之手。

除了改造、纠正她的儿子于萨尔,请愿人没有别的想法或意图,她将加倍为阁下的保全祈祷。

于萨尔,吉拉尔丹,盖兰,

---

① 此处原文为 marchant de vin rue Princesse faubourg Saint-Germain au grand Moyse,未查到此处 au grand Moyse（现代法语可能是 Moise 或 Moïse）是什么,故没有翻译出来。——译注

加德迈尔，皮科洛院长先生[①]

致警察总监阁下

阁下，

玛德莱娜·毕戈[②]，她的第一任丈夫，熟食店葡萄酒商于扎尔[③]先生已经过世，现为夜巡骑兵连最高代理长官德·蒙普瓦文先生的妻子，如今她非常谦卑地请求阁下倾听她的陈述，她的儿子米歇尔·于萨尔已经二十四岁，因为偷盗公款，收到国王命令，被监禁在比赛特，但鉴于德·马尔普瓦文[④]先生去看望前述于萨尔时，后者对他做出保证，那是年轻人能对继父所做的最大的保证，如果说他曾经犯错，那他现在已经悔过自新，今后，他将竭尽所能为善，他的母亲和继父对此感到满意。

因此，请愿人和德·马尔普瓦文先生请求阁下释放她的儿子，他们将终生为阁下的健康和福祉祈祷。

玛德莱娜·毕戈，玛丽·玛德莱娜·于扎尔，

M.普瓦里埃，拉瓦莱，帕斯卡尔，于耶[⑤]

---

① 军备图书馆"巴士底狱档案"，11013 号手稿，第 292 页（1728 年）。

② 此处写作 Bigot，前文写作 Rigot。——译注

③ 此处写作 Uzart，前文写作 Husart。——译注

④ 此处写作 Malpoivin，前文写作 Montpoivin。——译注

⑤ 军备图书馆"巴士底狱档案"，11013 号手稿，第 298 页（1728 年）。

路易・罗莱

致警察总监阁下

阁下，

路易兹・罗莱，圣日耳曼郊区女子孤儿院院长，有幸向您讲述，有路易・罗莱这样一个侄子是她的不幸，他如今十四岁半，他已故的父亲曾是卫兵队长德・维拉尔先生的贴身男仆和外科理发师，不得不将妻子路易兹・菲利波关进医院，这让他非常痛心，她现在还监禁在医院，而他的儿子行为恶劣，他一直竭尽所能为儿子提供良好教育，让他完成了部分学业，但也没能唤醒他内心的责任，这也是这位父亲死亡的原因，请愿人想要克服万难，让侄子在诚实之人中间成长，但因为他恶劣的嗜好和渎神的言辞，那些人并不想留住他，他寄宿在埃鲁阿尔家时偷了二十四本书，很多个晚上都在放纵中度过，甚至还消失了七个月，回来的时候，又偷走了一把银质勺子，请愿人深受这个孩子困扰，请求戈贝尔的遗孀暂时收留他，直到找到愿意接收他的师傅，后来他被送去大理石制造师傅阿尔迪那里，但后者也因为他的咒骂，不愿意留下他。前述戈贝尔出于对请愿人的善意，将他接回去，他住进去之后，她发现家中不少衣物丢失，他那些渎神的话和粗暴的回答令她不愿再收留他，在这样的情况下，请愿人只得仰仗阁下的仁慈，请求阁下下达国王命令将前述路易・罗莱关进比赛特。只有这样，请愿人才能不用眼睁睁看着自己的侄子被送上法庭，看着一家人名誉受损，对于前述罗莱的姐姐来说，这将尤其糟糕，后者言行非常乖顺，请愿人将她送去衣物缝补师那里做学徒，请愿人将为阁下的健康祈祷。

衣物缝补师戈戴尔，

姐姐路易兹·罗莱，女子孤儿院院长、姑妈，

大理石制造师傅阿尔迪 [1]

驱逐

雅克·巴尔比庸

致警察总监埃洛尔特阁下

巴尔比庸的遗孀，现居天堂路烤肉商乔治·塔舍隆先生家，谨请阁下知悉，她的四个孩子之一，二十五岁左右的建筑工伙计雅克·巴尔比庸好几次作恶，经常饮酒，用可怕的言辞咒骂，打破、毁坏家里的一切，请愿人不满这种混乱，他就威胁要杀了她，要么用他的卡钳，要么用刀。请愿人沦落到这样悲惨的处境，每天一睁眼就在担心会死在这个不正常的儿子手里，她只能仰仗阁下的权威，谦卑地请求您下令逮捕前述雅克·巴尔比庸，并出于安全考虑，第一时间把他送去密西西比，好避免接下来可能发生的不幸。请愿人将每天祈祷阁下的福祉和宝贵的健康永驻。

八个具名人，其中包括

叔父克洛德·巴尔比庸，

圣让堂区神甫埃尔诺尔特

---

[1] 军备图书馆"巴士底狱档案"，12015 号手稿，第 121 页（1728 年）。

该请求书中所记悲惨内容均为事实，街区所有人都知道前述雅克·巴尔比庸是个彻头彻尾的放荡之徒，甚至还有偷窃的嫌疑，他以前所在的街区圣殿街的邻里向我证明了这一点，其中还有不少市民曾经阻止他殴打自己的母亲。

戈比亚尔（下级警官）①

皮埃尔·日尔曼·贝朗杰

先生，

我有幸将所附陈情书呈于您面前，事关监禁一个放纵之徒，等待机会将他送去殖民地；通过陈情书，您会发现这个人所犯的罪恶，被这样惩罚四次也不为过。他是我认识的一个人的亲戚，全家人都为他糟糕的放纵行为痛心。我请求您动用您的权威，将这个无赖送去他应去的地方，让他在那里接受他因生活混乱而应得的惩罚。鉴于他已经入伍，我必须在这封信中向您呈上从他的长官那里获得的许可。

奥尔良骑士埃洛尔特先生②

---

① 军备图书馆"巴士底狱档案"，10999号手稿，第49页（1728年）。
② 军备图书馆"巴士底狱档案"，11000号手稿，第6页（1728年）。

致警察总监埃洛尔特阁下

请愿人，假发师贝朗杰的遗孀，有三个孩子，其中最大的叫皮埃尔·日尔曼·贝朗杰，他从十二岁起，就给母亲造成了可以想象的所有痛苦；她将他送进圣拉扎尔接受改造；释放出来后，她又送他去一位假发师那里当学徒，他很快又重拾那些恶习：赌博、盗窃、酗酒，等等。

请愿人守寡三年后改嫁，为了有口饭吃，做起缝纫用品生意；她以为把儿子接回去是正确的，可以让他免于丧失名誉，正如阁下注意到的，她所做的都是徒劳。这个放纵之徒为了从她那里拿到缝纫用品商学徒证，向她保证会让她满意。尽管他已经给她造成种种苦痛，她还是温柔地爱着自己的孩子，她给他学徒身份，将他留在自己家中，但这却是她和她其他孩子的不幸，他在家里住了两年，这段时间里，每天偷盗家中财物，要是他再住得久一点，家里一定会破产。

请愿人以为他在别人家表现会好一些，可以做些生意、从事工作，于是将他送去科善先生家，科善先生是个正直的人，在圣雅克门做缝纫用品生意，那个放纵之徒装模作样了三个月，然后偷走了六百利弗尔，请愿人不得不偿还这笔钱来挽救儿子的性命和家庭的名誉；前述科善先生会给她一张收据，她儿子也是知道的，并为了窃取钱财在上面签了字。这个无赖因为不知道怎么欺骗自己的母亲，就假装虔诚，他用这样的方式骗了很多正直的人，他们信了这个流氓所谓的真诚，他们的好话让他母亲满意，他们告诉她要是她不顺应上帝的感召，要是她不协助上帝完成这项美好的计划，她将来就要为儿子身上可能发生的事情，回应上帝的质询，他们说她儿子想要皈依，想要让良心得到休息，名誉得到保障。请愿人明明很多年前就已经熟知儿子的劣行，还是落入他的陷阱，慷慨地给予他一切所需，好让他在 1722 年 11 月 12 日进入伊维尔诺修道院。这个可悲的人只在那里待了三个月，说他不喜欢那里的规矩，更愿意做普赖蒙特莱修会修士。

请愿人完全没有责备儿子，而是尽其所能让他加入普赖蒙特莱修会：他穿上修道服，但事实上这个可怜虫只是欺骗他的母亲，很快就露出真面目，修道院的先生们不得不在六个月的见习期后将他驱逐出去。

这个无耻之徒不敢再回母亲家，又一次和她说想要去下封丹修道院。她还是软弱地答应了；他在那里只待了一个月，院长发现他品行低劣，将他赶了出去，并将他母亲支付的食宿费还给了他。

这个放荡的人回到巴黎，卖掉所有书和衣物，他挥霍卖东西得来的钱，这么过了不到一个月，不敢跟母亲说。1723 年 9 月，他加入里昂人军团团长于维先生的队伍。他逗留巴黎期间没有去见请愿人，请愿人回到下封丹时收到他从杜埃寄来的信，惊讶地得知他加入驻军，并向她要求自己所需。她又一次违背自己父母的意愿，给他寄去价值超过百利弗尔的衣物。这个无耻之徒立刻卖掉它们，用得来的钱供养自己放荡的生活，那些他无论走到哪里都不会停下的行为。

有人建议请愿人让他服几年兵役吃吃苦，但她给了他一百利弗尔食宿费，分三个月定期向他支付了三笔钱。

让这位母亲的痛苦达到极点的是上一个八月，这个可悲的儿子回到巴黎，威胁说如果她不让他离开军队，尤其如果她不支付他所需的钱，他就杀了她和她的丈夫。

请愿人为了避开他的攻击，向所有朋友求助，筹钱让儿子退伍，并偿还他做卫兵期间向同伴借的钱或为了在巴黎的日常开销借钱时承诺下的债务。

阁下，她请求仰仗您的善意，非常谦卑地请求您授予她密札，将她的儿子监禁起来，并第一时间将他送去岛上，若非如此，她和丈夫无论生活还是生命安全都将不得安宁。①

皮埃尔·帕斯基尔

致警察总监阁下

阁下，

皮埃尔·帕斯基尔是已故巴黎鞋匠雅克·帕斯基尔和让娜·康蒂德的儿子，他年近二十四岁，被监禁在大夏特莱监狱，他的家人谦卑地请求阁下知悉，虽然家里没什么财产，但还是尽一切可能让前述帕斯基尔从青年起就接受良好教育，请愿人们并不认识他经常来往的那些危险同伴，不过他们知道，自从

---

① 军备图书馆"巴士底狱档案"，11000 号手稿，第 8 页（1728 年）。

十一年前母亲去世以后，前述帕斯基尔就一直沉迷于各种不良嗜好，他天性放荡，光顾那些成年的和年轻的妓女，甚至与名声很差的女人和女孩往来，他咒骂上帝，说渎神的话，当请愿人中的一些人针对他的放荡行为提出劝告，他就用最恶毒的咒骂攻击他们。鉴于请愿人都来自诚实的家庭，而前述帕斯基尔天性放荡，总是与没有信誉的人、流浪汉，甚至小偷或者窝主往来，还受过严厉的司法裁判，这很可能给他们造成损伤，他们不希望经受这样的耻辱，因此希望将前述帕斯基尔送去岛上。

　　阁下，希望以上原因足以促使您愿意下令查问前述帕斯基尔，将他驱逐去岛上度过余生，请愿人们求助于阁下一贯的仁慈，请求阁下施予这一恩赐，他们将更加虔诚地为阁下的健康和福祉祈祷。

姐姐弗朗索瓦兹·帕斯基尔，姐夫雅克布，

姨母安娜·伊丽莎白·康蒂德，

妹夫纪尧姆·梅尼，

姨父路易·库特伊尔，为了妻子 M. T. 康蒂德

　　我有幸向警察总监阁下证明，该陈情书内容属实，将其中所述帕斯基尔驱逐去岛屿，剥夺他放荡和纵欲的机会，这将是仁慈的决定。

L. 梅塔，圣玛丽堂区神甫 [1]

---

① 军备图书馆"巴士底狱档案"，11024 号手稿，第 125 页（1728 年）。

雅克·安德烈·佩勒兰

致警察总监阁下

阁下，

巴黎地毯商寡妇佩勒兰育有五个孩子，其中四个女孩、一个男孩，她如今非常谦卑地请求阁下知悉，那个名叫雅克·安德烈·佩勒兰的男孩年过二十三岁，很久以前起就过着一种混乱的、可耻的生活，尽管她和他的叔父们用尽一切办法劝诫他，他还是用那些劣行使家族蒙羞。因此，请愿人不得不和他的叔父们一起谦卑地向阁下提出请求，他的叔父们也在该请求书上署名，他们请求阁下下令监禁他，等待时机将他送去岛上，流放三年，前述寡妇将支付他到港下船前所需的行程费用，她和全家将终生为阁下的健康祈祷。

叔父马里，叔父莫斯尼埃，
舅父朗日，
母亲，佩勒兰的遗孀，让娜·玛约 ①

★

---

① 军备图书馆"巴士底狱档案"，11025 号手稿，第 23 页（1728 年）。

西蒙·森佛里安·巴尔博

致警察总监阁下

阁下，

西蒙·巴尔博，圣日耳曼郊区格勒纳勒街马具师傅，和他的妻子玛丽·玛德莱娜·玛尔特·巴雷不得不针对他们的儿子马具学徒西蒙·森佛里安·巴尔博向阁下提出控诉，这让他们深感痛苦，他们的儿子二十五岁半，集所有不良嗜好于一身。

大约一年半前，他在矾鞣工场河岸偷了一枚戒指，被关进夏特莱，父亲的正直和他提供的保护让他从这桩不幸的事情中脱身。几天后，他又从夏特莱对面的金银器商古瓦泽先生那里偷走了一对钻石鞋扣；他从请愿人家中拿走所有能拿的去满足自己的激情。

他的父亲两次让人治好他的隐疾，而他几乎总是喝酒；最后真的变得没有节制。

请愿人们请求阁下的庇护，将他关进比赛特，他们将为此支付一百利弗尔的食宿费，直到他愿意加入印度公司或去岛上。他们完全有理由担心他会被送上断头台。

他们希望您愿意给予他们这一恩惠，他们将终生为阁下的健康和福祉向上天祈祷。

巴尔博[1]

---

[1] 军备图书馆"巴士底狱档案"，11986 号手稿，第 37 页（1758 年）。

　　　　　　　　　　　　　　　　　　致警察总监阁下

　　阁下，

　　巴尔博，圣日耳曼郊区格勒纳勒街马具师傅，有幸敬请阁下知悉，上月 17 日，他斗胆向您呈上一封请求书，向阁下表明，他二十六岁的大儿子的可憎言行给他造成了最大的精神重创；阁下派遣谢吕先生和布洛先生前去为呈给您的事情证实，两位官员已经确信事件属实，有幸向阁下做出汇报，请愿人得知阁下已经决定选择另一间监狱，而不是比赛特。

　　他斗胆向阁下提出，他有几个孩子要养，他一直怀着名誉之心勉力抚养他的孩子们，没有能力支付超过一百利弗尔的食宿费。

　　他希望阁下能出于仁慈给予他这一恩惠，他将为阁下的保全祈祷。

　　　　　　　　　　　　　　　　　　　　　　　　F. 巴尔博①

于巴黎，1759 年 6 月 18 日

　　　　　　　　　　　　　　　　　　　　　德·夏波先生

　　先生，

　　我有幸向您呈上所附森佛里安·巴尔博家人的同意书，森佛里安·巴尔博从上一个 1 月 15 日起就被监禁在比赛特，我正在为印度公司招募人手。

　　如果您认为将他的自由交给我是合适的，我会把他加入第

━━━━━━━━━━

① 军备图书馆"巴士底狱档案"，11986 号手稿，第 42 页（1758 年）。

一批名单。

我愿怀着敬意成为先生您谦卑而忠实的仆人。

布谢 [1]

让·安托万·拉库尔

致警察总监贝尔丹阁下

阁下，

马具制造师傅乔瑟夫·拉库尔，家住圣日耳曼郊区蔷薇路，属圣叙尔比斯堂区，现请求阁下倾听他的讲述，对于他和已故妻子伊丽莎白·佛尔所生儿子让·安托万·拉库尔，他始终关心他的教育，让他能够成为寄宿生，先是住在夏朗东附近寓所的格力莫先生家，后来又住在万塞讷的纪耶曼先生那里，后者也是寄宿寓所的主人，他在那里一直待到初领圣体，之后，请愿人将他领回家，征得他的意愿后，送他去学马具制造。而且为了让他掌握更多技艺，请愿人每天将他送去雕刻师若埃尔那里学习绘图。但得知他表现不好后，又不得不将他领回去。在请愿人家，他还是一样的言行，他私自决定加入奥弗涅军团，但因为身高问题又被打发回来。他又去了圣叙尔比斯堂区神甫那里，为了获得去岛上的证明。他将这份证明拿去印

---

① 军备图书馆"巴士底狱档案"，11986 号手稿，第 47 页（1758 年）。

度公司，去找负责的官员，但是没能成功，而是被德·罗什蒙先生的费舍公司 ① 雇佣。通过向勒夫斯克先生提出请求，他在沙特尔市入伍，请愿人曾有幸为勒夫斯克先生做事。他又花钱获得了中止服役的允许，回到巴黎，要求继续当学徒，请愿人将他送去圣罗克丘麻雀街教父佛谢先生家，他只在那里待了很短一阵。他向教父宣布他不想工作了，他想加入慈善兄弟会。慈善会的先生们不愿意认识他。请愿人尝试了各种其他方法。将他送去布里孔特罗贝尔的维尔诺修道院寄宿，他在那里住了三个月零十天，然后溜了出去，去了圣雅克街嘉布遣会，他于1757 年 9 月 6 日偷了修士袍并于 1758 年 1 月 17 日未给出任何合理的理由就离开了；他再次要求要工作，回到教父家，但只待了几天，在他逃出教父家后几天，请愿人因为不知道他在哪里，为这个孩子可能遇到的一切危险而担忧，毕竟他所结交的那些恶劣的人会带来诸多麻烦，可能会让家庭蒙羞。

请愿人，这位父亲，将这些信息谦卑地呈于阁下，请求阁下在过目后下达国王命令逮捕他，将他关进比赛特。等待阁下授予请愿人另一项命令将他送去岛上。他与全家斗胆寄希望于阁下的仁慈和公正，他们将为阁下宝贵的时日祈祷。

拉库尔 ②

---

① Ficher Compagnie. —— 译注
② 军备图书馆"巴士底狱档案"，12002 号手稿，第 48 页（1758 年）。

1757 年 2 月 22 日

先生，

亲爱的侄子，我们收到了您的信，很高兴得知您宝贵的消息，也痛心于您那个无赖儿子给您造成的痛苦，这也是我们的痛苦，您请求我们同意将他送去岛上，我们全心赞同，如果您相信我们的话，他早就来我们这里了。我们身体不太好。其他事情，您都可以托付给我们。埃斯克提耶先生和夫人还有您的朋友们向您问好。

玛丽·佛尔 ①

家族名誉

埃蒂安纳·迪普伊

致警察总监埃阁下

阁下，

巴黎市民莱蒙·迪普伊和他的妻子谨请阁下知悉，他们竭尽所能为他们所有的孩子提供合适的教育，这让他们几乎耗尽一切，他们有几个孩子，但其中最小的二十二岁的埃蒂安纳·迪普伊为他们带来不幸，他从很年轻的时候起就表现出放荡的迹象，直到现在也未改变，让请愿人不得不承受痛苦和大量开支，他们怀着他能改变生活的期许，但他反而越发放纵

---

① 军备图书馆"巴士底狱档案"，12002 号手稿，未编号（1758 年）。

起来，没有人能够驯服他，他常常溜进流浪汉的队伍，他们每天都要眼看着这一幕幕上演，这让他们活在担忧中，全家都沉浸在恐惧的情绪里，尽管命运将他们留在善的一边，好让他们免于不便和灾祸。请愿人（获得在该请求书后署名的家人的同意）满眼都是泪水，前来请求仰仗阁下的公正和权威，他们谦卑地请求您为他们下达国王命令，将他送去岛上，好让他的生活有所改变，尤其要他能够维持良好的状态，可以很好地完成木雕学徒的学业。请愿人们斗胆自以为配得上这一充满公正的仁慈，他们将不忘为阁下的健康和福祉向上天祈祷。

夏尔·布莱泽（叔父），雷蒙·布莱泽（表亲），

弗朗索瓦·布莱泽（表亲），

玛丽·忒维南（姨妈），

夏尔·德·索洛尔（叔父，巴黎市民），

玛丽·特蕾兹·忒维南（姨妈），

夏尔·若贝尔（叔父），M.波佛尔 [1]

从马勒塞布，1728 年 4 月 2 日

我亲爱的妻子，

刚刚收到您的信，得知您身体有恙，我对此感到疲惫，因为我，我也还没恢复，希望不久之后，能得到上帝的眷顾，让我恢复体力。得知我们的儿子埃蒂安纳没能改正他那些不良嗜

---

[1] 军备图书馆"巴士底狱档案"，11009 号手稿，第 130 页（1728 年）。

好，我深感痛心，他敢厚颜无耻地从您那里偷走一只酒杯和一批银器，毫无人性地还跑来要谋害您的生命，上到您房间的屋顶上，想要潜进去，除了尝试将他送去岛上，我不知道还有什么别的办法，只有让他远离，才能保住我们家的名誉。他有不错的手艺，假如上帝仁慈，让他变成一个诚实的人回来，他可以靠着自己的手艺谋生，但他从还是少年到现在已经成年，给我们带来了无尽的悲苦，我已经对他悔过自新不再抱有希望。我向您给出我对于此事的许可，您可以凭借这封信行事。

　　我亲爱的妻子，拥抱您，愿您从一直以来的恐惧中得到解脱，可以好好休息，恢复健康，您的丈夫。

迪普伊 [1]

致警察总监阁下

阁下，

　　孀妇帕亚尔，男士服装女工，家住博讷努唯勒区附近月亮路，斗胆非常谦卑地请求阁下倾听她的讲述，三个月前，阁下为迪普伊夫人下达命令将她的儿子埃蒂安纳·迪普伊关在比赛特，后者二十二岁，是雕刻师伙计，当时没有活计可做，又被这位母亲遗弃，尽管她生活无忧，还是将这个儿子视为自己混乱行为的绊脚石，而她的丈夫又不在。这段时间以来，不少曾经为他提供工作的雕刻师傅都表示他是个不错的工匠，非常听

---

[1]　军备图书馆"巴士底狱档案"，11009 号手稿，第 132 页（1728 年）。

话而且忠诚，他们都愿意给他活做，并在所附证明书中证明以上属实，有鉴于此，曾经养育他并几乎从他童年起就一直在照顾他的请愿人斗胆非常谦卑地请求阁下释放前述埃蒂安纳·迪普伊，好让他继续从事上述提到的职业，她寄希望于阁下的公正和仁慈，请求阁下给予她这一恩惠，她将更加虔诚地为阁下的福祉和健康向上天祈祷。

［该请求书背面：］

我承认前述迪普伊在为我工作期间表现非常忠诚。

德玛利涅里

我承认前述迪普伊在为我工作期间表现忠诚。

戴尔吉埃尔，雕刻师傅

我证实雕刻师迪普伊在我这里工作期间绝对忠诚，我以我的信仰署上我的名字。

尼古拉·索雷，雕刻师傅 ①

孀妇帕亚尔，男士服装女工，请求释放她的儿子二十二岁的雕刻师伙计埃蒂安纳·迪普伊，她表示她让人逮捕他只是因为他没有活做，开始自暴自弃。② 但如今不少曾经为他提供过

---

① 军备图书馆"巴士底狱档案"，11009 号手稿，第 138 页（1728 年）。

② 根据上文，埃蒂安纳·迪普伊并非帕亚尔的儿子，与此处不一致。原文如此。——译注

工作的师傅纷纷给他新的活计，请求书由其中三位师傅签署，比赛特的管事也给出有利证词，当时是根据上一个 4 月 17 日的国王命令，以委身一位极端放荡的女性为由，将他作为浪荡之徒送进比赛特的。

（警长报告）[1]

让娜·勒·佩里耶

致警察总监埃洛尔特阁下

阁下，

巴黎市民勒·佩里耶先生谨请阁下知悉，他的非婚生女，二十四岁的让娜·勒·佩里耶决定过一种最出格的生活，尽管请愿人直至今日都毫不吝惜地为她提供一切可能的教育，甚至两次将她送去学习裁缝手艺，但两次她都没待住，哪怕后一次，在德·圣洛朗夫人那里，她表现很好。

她还是在学徒期结束前六个月，没有告知自己的父亲就离开了，因为这个女孩无论如何都只想要过纵欲的生活，她一直住在羊皮纸路五楼一个面包食品商家的房间里，如今她在那儿和一个男孩睡在一起，请愿人和其他一些人针对她的劣行提出劝诫，她却每天威胁要让人杀了他们，让人将他们关起来，她

---

[1] 军备图书馆"巴士底狱档案"，11009 号手稿，第 140 页（1728 年）。

甚至在圣塞味利教堂引起公愤，那个看门人得知她和情人的约会后，要赶走二人；她也用同样的话威胁看门人，也是出于这个原因，请愿人请求阁下下令逮捕她，并将她送入医院，他将终生为阁下的健康祈祷。

因不知道如何签名，我在这里划上我的十字，+

圣雅克街纸商，勒·佩里耶

★

玛格丽特·马塞

玛丽·戈蒂耶，外科理发师乔瑟夫·马塞的遗孀，现居圣日耳曼郊区卡奈特街外科理发师乔利先生家，非常谦卑地请求阁下倾听她的陈述，她不幸有玛格丽特·马塞这么个女儿，后者如今二十八岁，沉迷于所有放荡行为，被监禁在圣瓦莱，这已经是她第二次被监禁在那里了，鉴于她为修会树立了糟糕的典型，请愿人想让人将她放出来。这个女孩出身于一个诚实的家庭，她的劣行让家庭蒙羞，大家完全有理由担心她回到俗世后会继续放纵，有鉴于此，请愿人非常谦卑地请求阁下垂怜，授予她密札，将这位玛格丽特·马塞小姐关进综合医院，让她在那里度过余生，八年里，她已经三次因为品性糟糕被关在那里。请愿人将一定更加虔诚地为阁下的健康祈祷。

---

① 军备图书馆"巴士底狱档案"，11099 号手稿，第 71 页（1728 年）。

阁下，

根据您的命令，我对所附请求书中所记事件进行调查，确实，根据院长对我说的，玛格丽特·马塞想要离开圣瓦莱修道院，但没有说明原因，院长同样向我肯定道，她有的时候会脾气很大，但过后又会道歉。

最后，这位院长已经将她同其他人隔开，等不及她的家人来把她带走。

我也见了她的母亲和其他在请求书后签名的亲人、朋友，他们不仅证实请求书内容属实，还补充说这个女孩总是沉湎于最可耻的放荡事，她曾经离开了三年，后来他们在一个很恶劣的地方找到她，将她送去圣瓦莱，她在那里表现出诚心，一直待到春天，直到离开的愿望再一次盘踞在她的脑中，就像如今这样，当时，因为大家都害怕她又会纵身放荡生活，就将她转去医院，她在里面住了三年，出来后继续放荡生活，于是又被关进医院，又是关了三年，又放出，这一次她保证会规矩起来，他们再次将她送到圣瓦莱，直到现在，她想要出来，但没有给出任何理由，此外，她的家人看起来都是诚实的人。

我怀着深深的敬意成为先生您谦卑而忠实的仆人。

格里约特

1728 年 8 月 13 日 [1]

---

[1]　军备图书馆"巴士底狱档案"，11021 号手稿，第 317 页（1728 年）。

★

玛丽·安娜·菲力西岱·马尔丹

致警察总监阁下

阁下，

稳婆师傅安娜·卡特琳娜·德尼已与丈夫勒内·马尔丹分割财产并分居，她如今非常谦卑地请求阁下知悉，她的女儿，十九岁的 M. A. 菲力西岱·马尔丹与随便什么人行纵欲、放荡之事，还因为卖淫在邻居间、比西街和整个街区引起丑闻，致使请愿人蒙羞，并对她赖以为生的职业造成巨大损害，这位母亲已经无法支付她关押所需的食宿费。因此，身处这样悲惨境地的请愿人非常谦卑地请求阁下将玛丽·安娜·菲力西岱·马尔丹关进萨尔佩特里埃，下达与此相关的所有必需的命令。她将终生为阁下的福祉和保全祈祷。

德·穆西，勒内·马尔丹，

热贝尔，郎岱

先生，我有幸向您汇报，该请求书所述内容再真实不过，因为这个受到自己父母控告的十九岁的安娜·菲力西岱·马尔丹是个放荡的女孩，十岁起就表现出恶劣品行；如今已经到了引起邻居公愤的地步。他们甚至认为这个女孩怀孕了，向我保证，她会随便跑到任何一个向她提议婚姻生活的男人家里。因此，她的母亲不允许她出门，但〔字迹模糊〕，因为她选择了在她母亲有事的时候。

戴莫里

（关于请求书的警长报告）①

★

菲力西岱·默尼耶

　　致审理长、市警察总监、巴黎辖区内宪兵队长贝尔丹阁下阁下，

　　玛格丽特·德·格鲁伊，默尼耶的遗孀，家住橘园巷对面的圣奥诺雷街，育养三个孩子，照看病人是她唯一的职业和收入来源，她斗胆呈告阁下，在她三个孩子中，两个男孩各方面都让她满意，但是她的女儿菲力西岱·默尼耶却不是这样，她怀着最深切的痛苦看着这个女儿沉迷于放荡的生活，游手好闲到了极点，罪恶的天性酿成了这一切后果，让这个由诚实之人组成的家庭感到恐惧，他们请求阁下下达国王命令将前述菲力西岱·默尼耶关进监狱，他们会凑出一笔微薄的钱，作为关押所需食宿费。为了表达对您的感激，他们将为阁下的保全祈祷。

母亲德古伊·默尼耶，F. J. 桑德利埃，

J. J. 桑德利埃，S. 默尼耶，C. 桑德利埃，

P. J. 桑德利尔，西蒙，桑德利埃叔叔，

A. 默尼耶姨妈，默尼耶表亲

---

① 军备图书馆"巴士底狱档案"，12008 号手稿，第 68 页（1758 年）。

我，具名人，证明，几年前开始，就有人向我控告所呈请求书中提到的那位女士，尽管大家对她提出告诫，尽管我们给了她足够的耐心，她还是继续放纵的行为，完全有理由担心她会让她那令人尊敬的家庭蒙羞，为此，我与她的家人一起请求将她关进萨尔佩特里埃医院，并因此在该证明书下署名，于巴黎，1758 年 5 月 22 日。

卡特兰，主角城街玛德莱娜堂区神甫①

致警察总监先生

1759 年 10 月 5 日

阁下，

默尼耶的遗孀，病人看护，家住圣奥诺雷郊区，有幸向阁下呈告，根据萨尔佩特里埃医院管事嬷嬷们，特别是戴·萨勒忒夫人对她女儿菲力西岱·默尼耶的良好评价，她非常谦卑地请求阁下下令释放她，尤其请愿人也不再有能力支付她的关押费用。她请求阁下出于一贯的公正给予她这一恩惠，她将永远为阁下宝贵的时日祈祷。

默尼耶的遗孀②

---

① 军备图书馆"巴士底狱档案"，12009 号手稿，第 210 页（1758 年）。
② 军备图书馆"巴士底狱档案"，12009 号手稿，第 215 页（1758 年）。

父母的伦理

1728 年：情感原因

勒克莱尔

致罗西尼奥尔先生

先生，我曾有幸请求借助您的公正，尝试规训勒克莱尔先生的言行，今天他全家请求仰仗您的仁慈，希望在所经历的规训让他变得更加理智之后，他的母亲能因为考虑到他还年轻和他的才能，让他重新回归世俗生活，我将他家人的信寄给您，并怀着敬意成为先生您谦卑而忠诚的仆人。

[署名模糊] ①

阁下，

我请求您保护一个惶惶不安的家庭，他们整日担心会因为家里的坏孩子而蒙羞。

讲述这些让我感到痛惜，因为我说的正是我的儿子，但让他无法再做恶，对他来说很重要。

只有您，阁下，您能够将他永久监禁，从而阻止他的混乱。

请您不要拒绝一位痛心的母亲，除了仰仗您的公正，她别无他法。

我怀着深深的敬意成为阁下您谦卑而顺从的仆人。

---

① 军备图书馆"巴士底狱档案"，11018 号手稿，第 134 页（1728 年）。

孀妇勒克莱尔 ①

先生，我将警察总监先生让我转交您的文件寄给您，那位勒克莱尔先生住在索邦广场迪翁先生家。

监禁他对他全家人来说都将是天大的仁慈，因为他们一直担心他会犯下恶事。他们请求您施予恩惠，让逮捕不要引起轰动和丑闻，最好能借口要将他带去警察总监那里。

先生，我是您谦卑而忠诚的仆人。

1728 年 9 月 30 日
蒙塔雷 ②

阁下，

为了儿子们，我现在怀着母亲的柔情请求仰仗阁下的权威，勒克莱尔先生受到的教训让他对自己所犯过错感到悔恨，我或许错误地相信了他的真诚。

但我的儿子是个有才华的年轻人，我觉得有必要再试一次，看看他对惩罚的恐惧是否能让他结束放荡的行为，许多学生请他向他们展示算术和绘画。

他保证会听话，会弥补过去，一些睿智、明理的人还对他保留一些善意，承诺会照顾他，监督他的行为。

---

① 军备图书馆"巴士底狱档案"，11018 号手稿，第 137 页（1728 年）。
② 军备图书馆"巴士底狱档案"，11018 号手稿，第 138 页（1728 年）。

上帝希望他会改正自己的行为。

阁下，正是出于这样的希望，我请求您放他自由，将他从关押的地方释放出来。我颤抖着请求您的恩典，并怀着敬意成为阁下您谦卑而忠诚的仆人。

勒克莱尔 [1]

佩蒂兄弟

致警察总监埃洛尔特阁下

阁下，

伊丽莎白·德蒙格农，香料商路易·佩蒂的遗孀，有幸向阁下表明，她成为寡妇已经十九年了，养了五个孩子，她尽一切努力将其中三个养大，第四个孩子给她造成了所能想象的一切苦恼，好像她曾经请求过阁下将他关进比赛特，但他承诺会过上规矩的生活，因而得到释放。可他完全没有做到，她痛心地发现，他将她的小儿子，十九岁的夏尔·亚历山大·佩蒂卷入了他的放荡生活，她将小儿子送到一位缝纫用品商那里当学徒，四子却把他带了出来，而后者根本无法反抗。

夏尔·亚历山大·佩蒂每天离家去剧院，去赌场，去那些不好的地方，经常喝了酒回来，还会虐待他的用人；他一贯借

---

① 军备图书馆"巴士底狱档案"，11018 号手稿，第 146 页（1728 年）。

钱去供养自己的放荡行为，强迫用人们借钱给他，还让她从自己的箱子里为他找出七十利弗尔，甚至在之前的 5 月 29 日，他找来锁匠打开一间公寓的门，而她有那扇门的钥匙。这样的行为，外加对她缺乏尊敬，还威胁她说他会想尽办法抢钱，如果强迫他去商人那里，他就偷商人的钱，这些都让佩蒂的遗孀对前述夏尔·亚历山大·佩蒂的行为感到担忧。这就是为什么她和她的家人不得不请求阁下出于善意将前述夏尔·亚历山大·佩蒂关进夏朗东慈善兄弟会 ①。她将支付他监禁的费用。他们必将继续为阁下的健康祈祷。

伊丽莎白·德蒙格农，父系叔伯 G. 格拉荣，

父系表亲茹尔丹，父系表亲菲利普·瑟拉西尔，

父系表亲 E. 普利涅，父系叔伯雅克·德·蒙格农 ②，

长兄佩蒂，哥哥佩蒂 ③

致警察总监阁下

阁下，

住在特鲁昂德里街的香料商佩蒂遗孀的儿子佩蒂·德·罗奈和亚历山大·佩蒂兄弟俩谨请阁下知悉，前述德罗奈 ④ 在伦

---

① 此处原文写作 la maison des Pères de Charenton de la Charité，疑误将 frères 写作 pères。——译注

② 此处写作 de Montguenon，上文写作 Demontguenon。——译注

③ 军备图书馆"巴士底狱档案"，11025 号手稿，第 97 页（1728 年）。

④ 此处写作 Delaunay，上文写作 de Launay。——译注

敦坐牢的六个月期间遭受了最可怕的痛苦，回到巴黎后，他对母亲尽了应尽的责任和顺从；但因为他年轻时，也就是坐牢前犯下的错误，她将他关进比赛特医院，尤其令德·罗奈震惊的是，她曾向他明确承诺过会放过他曾经的错误。

关于亚历山大·佩蒂被关在夏朗东一事，除了自己在英国坐牢期间，他过于热切地要求母亲结束他的监禁，而她控告他偷钱，德·罗奈想不出还有什么别的原因，但为了说明这一控告的部分背景，他认为应该如实汇报。

事实：

佩蒂攒了大约八十利弗尔积蓄，他的母亲想办法打开了他的钱箱，拿走了这笔钱，他产生怀疑，但无法证明是她拿走的。不久之后，他为母亲收下一千八百利弗尔钱时，从中扣下了八十利弗尔，将剩余的交给母亲。（在这样的情况下，谁不会这么做呢？）

鉴于此，请愿人们希望仰仗阁下的公正，请阁下释放他们。[1]

致警察总监埃洛尔特阁下

阁下，

有幸在沙罗斯特公爵身边工作的茹麦尔斗胆向阁下呈上您要求的这封陈情书，他非常谦卑地请求阁下出于善意释放被称作佩蒂·德·罗奈先生的两兄弟，其中年长的那位被关在医

---

[1]　军备图书馆"巴士底狱档案"，11025 号手稿，第 105 页（1728 年）。

院，年轻的那位被监禁在夏朗东已经八个月了，这都是因为他们母亲的恶意和严厉，这位母亲或许是想要得到完全的满足，阁下，希望您记得在马尔利时，您曾好心答应我您会释放这两个可怜人，他们值得同情，八个月来，他们一直在忏悔，我希望先生能应允我的请求，毕竟您曾在佩蒂·德·罗奈先生因为欠债被关在伦敦的监狱时，对他施予仁慈。①

问题在于了解这兄弟俩是否得到释放，是否像他们多数亲戚建议的那样应征入伍。

在这样的情况下，如果埃洛尔特先生允许埃唐普军团上校德·热丹先生去拜访他们，在他们年龄和身材合适的前提下，允许他征召他们入伍，他将非常高兴，就连他们的亲戚也希望他们能和他一起。②

致警察总监国务委员埃洛尔特阁下

阁下，

路易·佩蒂的遗孀香料商伊丽莎白·德·蒙格隆③有幸请求阁下释放他的儿子夏尔·亚历山大·佩蒂，他根据国王命令被监禁在夏朗东慈善兄弟会，她当时是希望他能够在以后表现规矩，放弃他那些不良习惯。

---

① 军备图书馆"巴士底狱档案"，11025 号手稿，第 110 页（1728 年）。
② 军备图书馆"巴士底狱档案"，11025 号手稿，第 113 页（1728 年）。
③ 此处写作 de Montqueron。此信的署名是 Demontqueron。——译注

她将继续为阁下珍贵的每一天祈祷。

伊丽莎白·德蒙格隆[①]

夫人，十个月来，您的两个儿子一个被关在夏朗东，另一个被关在比赛特，鉴于这一惩罚已经持续了足够长时间，足以让他们的行为比以前更加规矩，我认为您应该试着尽快安排将他们从这些教管所中释放出来，我不想不事先通知您就释放他们：夫人，我甘心为您谦卑而忠诚的仆人。

埃洛尔特

1729 年 3 月 22 日[②]

致凡尔赛沙罗斯特公爵先生家的诺让先生

于巴黎，7 月 9 日

先生，朋友，

关于佩蒂·德·罗奈先生们一事，在尽一切努力找寻最有效的方法后，我同意圣马丁小姐的意见，认为有必要写下一封请求书，斗胆寄给您，请您交给埃洛尔特先生。正如我们在上周四商定的那样，您好心答应我们将尽一切努力平息埃洛尔特先生的怒火，从而获得一些好处，尽管前述女士认为您会遇到麻烦，尤其是有关监禁在比赛特的那位兄长，您知道的，他曾

---

① 军备图书馆"巴士底狱档案"，11025 号手稿，第 119 页（1728 年）。
② 军备图书馆"巴士底狱档案"，11025 号手稿，第 126 页（1728 年）。

经因为工作中耍花招受到控告，被关进伦敦的监狱，但如果您认为无法为他再做些什么，我请求您不要拒绝帮助他那个关在夏朗东的弟弟，后者的情况没有那么糟糕，他的生活和品行一直非常高尚，据很多人说，那位夫人，也就是他的母亲，不过是编出天大的谎言来针对他，有理由相信她这么做是出于报复和恨意，以及她的儿子们的建议，他们只是希望能除去这两个兄弟，而且他们得知这个弟弟在做些什么来促成哥哥的释放，您会发现，这谈不上一桩犯罪，这完全应该被看作兄弟间的仁慈。最后，先生，请您试着让埃洛尔特先生了解这位母亲的恶毒心肠，她只听几个已经成家立业的儿子的话，他们所想要的无非是除去他们的弟弟，毁掉两人，将他们的财产据为己有。

尽管德·圣马丁小姐没能有幸认识您，但对于她的职责，她还是让我请您放心，请您相信她的美好祝愿，希望您和我将来不用为那些忘恩负义的人工作，先生，我们的诉讼代理人对您大加赞叹，请求您站在我这边，尽可能早地将您的消息告知我们，好让我们知道我们的请求书将如何取得成功，我等待您的消息，并请您相信我全心全意地是您谦卑而忠诚的仆人。

迪谢奈家的尚帕涅

我本希望让德·贝蒂纳公爵 ① 先生的人将这封请求书带给您，昨天他和我说他今天会到凡尔赛，但既然他改了主意，我

————————
① 即上文所说的沙罗斯特公爵。——译注

只能走常规途径。

　　我也忘记请求您试着获得一份埃洛尔特先生的亲笔许可，准许我们去探望他，如果办成了，就请您在给我写信时，将它寄给我。

　　两个孩子的母亲是香料商，住在特鲁昂德里街。①

致警察总监先生

阁下，

　　伊丽莎白·德·蒙格隆，在二十年前巴黎香料商路易·佩蒂死了之后成为寡妇，她现在谨请阁下知悉，她有五个孩子，其中四个儿子、一个女儿，后者嫁给了一个很好的商人，伊丽莎白·德·蒙格隆做买卖，她的两个大儿子也是，但两个小儿子就无法让她安心了，相反，她不幸地看到三儿子投身可怕的混乱生活，又将二十岁的四子夏尔·亚历山大·佩蒂也拖入那些放荡之事，让她更加痛苦，一年半以前，请愿人请阁下帮助结束他的混乱，阁下下达国王命令将前述夏尔·亚历山大·佩蒂关进夏朗东兄弟会，他在那里待了一年，之后，始终对孩子怀着柔情的请愿人认为他已经有了可观的转变，大约五个月前，同意了他的释放，将他送到奥尔良的一个商人家，认为这样他的行为会得到改变，也为了让他摆脱他可能沾染上的那些恶习，但她收到一些信，尤其是随信附上的两封，告诉她他逐

---

① 军备图书馆"巴士底狱档案"，11025 号手稿，第 101—102 页（1728 年）。

渐投身纵欲生活，从早到晚除了到处闲逛、消遣，大笔大笔花钱，什么都不干，他赊账买了差不多价值六百利弗尔的不必要的外衣和衬衣，好让自己看起来像个时髦绅士，他借钱纵欲，凡是愿意借他钱的，他都不放过，因为担心这样的行为会引出一系列更大的麻烦，请愿人不得不听取家人的建议，眼里含着泪水请求阁下施予援手，获得国王命令，将前述夏尔·亚历山大·佩蒂关进比赛特，请愿人将按照惯例支付关押费，再根据他以后的行为和您的命令来处置他，请愿人和她全家都将加倍祈祷阁下的保全。

> 伊丽莎白·德蒙格农，
>
> 父系表亲茹尔丹，
>
> 父系表亲 E. 普利涅，父系表亲贝利 [1]

于奥尔良，1729 年 11 月 7 日

夫人，

给您写这封信令我备受煎熬，我的夫人和我拖延了两个月才动笔。

那位先生，您的儿子，非但没有长进，还撂下活计，他什么都做不好；我们待他和善，表现出一种公正的严格，但什么都不能让他改正，他照样按着自己的意愿行事，我们无法知道他白天去哪里、晚上见谁，他说他知道要怎么表现，但他无法

---

[1] 军备图书馆"巴士底狱档案"，11025 号手稿，第 124 页（1728 年）。

做到，也无法保持勤勉，说他必须要娱乐消遣。

在您绝佳的建议之下，我想，夫人，您最好还是借口需要他，让他回您那里。我担心他打定主意找我们不痛快。很抱歉他几乎不会让我们满意。为了让他有所改变，我们想尽了办法。告诉您这些，您可能会不高兴。到现在，我总共给了他五十四利弗尔，用来每日消遣和去默恩旅行。他还瞒着我向巴尔比耶先生要了十二利弗尔，说回来后会还给他，但他没有还，甚至又向他借钱，也还是没还。［……］

　　　　　　　　　　　　　　致罗西尼奥尔先生

阁下，

诺让有幸在沙罗斯特公爵身边工作，他斗胆写信给您，告知您大特鲁昂德里街香料商佩蒂家的遗孀又一次心生残忍，想要让人监禁她年轻的儿子埃蒂安纳·弗朗索瓦·佩蒂，原因是他想向她询问自己的财产，阁下，有必要告诉您这个可怜的男孩并不安全，因为他那个不近人情的母亲向莫尔帕伯爵请求针对她儿子的密札，为此，她写了一封陈情书，等您来凡尔赛的时候，梅纳尔先生会交给您。阁下，我相信您一定还会仁慈地还佩蒂·德·罗奈先生以公道，就像您曾经应我的请求，强制他的母亲为他支付在伦敦应该支付的那三千利弗尔，除此，还要将他和他的弟弟一起从医院放出来。我还要告诉阁下，让我放心的是佩蒂先生请了诉讼代理人帮他对付他的母亲，我敢说他正在抓紧时间处理。这就是为什么她要让您惩罚他，剥夺他行动的自由，为了让他们的事情有个了结，我请求阁下允许我始终是您谦卑而忠诚的仆人。

诺让，从凡尔赛

1729 年 12 月 3 日 ①

先生，

我有幸收到您交给我的一封信和一封请求书，事关埃蒂安纳·弗朗索瓦·佩蒂·德·罗奈，他请求收回国王命令，我就是根据那道国王命令逮捕他的，他说他的母亲不肯公正地将二十年前去世的父亲的财产分配给他，我是在东布勒瓦尔先生在任时期逮捕的这个年轻男孩，将他送去圣拉扎尔，后来他又从那里被放出来，保证会表现好，他母亲就接回了他，但他继续之前的生活，他的母亲不得不又先后两次让人将他关进比赛特。信后附有这位母亲的回应，我将只执行先生下达的国王命令。

1729 年 12 月 15 日

朗格拉德

（警方报告）②

---

① 军备图书馆"巴士底狱档案"，11025 号手稿，第 133—134 页（1728 年）。
② 军备图书馆"巴士底狱档案"，11025 号手稿，第 135 页（1728 年）。

致警察总监阁下

阁下，

伊丽莎白·德·蒙格农，巴黎香料商路易·佩蒂的遗孀，请求阁下知悉，去年十二月，在她陈述了儿子夏尔·亚历山大·佩蒂的纵欲和混乱生活后，您好心去获取国王命令将他送去比赛特进行改造，因此，根据这项命令，他于12月6日被送去那里，但鉴于请愿人像所有好母亲那样，始终对孩子充满柔情，她所希望的只是他能有所转变，因为担心儿子在那里得不到足够的教育，心思得不到改变，她求助于阁下，谦卑地请求您为她下达一道命令，将前述夏尔·亚历山大·佩蒂从比赛特转去鲁昂的圣伊翁教会学校，日常的食宿费由她支付，她将一定继续为阁下的保全祈祷。

伊丽莎白·德·蒙格农[①]

致警察总监阁下

阁下，

伊丽莎白·德蒙格农，巴黎香料商路易·佩蒂的遗孀，谨请阁下知悉，在她陈述了儿子夏尔·亚历山大·佩蒂的纵欲生活后，您好心去获取国王命令将他送去鲁昂的圣伊翁教会学校，是她请求将他安置在那里的，好让他回归正途，鉴于时间已经足够，而且根据导师们的证言，他现在行为顺从，她希望

---

① 军备图书馆"巴士底狱档案"，11025 号手稿，第 141 页（1728 年）。

他能像保证的那样，从他接受的圣人教训中获益，她怀着深深的敬意请求阁下为他获取国王命令，让她把他接回去，她必将继续祈祷阁下康健永驻。

伊丽莎白·德蒙格农 [1]

★

莫里斯·维耶

致警察总监埃洛尔特阁下

阁下，

二十九岁的莫里斯·维耶有幸谨呈阁下，德·纪什先生根据国王命令将他逮捕并当场送去比赛特，比赛特总务长奥奈先生认为这道命令不合规矩，不能接收，尤其命令是大约三年前就下达给德·纪什先生的，德·纪什先生离开请愿人，回到府邸，那里有一道将请愿人送去小夏特莱监狱的命令，请愿人被监禁在那里，但不知道自己被监禁的原因，只知道是应了他姐妹们的丈夫的请求，他们想尽一切办法要毁了他，为此他们引着他重新过上以前那种放荡的生活，四年前他就不幸坠入放荡的深渊，当时阁下秉着仁慈之心弄清事实，给予他应得的公正，如今他求助于阁下，谦卑地恳请您不要蒙受欺骗，请求您好心释放他，当然是在您认为正当并且愿意的情况下，或者如果您觉得合适的话，在比

---

① 军备图书馆"巴士底狱档案"，11025 号手稿，第 146 页（1728 年）。

赛特为他安排一个小职位，他会荣幸地好好完成工作，他向上天祝愿，祈求上帝庇佑阁下身体康健，福祉永驻。

阁下，尽管请愿人失去了右臂，他还是写下了这些。[1]

致警察总监埃洛尔特阁下

维耶先生和他属圣保罗堂区的妻子玛丽·加洛瓦谨向阁下陈述，他们年近三十岁的儿子莫里斯·维耶前所未有地浪荡，因此他们斗胆请求阁下授予他们一封密札将他送进比赛特城堡，之前他曾被监禁在那里一次。

他们将为阁下的保全向上帝祈祷。[2]

致警察总监埃洛尔特阁下

阁下，

图森·L. 乌耶 [3] 和他的妻子玛丽·加洛瓦谨请阁下根据一道大约十一个月前交到德·纪什先生手中的命令释放他们的儿子莫里斯·维耶，鉴于这一命令还未被实施，请愿人请求释放他，让他回到巴黎，他向我们保证会改掉以前的生活方式，像个诚实之人一样过日子，拉贝·洛朗歇先生曾在阁下那里为他请求这一恩惠。怀着上述愿望，我和我的妻子将为阁下的健康和福祉向上帝祈祷。

---

[1]　军备图书馆"巴士底狱档案"，11030 号手稿，第 246 页（1728 年）。
[2]　军备图书馆"巴士底狱档案"，11030 号手稿，第 247 页（1728 年）。
[3]　上文写作 Viet，此处写作 Vuiet。——译注

先生，

根据您的命令，我对莫里斯·维耶的行为进行了调查，我得知这个男孩过去非常放荡，给家人带来诸多苦痛，为此，他曾两次被传唤受审，我和许多人聊过，他们无意中向我透露，他曾错误地被控偷窃，这或许真的是搞错了，但在沉迷于女人和酒精方面，恐怕没人能胜过他，他的父亲是个粗鲁的农人，无法忍受这些，他有两个女婿，与前述维耶发生过多次口角，整日鼓动他们的岳父针对他，岳父便站在了他们这边，一个月前，德·纪什先生将他送去小夏特莱监狱，没有人为他提供过任何帮助，这个男孩有些本领，尽管右手残疾，却能用左手写字，与常人无异，若是他能规矩一些，倒是可以凭借这一技能养活自己，我认为德·纪什先生逮捕他非常草率，除了他父母的话，没有向任何人收集过信息。①

父母的伦理
1758 年：教育之责

尼古拉·伯努瓦斯特·夏普伊

致警察总监贝尔丹阁下

阁下，

尼古拉·夏普伊，假发商，住在圣路易街干酪制造师

---

① 军备图书馆"巴士底狱档案"，11030 号手稿，第 262 页（1728 年）。

勒·鲁瓦家，属圣洛克堂区，他谨请阁下听取他的讲述，尽管一直以来，他都尽力为唯一的儿子尼古拉·伯努瓦斯特·夏普伊提供良好的教育，他还是带着最苦涩的悲痛看着一个极端放荡的人将他带进那人自己投身的生活里，请愿人百般劝诫，动用了他所能想到的所有办法，也没有用。确实，请愿人无时无刻不在担心自己的儿子会被捕，关进监狱，送上断头台。

请愿人不敢提儿子的行为，毕竟没有什么是值得被记录的，而且那些事在信后签字的人都知道。

出于以上考虑，阁下，他请求您逮捕他的儿子，将他送去岛上。请愿人和他的家人将一直诚恳地祈祷阁下宝贵的时日永驻。

三百围墙救济院主事洛盖，

多利涅（女婿），夏普伊（父亲和母亲），伊丽莎白·夏普伊，

玛丽安娜·特雷尼，普雷沃斯特（香料商）

［该请求书背面：］

我，具名人，巴黎三百围墙皇家救济院主事，证明请求书中所述事情属实，夏普伊的儿子在救济院的围墙内多次与人发生斗殴，我们只得将他关在这里的监狱里，以阻止他的暴力行为，1758 年 5 月 20 日，我迫使他的父母离开，好让他没有借口去巴黎。

戈蒂耶 [1]

---

[1]　军备图书馆"巴士底狱档案"，11991 号手稿，第 41 页（1758 年）。

致警察总监贝尔丹阁下

阁下，

圣路易-圣奥诺雷街假发商夏普伊因为儿子尼古拉·伯努瓦斯特·夏普伊极度纵欲提出请求，将他送进比赛特城堡的轻罪监狱，他监禁在那里已近十一个月，这个儿子想要加入克莱蒙亲王志愿军，请愿人非常谦卑地请求阁下同意他的儿子入伍，有了您批准他从前述医院释放的命令，他就能进入部队，得到征召他入伍的长官指导，正是出于以上考虑，请愿人提出这项请求，并将终生为阁下祈祷。

父亲夏普伊 ①

致警察总监阁下

阁下，

曾经的假发商路易·夏普伊家住小场街，有圣洛朗招牌的那里，他非常谦卑地请求阁下为他下一道命令，将他二十四岁的儿子尼古拉·伯努瓦斯特·夏普伊重新关回比赛特监狱，他曾因为纵欲监禁在那里三个月，那是三年前的事，他为了获得释放加入克莱蒙亲王志愿军，又因身材不达标，离开军队。

这个浪荡子和一个女人苟合，那个女人为了和他纵欲离开自己的丈夫，她的丈夫悲伤而死；两人过上放荡的生活，做了

----

① 军备图书馆"巴士底狱档案"，11991 号手稿，第 47 页（1758 年）。

很多会酿成恶果、辱没请愿人一家的事情。

这就是为什么他希望阁下可以给予他这一恩惠，以待日后将他送去殖民地。他将终生为阁下的健康和福祉祈祷。

夏普伊

于巴黎，1761 年 9 月 24 日 [1]

弗朗索瓦·福库尔

致警察总监阁下

阁下，

玛丽·玛格丽特·贝尔特蒙，弗朗索瓦·福库尔的遗孀，丈夫生前是国王的军官，她住在圣维克多街，受信后署名的全部家人照管，现谨请阁下知悉，她不吝钱财和心力，为三个儿子之一，三十六岁的弗朗索瓦·福库尔提供良好的教育，用符合教义的方式养育他；他小的时候，她送他去过几间寄宿学校学习，但是都没能留下来，有人送他去学金器制作，但师傅因为他不诚实把他送了回来。

在亲戚们的建议下，他被送去鲁昂圣伊翁的兄弟家住了三年，他很会伪装，甚至让人相信他想要成为修士，有人把他接了出来，几天后，他加入阿斯费尔德龙骑军，过了四年放荡的

---

① 军备图书馆"巴士底狱档案"，11991 号手稿，第 50 页（1758 年）。

龙骑兵生活，半年的假期都是用来对请愿人施暴，在巴黎过放荡生活。1749 年，他回到慈善会的修士们那里，1740 年时他曾在那里待过六个月，这次又只待了六个月，他拿走衣服，第二天才还回去，他还躲在卖淫场所。之后他又加入拉图迪潘军团。放荡行为让他拿到的父亲的年金只剩下一百二十四利弗尔，他鼓动兄弟中的一个帮他把这笔钱变成两百利弗尔的退休年金，之后他就拿到了补偿，并且全部用来满足自己放纵的欲望。他在部队待了五年，直到 1754 年。他有过三次半年假，其间，他在巴黎做尽可怕之事，只与公开卖淫的女人和最会招来恶事的卫兵往来。他与一个受过法律惩罚的鸨母联合起来，做些可耻的勾当，为此，他在 1755 被送进主教领地，又于去年八月因为在王后庭院和他的狐朋狗友们欺侮他人，被送去小夏特莱关了一个月。上一个二月，请愿人把所有东西都留给了她的儿子们，前述弗朗索瓦·福库尔分到了三分之一，全部用来纵欲。

他前所未有地投身各种形式的恶行，而且什么也没有了，没有经济来源，只与那些最为声名狼藉的人往来，他还威胁说要杀死请愿人和他的兄弟们，无论怎么劝诫都没用，她担心这个品行恶劣的儿子会遭遇最不幸的下场，也害怕整个家庭都要蒙受耻辱，有鉴于此，她非常谦卑地请求阁下出于仁慈，下令将前述弗朗索瓦·福库尔监禁在比赛特，他的兄弟之一，圣维克多街的金饰商将为他支付一年百利弗尔的监禁食宿费，她将为阁下的健康和福祉祈祷。

安托万·福库尔,

克洛德·夏尔·福库尔,

M. M. 贝尔特蒙 [1]

阁下,

玛丽·玛格丽特·贝尔特蒙,弗朗索瓦·福库尔的遗孀,她丈夫生前是国王的军官,现有幸谨请阁下给予她有力保护,请您不要释放她的儿子弗朗索瓦·福库尔,根据 1 月 29 日的国王命令,他被监禁在比赛特城堡,当时您仁慈地给予我这一恩惠,让我和我的家人能够免于危险,我曾在一封有幸呈交给您的请求书中讲过,尽管其中所记事实已经足够,但那还只是对他可悲生活的简要概括,如今我斗胆请求您的有力保护,是因为皮杜步兵团的一位军官和一位上士前来告诉我他们已经征召在比赛特城堡的弗朗索瓦·福库尔,也就是我的儿子入伍,我希望阁下不要同意释放他,因为我几乎确定,只要这个性格扭曲的孩子以任何可能的方式获得释放,我的生命就会受到极大威胁,还将发生其他可能的不幸,您将是这世上除了上帝,我亏欠最多的人,我将终生更加虔诚地为阁下的健康和福祉祈祷。

福库尔的遗孀 M. 贝尔特蒙 [2]

---

① 军备图书馆"巴士底狱档案",11996 号手稿,第 26 页(1758 年)。

② 军备图书馆"巴士底狱档案",11996 号手稿,第 41 页(1758 年)。

致警察总监阁下

阁下，

　　玛丽·玛格丽特·贝尔特蒙，福库尔的遗孀，非常谦卑地向阁下提出请求，根据她在全家支持下做出的陈述，尽管她牺牲一切也要为儿子提供教育，让他取得进步，她的儿子之一弗朗索瓦·福库尔还是投身各种混乱和放荡之事，她完全有理由担心其他儿子和她自己都会死在这个没有人性的儿子手中，毕竟他正大步迈向不幸的结局，让一个诚实的家庭蒙受屈辱，贝尔丹先生在获知准确信息后，同意下达国王命令，根据该命令，前述弗朗索瓦·福库尔于 1758 年 1 月 29 日被捕并送入比赛特，如今他还监禁在那里，家人为他支付了每年百利弗尔的监禁食宿费。请愿人和她全家不安地得知，与前述弗朗索瓦·福库尔鬼混的几个同伙提供虚假的证词，请求将他释放，对此，请愿人知道，他提出服兵役不仅是为了再次过上可怕的放荡生活，也是为了杀了她，这个可怕的忘恩负义之徒毫不顾惜母亲给予他的善意和为他做出的牺牲，怀着无法平息的恨意诅咒她，她非常谦卑地请求您，阁下，不要释放前述弗朗索瓦·福库尔，请愿人将继续支付监禁所需的食宿费。她怀着虔敬的信念，希望您给予她这一恩典，她将为阁下的健康和福祉祈祷。

玛丽·玛格丽特·贝尔特蒙 [1]

---

[1]　军备图书馆"巴士底狱档案"，11996 号手稿，第 46 页（1758 年）。

★

玛丽·弗迈

致警察总监阁下

阁下，

克洛德·弗迈，送水工，家住圣马塞尔郊区圣埃蒂安街，有幸谨向阁下讲述他的不幸，尽管他为女儿，十七岁的玛丽·弗迈提供了良好的教育和教导，却没有得到任何他所期待的成效。请愿人送她去几个地方工作过，如今她却生活混乱，总是浪费时间，偷盗请愿人的衬衫、家具、衣物，卖了钱拿去消遣，甚至偷过请愿人和她师傅的钱，这让请愿人有理由认为他的女儿行为恶劣。鉴于他想要阻止事态的发展，而且曾两次将她送去医院纠正她的行为，都没有任何改变，他请求仰仗阁下的权威，请求您下令将她关进医院，惩罚她的过错。

为此，请愿人将为阁下的健康和福祉向上天祈祷。

弗洛朗·德·拉·莫特，外科理发师拉波尔德，

埃蒂安纳·科曼，葡萄酒商拉杜，

诺丹，马尔西庸，亲戚皮埃尔·索维尔，

让埃卢阿尔，玛丽安娜·贝尔多，

弗迈的妻子 [1]

---

[1]　军备图书馆"巴士底狱档案"，11997 号手稿，第 215 页（1758 年）。

皮埃尔·拉朗德

致警察总监阁下

阁下，

园丁雅克·德拉朗德 ① 和他的妻子有幸谨呈请阁，尽管他们不想这样，但还是不得不向您讲述他们二十六岁的大儿子行为如何恶劣，道德如何败坏，这让他们深感痛苦。请愿人们照管的是一个人口众多的家庭，他们尤其注意怀着对上帝的敬畏之心教导子女，为子女提供他们所能提供的最好的教育，众多子女中，还留在家中的就是两个女儿了，她们是请愿人上了年纪后唯一的慰藉，她们分担请愿人的痛苦和家务，共同应对他们控诉的那个男孩；这个男孩青年时期就被送去鞋匠师傅那里学习傍身的技能，他们花了很多钱为他支付学费和生活所需，但他们的儿子丝毫不顾惜他们的关心，他没有完成学业，就回到父亲家中，而且没有表现出丝毫的服从，跑到各种地方喝酒，醉心于懒散、游荡的生活，流连小酒馆，消遣的间隙，他产生了工作的念头，进了一位来自圣女日南斐法山的鞋匠的铺子，在那里干了一阵子活，很快就结识了圣莫里索郊区的妓女们，让他养成了习惯，从那以后，他再也没有做过什么好事，请愿人得知圣莫尔索郊区是他放荡的中心，附近有很多露

---

① 此处写作 Delalande，上文写作 Lalande。——译注

天小酒馆，他早上出门，到晚上才回来，还常常夜不归宿，请愿人的劝诫他全当耳旁风，他撬开父亲的箱子，拿走他的衣物去卖，还冲他父亲发火，甚至用脚踢他，致使他受伤，他的狂躁让整个屋子一直陷在恐惧之中，虐待父母、妹妹们，威胁说要折磨他们。鉴于如此悲惨的情况，请愿人请求仰仗阁下的权威，请您下令收集有关请愿人儿子言行的信息，然后将他关进比赛特的单人监室，以防可能发生的不幸，为此，请愿人将为阁下的宝贵时日祈祷。

雅克·拉朗德，M.C.拉朗德，佩莱尔 ①

路易兹·马尔尚

致国务委员会议员、警察总监贝尔丹阁下

阁下，

洛朗·马尔尚，德·孔达德骑士先生的马车夫，斗胆请求阁下倾听他的讲述，他的第一段婚姻留下一个十七岁的女儿，名叫路易兹·马尔尚。他竭尽所能为她提供教育，但不幸没有任何成效，爱美和贪食是她无法克服的缺点，为了满足这些欲念，她拿走她能找到的任何东西，这使得请愿人不得不在获得德·孔达德先生允许后，将她带回府邸，尽管他足够谨慎，她

---

① 军备图书馆"巴士底狱档案"，12002 号手稿，第 166—167 页（1758 年）。

还是想办法偷了一个人二十四利弗尔，又从别人那里拿走其他一些物品，他只能替她偿还，这让请愿人破产。因为担心随之而来的所有不幸，他听取建议恳请仰仗阁下的权威，非常谦卑地请求您将她关进医院。他没有钱将她送去修道院，也没法支付教管费用，希望阁下能顾念这样一位父亲的不幸处境，施予他您的恩典，他将终生祈祷阁下健康永驻。

德·孔达德先生的门卫卡尔迪诺，

德·孔达德骑士先生的贴身男仆贵弗里特，

德·孔达德先生的贴身男仆柯本，

德·孔达德先生的秘书德拉萨尔 ①

街区警长收集的信息

1758 年 5 月 6 日

针对十七岁女孩路易兹·马尔尚的父亲请您下令将她监禁在医院一事，我收集了有关女孩生活和品德的信息。鉴于这个女孩是第一次婚姻所生，我首先传唤了她母亲那边的亲戚，并在父系亲属不在场的情况下，询问了堂区神甫和她住的房子里的很多人，无论哪波人，他们都声称并证明，前述路易兹·马尔尚不仅是这房子里出了名的放荡女人，还是小偷，当着他们中的任何一个人将她定罪，她都无法辩驳。

因此，我认为，先生，同意这位父亲针对女儿的请求，将

---

① 军备图书馆"巴士底狱档案"，12007 号手稿，第 213 页（1758 年）。

她关进监狱，这没有什么不妥，她的父亲是个诚实的人。

我将怀着深深的敬意成为先生您谦卑而忠诚的仆人。

警长［字迹模糊］^①

---

① 军备图书馆"巴士底狱档案"，12007 号手稿，第 214 页（1758 年）。

第三章　当人们写信给国王……

从行使到滥用

十八世纪的警察制度完全建立在一个幻梦之上：建设人民幸福。这贯穿了从巴黎的物资供应到店铺招牌尺寸，从渎神到妓女居住的空巷，从聚众集会到尸体解剖。必须从早到晚卖力，去各种地方引导那些不怎么规矩并且没有理由不规矩的生活。如何才能不被无休止的任务压得喘不过气来？这些任务受到警察条例的约束，这些条例每个月都要被重申一遍，而它们又没有什么效力。警察常常筋疲力尽：每次在巴黎这个巨大蚁穴发起行动，就会瞥见一大堆其他地方需要整顿。不像警察法令、法规、命令或条约让我们以为的那样，司法机关和警局并不能应对这些。十八世纪就已经出现了一种警察科学，这是肯定的，但那不是真正的警察制度。

于是，密札制度就利用常规司法程序留下的空洞，趁虚而入。国王命令起到了传票的作用，这甚至是一种解脱：实在太有效了，以至于人们都不去思考它专制的一面。巴黎警察制度的特殊结构强化了这种现象，因为警察总监同时负责城市治安和密札的下达。利用这种简单的方法监禁人，可以满足他的野心。

警察总监对此事没有丝毫犹豫，用于治安事务的密札无法计数；他甚至借助这一权力越过夏特莱的司法权，在没有充分证据的情况下减重判刑或要求监禁。

警察总监体制陷在自己的幻梦里：通过下达密札，将皇家介入转为遮掩自身缺陷、无序、不一致或缺乏热情的方式。"国王命令"成了触手众多的制度，将枝权伸向一切司法无法触及的地方。这一司法过于沉重，难以适用于巴黎的这种不怎么服从的社会性。

但如果只从密札的实施中看到权力机制的作用，认为它根据一种自主生长的原则发展，那将是不准确的。之所以它能够得到这么大量的运用，之所以其专制的一面会至少在某个时期被认为可以接受，是因为家庭面对其内部等级结构所特有的权威无法解决的紧张关系，在为了解决问题，却既不可能（因为事情都太微不足道）又不愿意（因为那会很慢，花费巨大，且有太多不确定性）寻求司法程序的时候，他们习惯于转向国家政府的行政管理。这样就有了持续的需求。是否这种需求在地位较低或贫穷的阶层要比在那些更有办法解决此类问题的阶层（确实，将可耻的妻子或爱花钱的儿子送去乡村居所或放逐，准备一笔食宿费或携带财产将令他们不安的女儿关在修道院）

更加强烈？有可能。总之，人们请求国王介入，而他的政府经过再三考虑后才会干预。让皇家权力去考虑一个家庭微不足道的悲剧，让它去维护一位父亲、一位丈夫、一位妻子，等等，甚至不用考虑常规司法形式，让它借助警察机构和惩罚手段，促使家庭成员尊重这个家庭特有的价值，正是这些变得不仅可以被接受，而且被期待。个人行为与管控机制、惩罚机制、国家机构之间的接触面就自然而然建立了起来。因此，人们假设存在一种这两者——提出请求的人和必须回应的政府——都被认为应该赞同的共有道德。

由此产生了不少结果：最高政治权力介入社会关系最基本的层面；从主体到主体，在同一家庭内部的不同成员之间，在邻里关系、利益关系、职业关系中，在仇恨的关系、爱的关系和敌对的关系里，除了权威和服从的传统武器，人们还可以发挥"绝对"权力的潜在价值——如果至少可以引导它或让它转向自己想要的方向。于是，整条政治链与日常生活的网络交错在一起。但同时，政府部门从这种每日的生活中让自己成为司法之外的仲裁者，至少某种程度上承担了这一责任。"私生活"虽然仍然是私人的，并且在某种程度上仍然保留在私人的领域，但它不能再不顾公共秩序。本书引用的档案见证了家庭机制与大型政府机器的"啮合"。

于是这就形成了一场复杂的博弈，在其中，个人作为警察制度"天然的对象"，尝试将其手段纳为己用，并引导它的结果，从而强化或重建自己家庭中的权力关系，而政府在某些条件下接受这种引导，使得个人因此能够——尽管他们并不明确希望如此——部分自发地成为公共秩序的施动者。手段的结合本身并非没有暧昧，也并非没有许多不明确和"不顺"的地方，但正是通过这些不明确和"不顺"，家庭道德与公共秩序原则寻求一种共同的语汇和彼此都能接受的规则。但它也并非不会引起冲突：涉事人之间仇恨加深，个人面对家庭或政府伸张权利，反抗所有形式的专制。于是，密札这种特殊的手段为权力机制的实际运作提供了可能，当然并不表现为一种不具名的、威压的、神秘的"**权力**"，而是一种多方关系的复杂组织：一种控制和惩罚机制——它有自己的手段、规则和技术——受到各种策略的灌注，这些策略根据使用和服从于它的人的不同目的而有所不同，它们的效果发生改变，涉事者被转移；情况得到调整，对立被激化；一些地位受到巩固，另一些则被削弱。由此我们可以理解监禁的这种"专制"的一面和它所造成的混乱为什么会被接受。

国王，家庭活动的庇护者和仲裁者：这一明显具有象征意义的形象同时反映了日常生活的现实，日常生活的安全感混杂着面对可以随时出现的无限专制而感到的越发强烈的不安，这解释了旧制度末期家庭密札制度造成的饱和效应。

但在该世纪的上半叶，没有人质疑过它与道德和习俗的结合：家庭安宁是维护公共秩序的重要构件，这值得国王对此动用他的最高权威。私生活和公共事务借由他结合起来：镇压行为确保了这种结合。"私下镇压—公共秩序"这一方程式广泛而有效地在所有人头脑里运作，无论是那个时代的人还是行政当局。家庭将他们备受重创的命运交付给最高行政长官，众多警察总监也深信这项公共事业：保全家庭名誉。通过这种方式，警察总监贝里耶写道："我成功地服务那些诚实之人，好让他们家人的混乱不波及他们。"勒努瓦尔也有同样的记述：

> 德·萨尔迪纳先生在他比大部分前任执政者都要长的执政生涯〔1759 年 11 月—1774 年 8 月〕里，在他与众多家庭之间建立起了某种纯粹信任的关系，是他自始至终高贵的审慎精神激发了这种情感。

警察与民众之间纯粹的信任，国王父亲般的仁慈，他"同意纠正错误，以规避惩罚的司法手段"：人民、警察和国王——他为了不惩罚而实施监禁；他为了不让家庭蒙受玷污而剥夺自由；他越过一般司法程序，那只是应耻辱而生的产物——可能如田园牧歌一般和睦相处吗？……

就连路易·塞巴斯蒂安·梅西耶（Louis Sébastien Mercier）这样在司法和行政官员问题上态度非常严格的人，也赞同这种程序，甚至谈到警察总监的人性和宽容：

> 我们知道他的职能，但可能不知道他还忙于帮很多家庭里的年轻人绕开一般司法程序，他们在激情的鼓动下实施偷盗、欺诈或其他卑劣的行为；他让他们免于公开受辱：这种耻辱会波及整个无辜的家庭；这是一种人性的行为，免去他们即将蒙受的最不幸的羞耻；

因为如果没有这样的想法，我们的偏见就是非常不公和残忍的。

放荡的人被监禁或遭到驱逐，不用经过刽子手的手，就这样，警察让应该受到惩罚的罪人摆脱法院的审判；但鉴于这些年轻人脱离了社会，并且只有消除身上的过错，才可能回归社会，就不该责备这样的宽容。①

因此，在很长一段时间内，家庭密札制度本该是一种理想化的存在，本该创造一种基于国王的仁慈、警察的人性和对家庭安宁的忧虑而诞生的和谐。但这种表面的平衡会一点点裂开缝隙，并且产生大量理由反对这一惯例，后者很快就被当成无法忍受之事的象征。社会惯例的历史从来就不像那些文章和论说希望我们相信的那样是线性的。司法档案呈现出的缓慢渗透让人怀疑这里所说的这一历史中也不存在非常明确的之前和之后。监禁请求本身就包含了它的失衡，它被滥用，它造成不准确和无法容忍的不公的可能。家庭秘密和可怕证词的黑暗暴力中充斥着太多激情、侮辱和仇恨，以至于"国王的仁慈"无法成为救命的药膏。仁慈的国王也是一块盲目的刀片，削得太快、太频繁。

1648 年，在圣日耳曼举行的由最高法院代表和国王代表出席的会议期间，大法官塞吉埃（Pierre Séguier）这样说道：

---

① Louis Sébastien Mercier, *Tableau de Paris*, tome I, Amsterdam, s.n., 1783, chapitre LXIII, « Lieutenant de Police ».

"在国家治理中［……］君主必须能够仅凭简单的猜测下令逮捕，为了不让国家因为一个人未受惩罚而毁灭，一百个无辜者受苦也是合适的。"① 于是国王一个接着一个以保密和非法律程序在国家事务中的必要性为由，为自己的权威正名。②1759年4月8日，路易十五更加明确了其意义：这是"在一些情况下，公共利益甚至家庭利益所要求的"③。

滥用影响了这一惯例的精神和基础，自由主义的倾向抨击密札制度，但还没有上升到批判君主制。对于国王和很多这方面的法学家，人们指责他们的地方在于他们成了不公正的家长权力的同谋。正如莫罗（Jacob-Nicolas Moreau）④ 在《关于司法的演讲》（*Discours de la Justice*）中所写，这是"利用国家专制来推行私人暴政"。争论很具规模，是在讨论自由和法律的必要性的背景下进行的，又受到启蒙思想的滋养。密札制度破坏了社会契约，并且由法官决定个人的监禁。因此必须将在公众舆论中声名狼藉的正义观念转变为法律是唯一依据的正义观念。与此相关的谏言定期传达到国王那里，助理法庭（cour des Aides）在首任长官马勒泽布（Guillaume-Chrétien

---

① François-André Isambert, *Recueil général des anciennes lois françaises depuis l'an 420 jusqu'à la Révolution de 1789*, tome XVII, *14 mai 1643-19 août 1661*, Paris, Belin-Leprieur, 1829, p. 93 et 94.

② Philippe Negrin, *La Réforme de la lettre de cachet au XVIIIᵉ siècle*, Paris, É. Larose, 1906.

③ Jules Flammermont (éd., avec Maurice Tourneux), *Remontrances du Parlement de Paris au XVIIIᵉ siècle*, Paris, Imprimerie nationale, 1895, tome II, *1755-1768*, p. 185.

④ 十八世纪时期的法国历史学家，旧制度的支持者。——译注

de Lamoignon de Malesherbes）的影响下，带着热情固执地处理这一问题。1770 年，以及之后的 1775 年，助理法庭表明立场，马勒泽布尤其坚持主张将家庭的关押请求交到下级官员手中。于是，负责调查的警探和警长在大街小巷寻找各种见证者：没有什么比这样的程序更具有偶然性、更不可靠、更不公正了。于是，这个私人领域终于暴露出巨大的问题：耻辱究竟来自惩罚还是来自罪行？是所犯过错还是因此受到的审判玷污了家庭名誉？

表达和秘密

密札制度的实施构成了源源不断的请求，为了揭露或谈论小小的纷乱、父母与子女间的争吵、夫妻或邻里间的纷争、酒精或性，还有很多别的秘密激情所引起的争执。所有这些组成共同生活的事情都因此可以言说——和书写。但人们之所以能将它们讲出来，是因为他们是讲给国王，或他的代表们听。因为国王被默认应该在那里，操心一切，根据不同的人选择仁慈或严厉，人们讲述发生的事，揭露恶人，说出一时间请求除去的那个人所有的无耻行径。简单来说，人们向国王表呈自己，向他讲述别人。为他"登台表演"。人们向他讲述那些事和人的方式，就好像以为他能够想象出发生了什么，也好像这符合他们自以为的国王权威的规则，是国王应当操心的分内事。而且这些请愿书通常遵循一定的模版或范式，这可能是由书写它们的代书人或给人们提供意见的警长推广起来的。我们在这里读到的档案不是"自然"流露，而是相对复杂的表达，在这些表达中，针对善行和恶行的可被接受的表征方式在个人与当权者之间得到确立。

这伴随着大量不协调的情况。因为是写给国王，写给他的一位大臣或警察总监，无论控诉还是请求使用的都是一种修饰过的语言。对每一个日常发生的小故事的讲述，都伴随着对那些不值得君主关注的特例事件的夸大；了不起的修辞令没有意义的事情改头换面。而那些没什么知识的请愿人——或者替他们执笔的代书人不够老练——想要尽可能写下他们自以为写信给国王或那些大人物时应当使用的客套话或措辞，而实际上写下的只是笨拙、粗陋的词语和农夫式的表达，这些表达出自他们的本心，或许他们以为这样可以让他们的请求更加有力、更加真实。于是，在庄严的句子之间，在两个夸张的词中间，会突然蹦出一些生硬的、笨拙的、粗俗的表达；规范的，或者几乎是仪式性的话语中夹杂着迫切、生气、愤怒、激动、怨恨。就像尼古拉·比昂费（1758 年）的妻子所写：

［她］斗胆谨请阁下知悉，前述尼古拉·比昂费，车棚马车夫，为人极其放荡，企图打死她，还卖光所有东西，他害死两任妻子，打死第一任妻子的孩子，将第二任妻子的东西卖掉、钱财花光，虐待她，害她忧郁而死，甚至死前一天还打算掐死她……至于第三任妻子，他想把她的心放到烤架上烤着吃，其他很多谋杀行为就不提

了：阁下，我拜倒在您面前，祈求您的慈悲。我寄希望于您的仁慈，请您还我公正，因为我的生命时刻受到威胁，我将终生请求上帝保佑阁下健康永驻。

　　奇特的戏剧：通过面对权威必须使用的客套话来表现暴力、悲剧、纷乱。在这个属于可怜人的舞台上，有时候是穷人，通常是普通人粉墨登场，摆出姿势，让自己的声响和夸张的言辞被记住，而这些都是为了让掌握权力的人看他们一眼。他们让人想起那些穷苦的街头卖艺人，穿着曾经华丽的旧衣服，在一群嘲笑他们的富人面前表演。只不过他们演的是他们自己的生活，面对的是可以决定他们生活的掌权者。卡洛或勒·南①之类的人前往凡尔赛，为了让他们的声音被听见。

　　于是一下子就有了讲给国王听的秘密，微不足道的事情在这一刻变成过分的事。要汇总到国王那里的，那必然只能是一些出格的、古怪的事。这是一个奇特的路径：必须被揭露的秘密被托付给国王，为的是之后能够回归最初的无人知晓的状态。皇家人士确保了这一出乎意料的转变；经由他，秘密完成了一趟神奇的旅行：它因为直接上达国王——最高权力，而停留在家庭内部。就这样，私人的事情还是私人的，哪怕它被公开给最高的权力者。国王在这里就像驱魔师，他能让写下的东西消失。修道院、皇家监狱就是幽暗的腹部，吞下秘密，卑劣

---

① 雅克·卡洛，路易·勒·南。上文并未出现这两个名字。——译注

之事永远不会被揭露。

惊人的秘密，而且我们注意到呈交给国王的请求书通常都伴有邻居、堂区神甫、房屋承租人的签名。告诉国王的秘密——就像我们说的，"只告诉一个人"的秘密——周围人已经知道了，而且表明，如果需要的话，家庭可以在多大程度上与私密性区分开来。一个成员的过错或不良行为就像一根扎在家庭心口上的针，它呈现出无耻的面貌，没有人能够忽略它的存在，它让所有人蒙羞。那张无耻的脸有可能成为他们的脸。这个秘密属于他们，在这个层面上，他们在内部经历着这个秘密，因为在日常生活中，内部和外部混淆在一起，以至于无法将私生活从公共生活中区分出来。① 没有保障的居住条件，社会经济的不稳定，门朝外开的住处、作坊和店铺，外面的一切都能渗透进去，从孔洞滴入直到形成共生，这一切组成一个个独特的空间，规则不透明，但是却由勾连的、团结的和冲突——冲突的暴力几乎等同于统一的力量——的网络编织而成。没有人能说自己在另一个人的生活中缺席，这种被动的混杂带来了一些整合，也造成了一些抛弃。家庭的秘密成了亲近的人适应的对象，就这样，秘密传到他处，也就是说一直传到国王那里，正是这一找回名誉的行为最终将耻辱推向最幽暗的顶点，同时向邻里保证已经清除了一切

---

① Arlette Farge, *Vivre dans la rue à Paris au XVIIIe siècle,* Paris, Gallimard/Julliard, 1979; Gallimard, coll. Folio histoire, 1992.

罪行。

一般司法程序是无法像这样摆脱过错的：它的机制，它缓慢且耗费巨大的流程，它的信息系统，还有传唤证人、与被告对峙和核实的系统，构成审判需要经历的一系列预料得到的缓慢行为。审判让有罪的人在众目睽睽下受罚，让所有人都能看到惩罚，当众盘问犯错者，而他的家庭无法重新获得尊重和名誉。司法和它庄严的、严苛的、死板的礼仪让私人的丑闻——有时影响整个街区——变成公开的丑闻，惩罚既不会消解也不能弱化它，反而会以最激烈的方式揭露它。惩罚在这里为的是震慑旁观者，公开惩罚的唯一目的就在于让错误和用来惩罚错误的机制能够被有效地认识到。从这种意义上来说，司法本质上是剥夺荣耀的，侮辱和嘲弄，而国王本人允许人的再造，并且赋予那些前来请求他介入的人以荣耀。求助于国王这一惊人的方法在于：经由他的中间人，激起（扭转）他的意愿，征服（吸引）他平时关注国家大事的目光，从而存在于他眼中，请求他在那些通常有充分理由永远不从群众的不透明性中浮现出来的生活细节上停留。写信给国王，要求他伸出援手，这样就能让自己被载入历史，并显著地弥补自身社会地位的卑微。司法通过它繁重的体系显示并强调社会条件的烙印，面对它，穷苦人如果不接受羞耻就得不到任何东西。请求书不仅让他们不用丢失名誉，还让写信的人拥有了被国家最大的人物认可的自豪。

而且，这一举动不也有它的双面性吗？被国王"触及"——得益于国王的决定——并不能被简化为被动性。为了达到目的，必须提出请求，给出论据：借助这一方式，通过鼓励国王做出选择，极大地参与国王的事务，成为他旁边重要的人，足够坚定地与他并肩而行，让他最终下达命令。对他产生影响，在一种卑微的、没有荣耀的，通常是可怜的家庭生活中接受他的"恩典"。事情的这一面向没能逃过十八世纪八十年代知识分子的眼睛。"在大量的案例中，国王出于他父亲般的仁慈，同意纠正错误，以规避惩罚的司法手段。"（韦尔热纳①，1781 年）"国王的命令，与其说是一种惩罚，不如说是恩典。"（圣弗洛朗丹）"当国王出于仁慈下达监禁命令，那是一种恩典。"（马勒泽布，1789 年）

　．仁慈、恩典，纠正错误而不是惩罚，确实，但这还不足以阐明监禁请求所处的出人意料的位置。这一皇家行为的根源有请求者的欲望，该欲望是以一种温和的供认形式涌现出来的。这种供认是自发的，无需神甫介入，没有人要求它，它从唇间流出，人们急迫地将它说给代书人，后者以符合规矩的好的形式将它全部传达出来，这种供认与国王和臣民间缔结的公约完全契合，这种供认先于甚至包括国王的欲望在内的一切审问。就这样，请求书变成某种自行产生真理的地方：必须在其他人开口前，自己先说出家庭被什么样的过错污染，从而不惜一切代价地避免有朝一日被司法定罪。自己说是为了不被人说：演

---

① 应该是指韦尔热纳伯爵夏尔·格拉维耶（Charles Gravier）。——译注

绎自己的不幸、自我陈述为的是永远不落入他人对这同一个不幸的极其不公正的叙述。为了不被讲述而讲述"自我"：保住主体的位置，不留下任何成为别人的，甚至国王的客体的可能。

就这样，监禁请求成为由行动和欲望组成的活的场所，其中，自我形象的产生将它的施动者投射到一个他一点点创造起来且没有经历过的空间里。吊诡的创造，也因为为此必须让自己沾染上污点：唯一能入国王眼的就是那些卑劣的人。最终宣誓服从，宣誓从属，特别是因为监禁请求必须依赖于某种经济上的博弈：对这种交易在监禁请求中的重要性的衡量没有停止，它让监禁请求本身同时变成一个经济场所。就这样，付钱给神甫，让家庭的动荡空间重归秩序……

通过将有罪之人隐藏起来，不让世人看见，监禁永远地抹去了重罪的污点。这种抹除是惊人的，而且它也是由悔恨造成的结果。我们说国王纠正错误而不惩罚，而父母不会不就这种教管进行论述，教管是被监禁者恢复清醒、悔过、在孤独中找回某种坦诚和无辜——为什么不呢——的方式。这里还要再强调一次，完全不一样：家庭提出的监禁请求的目的是让犯错的人悔改，而一般司法程序所寻求的完全不是这个。十八世纪，司法判处鞭打、驱逐、烙刑或其他身体的酷刑、服苦役，不关心其他形式的教管。

无论对于它的程序，还是它关心的问题来说，这一概念都是缺失的。刑罚的痛苦回应两个为人所关切的问题：为社会洗刷它所蒙受的罪恶并让这罪恶以一种可见的方式呈现在罪人身上，充分打击犯人的肉身，好让疼痛成为他人的一个景观、一种恫吓、一次教训。立法部门一点也不打算扭转罪人的灵魂。又过了很久，直到十九世纪，它才开始操心灵魂，那时，对犯罪行为着迷的博爱主义者们 [1] 让监狱有了修道院的氛围，看守 [2] 的眼神起到的是引起悔恨、与罪恶作斗争和激发人改正的作用。

从这一意义上来说——但以完全不同的方式——十八世纪的修道院和轻罪监狱首先就不是为了让人悔改而设置的。唤起悔恨的家庭监禁请求要先于下一个世纪那些博爱主义者们的重大计划。这是他们自己不受常规司法程序困扰的方式，因为司法让卑劣的行为趋同于痛苦的景观，而从来不想要消除前者。皇家命令划出一条完全不同的道路：一方面只有它有可能埋葬秘密，另一方面它让与它遥不可及的渎神者有了重生的机会，从而清除卑劣之事两次。神圣和忏悔就在舞台的中心：恢复名誉的戏最终完美闭幕。

但它不知道的是，正是这一完成酝酿了它自身的死亡：总有一天，家庭名誉的维持会变得不值一提，而平民家庭生活的

---

[1]　凯瑟琳·杜帕，前揭。

[2]　参见 Jeremy Bentham, *Panoptique. Mémoire sur un nouveau principe pour construire des maisons d'inspection et nommément des maisons de force*, Paris, Imprimerie nationale, 1791; *Le Panoptique,* 前附 *L'Œil du pouvoir*, 即 Jean-Pierre Barou、Michelle Perrot 与 Michel Foucault 的对话, Paris, P. Belfond, 1977。

风波和事故又太寻常、太平庸，以至于不用当一回事来考虑。同样地，当国王的力量渐渐显示出专制的面貌，它就不再是必要的，而变成可怕的：如果不终止这些请求的涌现，警探、警长、警察总监们就得在一个因为不回家而被监禁的三十二岁的儿子身上耗费太多的生命。保留、怀疑，进而是义愤，渗入人们的意识，直到让密札制度终止。私事越是与公共秩序区分开，年轻人，甚至情人或配偶的纷乱就越是比任何事情都更需要一家之主的干预。法律和它的最高权力得到修正，针对专制的不公和国王的善意提出的反对越来越激烈。那是必须根据为所有人起草的法律来惩罚的罪行，而不是父亲的公正权威就足以改变的不守规矩的行为（纷乱）、没有结果的小错误。被监禁者们也抗议那些毁掉他们身体、侵蚀他们精神的监禁岁月。对那些遭到滥用的命令的反抗到处都是，那些命令，就因为人们破坏了社会秩序，而让这些无力为自己辩驳的人从社会上消失。

缓慢的改变就是这样开始的：在维持家庭名誉的过程中，国王将最终因为一场以新自由为名义的复杂而不可逆的运动，失去他自己的荣耀。

密札的终结

促成家庭密札消失的动因与使这一制度运行的动因一样复杂、一样矛盾。

不难想象，监禁的实施激起其受害者的不满，引起可能成为其目标的人的担忧，甚至招来其使用者的不信任（伴随着无法预见的结果和回报效应这一风险）。总的来说，它涉及的是很大一部分民众；由公众来支配君主的至高权力，对所有人来说，都并非没有危险。但必须指出的是，就针对密札的批评来看，将它用于维护家庭纪律，要比用于其他目的相对容易被接受。当然，我们都知道那些重大的抗议，比如米拉波的抗议 ①。但值得注意的是，在制宪会议期间就国王下令监禁一事的讨论中，形成了一种倾向：将应家庭请求的监禁搁置一边，就好像在这种情况下，他们行使的权力要比国王想要监禁自己的敌人时行使的权力更加合法。不难料想，当莫里神父 ② 反对释放所有被监禁者，因为其中有些很可能"损害社会利益"时，弗雷托 ③ 则要求找出应家庭请求而被监禁的人，并等待家庭法庭的组织（错误较轻的除外）。罗伯斯庇尔很遗憾讨论总是围绕着"因为家人请求而被监禁的人"，而不是那些"通常

---

① 米拉波伯爵在被监禁在万森城堡（donjon de Vincennes）期间（1777—1780 年）写了《密札和国家监狱》（*Des Lettres de cachet et des prisons d'État*），该著作于 1782 年他完全自由后出版。——译注

② Jean-Sifrein Maury，1794 年起被任命为红衣主教，1810—1814 年间被拿破仑任命为巴黎总主教，但未得到教皇谕旨。他的政治主张与米拉波相左。——译注

③ Emmanuel Marie Michel Philippe Fréteau de Saint-Just，法国大革命期间的自由派贵族，和米拉波一样，都是君主立宪制的拥护者。——译注

是因为品德，因为没能表现出足够的力量和爱国主义情怀"①
而被监禁的人。

但不要就此认为，应该得到认可的家庭需求与应该反对
的政治上的独裁专断之间的这种区分就导致了完全地、简单
地接受父母或配偶提出的监禁请求。事实上，这一手段长期
以来都有问题。对于所有想要将对应受惩罚的人实施分级惩
罚这项任务保留给成体系编纂的法律和负责执行法律的法院
的人，法学家和哲学家，这是个问题。但对于所有那些更接
近政府实际运作并从其内部感受到困难的人来说，这同样是
一个问题。有些警长就是这样的情况，他们忙于调查，因为
将精力细致地、集中地投入他们觉得微不足道的家庭细节上
而感到疲惫。面对四面八方压下来的大量工作感到疲劳，这
是当然的，但厌倦也是因为，他们所面对的在他们看来并不是
他们的任务，而主要是那些亲属自己的任务。因此，是否还
应该总是去调查年轻人的玩乐，就因为他们的父母没有阻止他
们？针对迫使家庭请求监禁他们某个成员的原因，马勒泽布从
更普遍的层面思考了它们的合理性。令他惊讶的是，有时人
们并不给出原因，就好像家庭有这样的意愿就足够了。他猜

---

① *Archives parlementaires de 1787 à 1860. Recueil complet des débats législatifs et politiques des Chambres françaises*, dir. Jérôme Mavidal et Émile Laurent, tome XI, *Du 24 décembre 1789 au 1ᵉʳ mars 1790*, Paris, P. Dupont, 1880, débats de février et mars 1790, p. 661 *sq.* ; tome XII, *Assemblée nationale constituante du 2 mars au 14 avril 1790*, Paris, P. Dupont, 1881, p.161.

测，在大部分案例中——尤其当发生在夫妻之间时——原因就是利益和激情："没有比这些更过激的密札了，因为没有怀着比它们更大的热忱提出的请求。"但令他困惑的是，由于请求密札的阶层不同，其原因也是不同的，而这就使得划定一些一般原则变得不可能——政府应该承认的那些原则。从贵族的角度来说，问题在于捍卫他们认为与血缘带来的特权相关的东西：

在贵族家庭中，如果一位成员行为非常卑劣，违背了他的出身，就会引起大家的义愤。公共秩序无法容忍在一个出身高贵的人身上看到这种人们所说的低劣。似乎家庭的名誉要求他们让这样一个品行败坏、可鄙，令家人蒙羞的人从社会上消失。平民则还有其他一些偏见，这些偏见可能是基于某种非常健全的道德观，但他们过于严格地依附于这些道德观。有些错误所有人都会谴责，但那些出身高贵，或者所谓的上等人认为可以原谅的，市民阶层的家庭则会视为无法宽恕的罪行。正是在那些被遮蔽的阶层中，道德风尚的简单性和纯粹性被弱化。或许应该渴望这些简单的道德风尚能够成为整个民族所共有的，但它们不是，而对于那些已经屈服于所处时代的普遍罪恶的人，不应该剥夺他们的自由。①

① Malesherbes, *Mémoire inédit sur les lettres de cachet, adressé à Louis XVI en 1789.*

因此，马勒泽布清晰地指出了为针对家庭原因的密札建立一种合理政策的难度，因为对于所有社会群体，家庭并不是以同样的方式建构的。贵族想要将只属于他们的特权变成对个体的强制性原则。而反过来，这些没有特权可以利用的个体参照的则是最普遍的道德规范，但这些规范又从未得到有效的实行，甚至对于那些倚仗它们的人来说也是如此。密札制度既不应该成为个体夸大的工具，也不应该成为对一种专断的普遍主义的推行；按照马勒泽布的推论，它只应该处置与普遍认可的道德相违背的东西。

1784 年 3 月，布勒特伊 ① 任国王宫廷大臣期间起草的著名通函并没有取消因家庭事务实施的监禁，而是尝试为此制定合理的运作和限制原则。布勒特伊从那些被监禁者中分出三类必须继续监禁的人，但需要做的是充分理解在其各自的特殊性之中的监禁原则。有"精神错乱的人"：必须把他们关起来，因为他们"无法在世间行事"，或者说因为"他们的暴烈会在世间造成危险"。有做过司法机关并不知道的违法之事的人：布勒特伊似乎并不认为一些错误逃脱由既定司法机构判处的沉重的"身体上的或有损名誉的处罚"是不合法的，也不认为这会对国家造成损害。最后，还有那些没有"扰乱公共秩序"但沉迷于"纵欲生活"的人，此处布勒特伊想说的是构成不良行

---

① 布勒特伊男爵（Louis Charles Auguste le Tonnelier），于 1784 年改革监狱管理，后因得到玛丽·安托瓦内特王后的信任，于 1789 年法国大革命前夕被任命为法国首相。——译注

为的两种传统特征："放荡和挥霍"，性和钱。布勒特伊并不否认家庭可以出于这些原因将某人关起来。但他想在这种惯例中加入一些限制。

1. 一些限制涉及的是人的法律条例："一个成年人，掌握自身的权利，不再受父母权威的约束，即使在因婚姻结合的两个家庭的共同请求下，如他未犯需引起公共部门警惕的违法行为，就不得监禁他［……］"对于法庭审判来说，必须在法律的内部实施监禁，任何家庭关系都不能凌驾于普遍认可的对每个人的司法保障。

2. 另一限制涉及的是界定被我们称为名誉的这个不确定但又对监禁的实施如此重要的领域。布勒特伊说，不应该混淆作为个人特质的"名誉"（个人有捍卫它的权利，但也有舍弃它的自由）和别人，通常是家庭成员，感觉到的会有损这个或那个人名誉的"不快"。一个人因为一段可耻的婚姻而堕落，或因为有欠考虑的挥霍而破产，一个人"身边有个品行不正派的姐妹或近亲"，这就是上面所说的不快。如果这个男孩和女孩"沾染的耻辱只落在他们自己身上，而无关他们的家人，那么在我看来，权力机关就没有监禁他们的权利"。

3. 布勒特伊还尝试分辨什么事情可以被当成应受申斥的无序，而什么只是家庭内部冲突和仇恨的结果。根据这一观点，他认为配偶间的监禁请求更可疑："必须带着最大的谨慎，接收丈夫对妻子和妻子对丈夫的控告。"至于来自父母的请求书，布勒特伊倾向于给予它们更多的信任，不过前提是经由家庭其他成员证实："到目前为止，父亲和母亲都提供了足够多的协助；但父母有时要么不公正，要么过于严苛，再或者太容易紧张。我认为必须每次都要求至少两个或三个主要亲戚和父母一起在请求命令的陈情书上签名。"

4.最后，通函坚持应该区分处罚和教管。应家庭请求实施监禁所承担的功能不是作为司法处罚的替代品或相似物，而是帮助个体转变。这种转变首先意味着监禁不会太长也不会太严苛，因为布勒特伊说，监禁本身就被当成一种处罚，甚至，如果它太长的话，就成了"所有处罚中最严酷的，尤其对于那些情感没有完全泯灭或破坏的人来说"。转变还意味着监禁的内部条件不过分艰苦，意味着我们确保它能够维持被监禁者的改善，而当这种改善得到证实后，就终止监禁："暂时不考虑其他可能促使延迟释放或提前释放的因素，他们的释放应当尤其取决于他们的行为方式，他们身上或多或少的变化，以及他们释放时，人们担心的或希望的东西。"为了切实完成这些可能的进步，布勒特伊要求警察局的负责人亲自前往监禁的地方，要求他们不能轻信守卫的讲述，而是亲自询问被监禁者，并"通过他们的到场，了解所有相关情况"。

这份通函非常重要。我们从中看到，名誉、纵欲、挥霍、无序，这些本可以以传统的连带性的名义让监禁长久维持下去的大的范畴在瓦解。我们从中看到在普遍的个人权利的范畴下取代这种措施的尝试。我们还从中看到认为应当为——尤其是——仍受父母管控的孩子保留这项措施的想法越来越清晰。

而在坐牢开始成为依法惩罚可能的武器之时，布勒特伊的通函依然坚持一种特殊的监禁观念：它的目的不是惩罚行为，而是让个体发生转变。

这些就是立法者从那时起需要解决的问题：一方面，将家庭对其成员的要求限制在父母对孩子这一唯一的权力上，并且赋予这一权力的实施一种既不像某个亲属的名誉那么个人化，也不像公共秩序那么普遍化的正当性；另一方面，在将这些举措与刑罚的司法手段仔细区分开来的同时，赋予它们法律上有效的形式。总之，如何为父母保留这样一种送监权——它受公共权力认可和控制，但公共权力又不能对此行使追究和惩罚罪行的权利？

西哀士 ① 在他对司法和警察机构的整体组织架构的规划中，额外给"家庭原因"留出位置。如果"一位父亲、一位母亲、一个监护人或一个家庭"觉得自己"对某个孩子、某个未成年的受监护人、某个亲戚或远亲的言行感到恐惧或严重的不安"，就属于上述"家庭原因"。但只有在两级审判机构都同意并批准的情况下，父母的意愿才能得到落实。一个是由广义上的家庭单位组成的审判机构：必须问询"被告的父母、亲属或朋友中的至少八位，以了解他是否真的造成恐慌"。另一个是由警察或司法机构组成的：警察局负责调查；调查结果送交警察分庭 ②，后者行使刑事分庭检察署的职能，只有它能够做出裁决，

---

① Emmanuel Abbe Sieyes，即埃马纽埃尔·约瑟夫·西哀士神父，法国大革命时期政治活动家。——译注

② Chambre de police，涉及警察总监的裁判权。——译注

批准将被告监禁在教管所。西哀士梦想着在全家达成共识、警察仔细调查和司法裁决的坚实基础上实现一种父母的教管。[①]

对于这样一个巨大的装置，我们会想，在它的制定者脑中，这是否让它的运行变得既可行又困难，或者说他们是否想要重新赋予这一不可或缺但又因为自身的专制性而被取消的措施以一种合法的形式。无论如何，正是重新引入对儿童的教管式监禁构成了最终在法国大革命时期，以及之后的帝国时期针对被采纳的各种规划和举措的讨论的关键。这里并不打算回溯这些讨论和举措的历史。只需读一读《1803 法案》（第 375—383 条），它涉及依法组织父母对子女的教管（别忘了这可是《民法典》）。到那时，旧时的家庭监禁就完全被修剪成关于父母对未成年孩子行使权力的法规，并且通过赋予这些举措以教管的使命，尝试为社会需求，而不是家庭名誉的需要，留出空间。就这样，当时设立起来的教管所，如巴藏库尔教管所（la maison de Bazancourt），确保了一种机制，这种机制建立在"一些总是倾向于道德教管或通过提供规律劳作培养工作兴趣的基本想法之上 ［……］ 对相对贫穷的阶层出身的孩子实施教管，将在日后让因年轻时误入歧途而走向堕落或犯罪的人逐渐减少"[②]。

---

① 这一计划草拟于 1789 年，在 1790 年制宪议会上发布。参见 *Archives parlementaires*, t. XII, *op. cit.*, 14 mars 1790。

② Romain Fresnel, *Considérations qui démontrent la nécessité de fonder des maisons de refuge* (Paris, J. Renouard, 1829). 父亲般仁慈的巴藏库尔感化教管所在复辟时期的头几年开放。

参考书目

Archives parlementaires de 1787 à 1860. Recueil complet des débats législatifs et politiques des Chambres françaises, dir. Jérôme Mavidal et Émile Laurent, tome XI, *Du 24 décembre 1789 au 1ᵉʳ mars 1790*, Paris, P. Dupont, 1880; tome XII, *Assemblée nationale constituante du 2 mars au 14 avril 1790*, Paris, P. Dupont, 1881.

BENTHAM, Jeremy, *Panoptique. Mémoire sur un nouveau principe pour construire des maisons d'inspection et nommément des maisons de force*, Paris, Imprimerie nationale, 1791; *Le Panoptique, précédé de L'Œil du pouvoir*, entretien de Jean-Pierre Barou et Michelle Perrot avec Michel Foucault, Paris, P. Belfond, 1977.

CASTAN, Nicole, *Justice et répression en Languedoc à l'époque des Lumières*, Paris, Flammarion, 1980.

DEBORD, Henri, *Contribution à l'histoire des ordres du Roi au XVIIIᵉ siècle d'après les registres du secrétariat d'État à la Maison du Roi (1741-1775)*, Paris, F. Loviton, 1938.

DUPRAT, Catherine, « Punir et guérir. En 1819, la prison des philanthropes », *in* Michelle Perrot (dir.), *L'Impossible prison. Recherches sur le système pénitentiaire au XIXe siècle*, Paris, Éditions du Seuil, 1980, p. 64-124.

EMMANUELLI, François-Xavier, « "Ordres du Roi" et lettres de cachet en Provence à la fin de l'Ancien Régime. Contribution à l'histoire du climat social et politique », *Revue historique*, t. 252, n° 512, octobre-décembre 1974, p. 357-392.

FARGE, Arlette, *Le Miroir des femmes*, Paris, Montalba, 1982.

FARGE, Arlette, *Vivre dans la rue à Paris au XVIIIe siècle*, Paris, Gallimard/Julliard, 1979 ; Gallimard, coll. Folio histoire, 1992.

FLAMMERMONT, Jules (éd.), *Remontrances du Parlement de Paris au XVIIIe siècle*, 3 vol., Paris, Imprimerie nationale, 1888-1898 ; tome I, *1715-1753* (1888), tome II (avec la collab. de Maurice Tourneux), *1755-1768* (1895), tome III, *1768-1788* (1898).

FOUCAULT, Michel, *Surveiller et punir. Naissance de la prison*, Paris, Gallimard, coll. Bibliothèque des Histoires, 1975 ; coll. Tel n° 225, 1993.

FRESNEL, Romain, *Considérations qui démontrent la nécessité de fonder des maisons de refuge*, Paris, J. Renouard, 1829.

FUNCK-BRENTANO, Frantz, *La Bastille des comédiens, le For l'Évêque*, Paris, A. Fontemoing, 1903.

GUYOT, Joseph-Nicolas, *Répertoire universel et raisonné de jurisprudence civile, criminelle, canonique et bénéficiale*, 17 vol., Paris,

Visse, 1784-1785.

ISAMBERT, François-André, *Recueil général des anciennes lois françaises depuis l'an 420 jusqu'à la Révolution de 1789*, 29 vol., Paris, Belin-Leprieur, 1821-1833 ; tome XVII, *14 mai 1643-19 août 1661* (1829).

JAUBERT, abbé Pierre, *Des causes de la dépopulation et des moyens d'y remédier*, Londres et Paris, Chez Dessain junior [Jean-Baptiste Dessain], 1767.

MARTIN, Germain-Louis, *Lois, édits, arrêts et règlements sur les associations ouvrières au XVIIIe siècle, 1700-1792*, thèse pour le doctorat, Paris, A. Rousseau, 1900.

MERCIER, Louis Sébastien, *Tableau de Paris*, 12 vol., Amsterdam, s. n., 1783-1789 ; tome I, 1783, chapitre LXIII, « Lieutenant de Police ».

MIRABEAU, Honoré Gabriel Riqueti, comte de, *Des lettres de cachet et des prisons d'État*, Hambourg, 1782.

MOREAU, Jacob-Nicolas, *Les Devoirs du prince réduits à un seul principe, ou Discours sur la Justice*, Versailles, Imprimerie du Roi, 1775.

NEGRIN, Philippe, *La Réforme de la lettre de cachet au XVIIIe siècle*, Paris, É. Larose, 1906.

ORIOL, Bernadette, « Maîtresses marchandes lingères, maîtresses couturières, ouvrières en linge aux alentours de 1751 », mémoire de maîtrise, université de Paris VII, 1980.

PERROT, Jean-Claude, *Genèse d'une ville moderne. Caen au XVIIIe siècle*, Paris et La Haye, Mouton, 1975 ; fac-sim. Paris, Éditions de l'EHESS,

2001.

QUETEL, Claude, *De par le Roy. Essai sur les lettres de cachet*, Toulouse, Privat, 1981.

VATTEL, Emer de, *Le Droit des gens, ou Principes de la loi naturelle appliqués à la conduite et aux affaires des nations et des souverains*, Londres [Neuchâtel, Abraham II Droz], 1758 ; fac-sim., avec une introduction d'Albert de Lapradelle, Genève, Slatkine, 1983.

图书在版编目(CIP)数据

家庭的失序：十八世纪巴士底狱档案中的密札/
(法)阿莱特·法尔热(Arlette Farge)，(法)米歇尔
·福柯(Michel Foucault)著；张引弘译. —上海：
上海人民出版社，2023
(思想剧场)
ISBN 978-7-208-18471-8

Ⅰ.①家… Ⅱ.①阿… ②米… ③张… Ⅲ.①法国-
近代史-史料 Ⅳ.①K565.41

中国国家版本馆 CIP 数据核字(2023)第 154383 号

责任编辑　赵　伟　陶听蝉
封扉设计　人马艺术设计·储平

思想剧场

家庭的失序：十八世纪巴士底狱档案中的密札

[法]阿莱特·法尔热　米歇尔·福柯 著
张引弘 译

出　　版　上海人民出版社
　　　　　(201101　上海市闵行区号景路 159 弄 C 座)
发　　行　上海人民出版社发行中心
印　　刷　苏州工业园区美柯乐制版印务有限责任公司
开　　本　890×1240　1/32
印　　张　11.5
插　　页　10
字　　数　224,000
版　　次　2023 年 9 月第 1 版
印　　次　2023 年 9 月第 1 次印刷
ISBN 978-7-208-18471-8/B·1707
定　　价　68.00 元

Le Désordre des familles:

Lettres de cachet des Archives de la Bastille au XVIIIe siècle

Édition revue

by Arlette Farge and Michel Foucault

Copyright © Éditions Gallimard, Paris, 2014.

Chinese (Simplified Characters Only) Trade Paperback

Copyright © 2023 by Shanghai People's Publishing House

ALL RIGHTS RESERVED